nbücher

Jens Christian Jensen, geb. 1928, studierte Kunstgeschichte, Archäologie und Kirchengeschichte in Heidelberg und Mainz und promovierte 1956. Von 1958–1970 war er in Heidelberg tätig, zuletzt als Museumskustos und 1. Vorsitzender des Heidelberger Kunstvereins. Seit 1971 ist er Direktor der Kunsthalle Kiel. Er veröffentlichte zahlreiche Arbeiten über mittelalterliche Plastik, über Malerei und Zeichnung des 19. Jahrhunderts und über die Kunst der Gegenwart. Bei DUMONT sind von ihm erschienen: *Caspar David Friedrich* (DuMont Kunst-Taschenbücher, Band 14), *Carl Spitzweg* (DuMont Kunst-Taschenbücher, Band 26), *Carl Spitzweg* (DuMont's Neue Kunst-Reihe); Mitherausgeber von *Amerikanische Kunst von 1945 bis heute* (DuMont Dokumente).

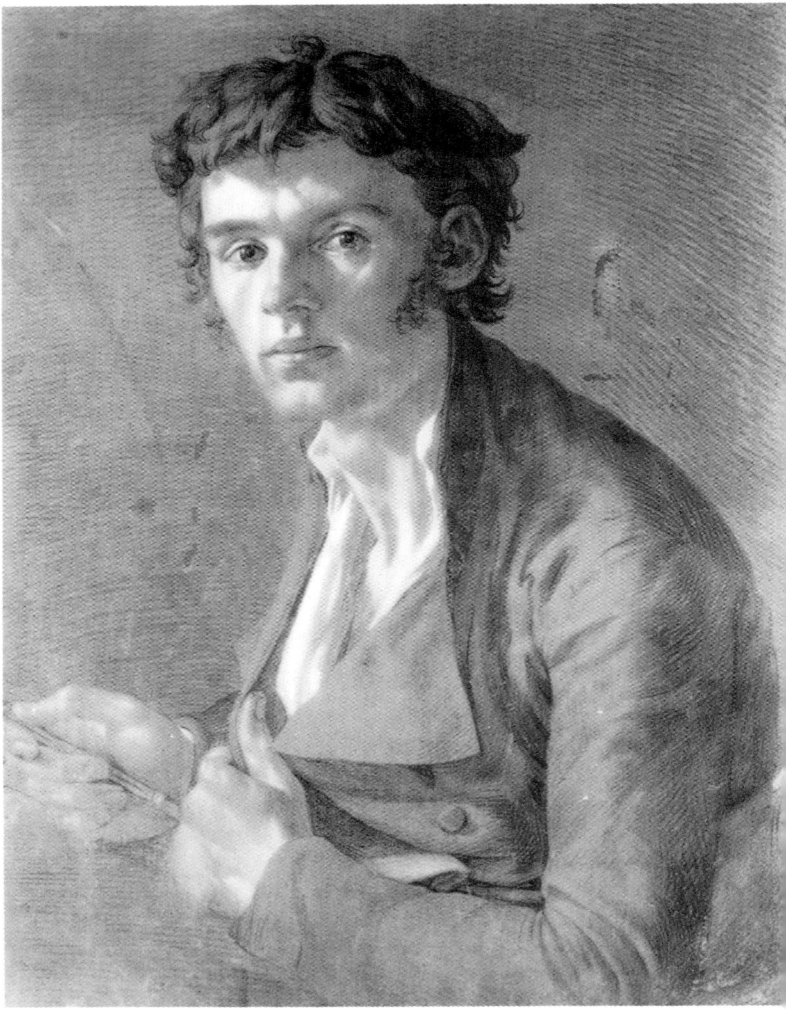

1 Selbstbildnis am Zeichentisch. 1802

Jens Christian Jensen

Philipp Otto Runge

Leben und Werk

DuMont Buchverlag Köln

Umschlagabbildung Vorderseite: Philipp Otto Runge, Die Hülsenbeckschen Kinder (Ausschnitt; vgl. Farbtafel 2, 3; Abb. 62). 1805/06

Umschlagabbildung Rückseite: Philipp Otto Runge, Selbstbildnis (Ausschnitt; vgl. Farbtafel 12). 1802

Erstveröffentlichung

Druck: Gebr. Rasch & Co., Bramsche,
und Kölnische Verlags-Druckerei, Köln
Buchbinderische Verarbeitung: Boss-Druck, Kleve

Printed in Germany ISBN 3-7701-0907-4

Inhalt

Für
meine Eltern
in Lübeck

1 Der Einzelne und das Ganze

»So wie ein Kunstwerk, das nicht in unsrer eignen ewigen Existenz gegründet ist, nicht besteht, so ist es gewiß auch mit dem Menschen, der nicht in Gott gegründet ist. Die Blüten, die wir treiben aus dem Bewußtsein dieses unseres ersten Ursprungs, wo der Saft aus diesem Stamm der Welt gezogen wird, denen gedeihen die Früchte; ein jeder Mensch ist ein Zweig an diesem großen Baum, und nur durch den Stamm können wir den Saft erhalten zu ewigen unsterblichen Früchten. Wer einen Zusammenhang mit dem Stamm nicht mehr in sich fühlt, der ist schon verdorrt.« (HS I, 15) *

Ph. O. Runge, 9. März 1802

Wir sind über Leben und Denken Philipp Otto Runges eindringlich unterrichtet durch die Briefe des Künstlers und durch den Herausgeber seines schriftlichen Nachlasses, den älteren Bruder Daniel Runge. Jener hat den Nachlaß in verehrender Liebe gesammelt und gesichtet. 30 Jahre nach Runges Tod hat er dann die *Hinterlassenen Schriften* in zwei Bänden im Verlag des Freundes Friedrich Perthes in Hamburg 1840/1841 erscheinen lassen, sie erläutert, mit Zusätzen versehen, mit Briefen und den Stimmen anderer ergänzt. Er hat schließlich dem zweiten Band eine ins Einzelne gehende Lebensbeschreibung beigegeben. Die *Hinterlassenen Schriften* sind die wichtigste Informationsquelle für diesen Künstler.

Das hat sich in den zurückliegenden Jahrzehnten zunehmend als Glücksfall erwiesen, nicht allein für die kunsthistorische Forschung, sondern für das Verständnis der geistigen und künstlerischen Zusammenhänge der deutschen Romantik und damit für die Erkenntnis des 19. Jahrhunderts überhaupt. In einem um-

* Die Zitate aus Runges *Hinterlassenen Schriften* (abgekürzt HS I und HS II) sind jeweils wörtlich übernommen. Die Schreibweise wurde jedoch der heutigen angeglichen, um die Lesbarkeit zu erhalten. – Die eckigen Klammern enthalten Zusätze des Verfassers dieses Buches. Die Hervorhebungen durch gesperrten Druck stammen immer von Runge oder den jeweiligen Verfassern.

fassenden Sinne gehören Runges Briefe zu den eindrucksvollsten, tiefsinnigsten und darum mitreißendsten Dokumenten der biographischen Weltliteratur. Als Bekenntnisse eines Malers im 19. Jahrhundert lassen sie sich mit den Tagebüchern von Eugène Delacroix und den Briefen von Vincent van Gogh vergleichen. Dennoch kommt ihnen eine Sonderstellung zu. Der Werdegang eines Künstlers – von der quälenden Unruhe eines scharf empfundenen Ungenügens bis zur klaren Entscheidung für den Künstler-Beruf, von der folgerichtigen Entwicklung einer Konzeption bis zu deren kompromißloser Durchsetzung – ist durch diese Briefe auf einzigartige Weise mit bekenntnishaftem Ernst bezeugt. Ihre Wahrheitsbesessenheit betrifft ja nicht etwa ausschließlich die künstlerischen Anschauungen, sondern sie umfaßt die gesamte Existenz, denn für Runge war wahrhaftige Kunst, das heißt, das bedeutende Kunstwerk, nur denkbar als Schöpfung eines wahrhaften Menschen: »Ein Kunstwerk, das bestehen soll, [muß] zuerst aus der reinen Empfindung hervorgehen.« (HS II, 125)

Die *Hinterlassenen Schriften* sind also ein Zeugnis von allgemeiner menschlicher Bedeutung. So sei hier nachdrücklich davor gewarnt, sie zu einseitig immer nur auf den Künstler Runge zu beziehen, denn sie spotten dieser fachbezogenen Einengung. Gerade ihre allgemeine Bedeutung als Wachstumsgeschichte eines Menschen macht uns fast bestürzend bewußt, daß Kunst nicht Sache von Museen und Fachleuten und nicht einmal von Liebhabern und engagierten Sammlern ist, sondern sich auf die menschliche Existenz überhaupt in ganz umfassender Weise bezieht. Und Runge, der zur Kunst gekommen ist, um »sich selbst darin zu bilden« (HS II, 125/126), würde hinzufügen: Jede erfüllte menschliche Existenz ist nur da möglich, wo die Wahrhaftigkeit des Redens und des Tuns, des Wollens und des Handelns ein und dieselbe ist.

Aber Runge ging noch einen Schritt weiter. Die Frage nämlich stellte sich ihm, wie denn er selbst, wie denn überhaupt ein Mensch zu dieser Ganzheit kommen könne, die ich Wahrhaftigkeit genannt habe. Denn wenn wir uns seine Forderungen vergegenwärtigen, erscheinen sie uns so, wie sie vielen seiner Zeitgenossen schon erschienen sind, nämlich als purer Idealismus, der unerreichbare Ziele anvisiert, die mit unserer harten Tatsachenwelt nichts zu tun haben. Runge selbst schreibt in einem Brief (16. Oktober 1802), es sei doch verwunderlich, was Menschen – in diesem Falle war es ein Künstler – für Zeug sagen könnten, »so der neulich: es wäre unbegreiflich, wie aus dem Norden eine solche Phantasie entspringen und so eine Kunst ausgehen könnte, wie ich sie suchte; in meinen Sachen wären so erstaunlich schöne Gedanken, nur wären sie nicht zu malen.« (HS II, 159)

Genau dieser Einwurf kommt uns selbst auf die Zunge beim Lesen dieser Schriften. Ist Runge nicht doch eigentlich ein Phantast, der unerfüllbare Ansprüche an sich selbst und speziell an den Künstler stellt? Ist er nicht einer von denen, die ein imponierendes Konzept entwerfen, das sich aber leider nicht in die Tat umsetzen läßt? Hier gründen ja auch viele Interpretationen, die Runges Leben, Denken und Werk als Entwurf gelten lassen, als zwar großartiges, doch letztlich unerfülltes Versprechen. Der frühe Tod soll also gleichsam doch zur rechten Zeit eingetreten sein, weil er diesen Künstler vor dem Scheitern gnädig bewahrt hat. Denn die Zeit – so wird diese Ansicht begründet – sei nicht reif gewesen für diesen einzigartigen Denker und für diese Kunst. Schon der Dichter Ludwig Tieck, mit dem Runge freundschaftlich verbunden war, hat diese Ansicht kurz nach dem Tod des Künstlers geäußert: »Es ist gewiß erlaubt zu sagen, daß *er* einer der wenigen Menschen war, bei denen Vorsatz und Wille (ist es denn bei seinen großen Bestrebungen nicht fast nur beim Vorsatz geblieben? konnte es fast anders kommen, da er so sehr über dies irdische Leben hinausgriff?) mehr wert ist, als bei vielen Andern ein geräuschiges und unermüdetes Tun?« (5. Juni 1812; HS II, 437)

Wir müssen neu begreifen, daß dies nicht zutrifft. Denn dieser Künstler hat das, was er gedacht, auch gemalt! Sicher, vieles ist unvollendet geblieben, aber Runge hatte ja nicht allein das Konzept seiner Kunst entwickelt und genau durchdacht, er hat es in seinen Zeichnungen und Gemälden auch ganz konkret vergegenwärtigt. Seine Bildsprache, die Symbolik seiner Gegenstände treten in seinem Werk voll in Erscheinung. Man darf sogar sagen: Runge ist zwar durch Krankheit und Tod unerbittlich gehindert worden, sein Werk zu vollenden, aber wir können uns die nächsten Schritte deutlich vorstellen, denn die Pläne zu neuen Arbeiten waren gefaßt, der mächtige Gemäldezyklus der »Zeiten« war begonnen. Das Werk stünde jetzt klarer, kraftvoller, eigenartiger, vielleicht machtvoller vor unseren Augen, wenn Runge noch 20, 30 Jahre gelebt hätte – an seinem Konzept, an seiner Bildsprache hätte sich kaum Entscheidendes geändert.

Es ist nicht einmal überspitzt formuliert, wenn man sagt, Runge sei ein ungewöhnlich realistischer Denker gewesen. Dieser Realismus hat nichts mit einem wie auch immer gearteten Kunststil zu tun, sondern bestimmt diesen Menschen und Künstler im Kern seines Wesens. Es ist nämlich die biblische illusionslose Sicht vom Menschen und seinen irdischen Bedingtheiten, die Runges Denken und Handeln leitet. Sein Glaube ist in allen wesentlichen Zügen vom Protestantismus geprägt, er hat jedoch nichts Eiferndes und nichts Dogmatisches. Er greift vielmehr pantheistisch aus, umfaßt die belebte und unbelebte Natur und bezieht sich immer auf ein Ganzes, Unteilbares, auf einen Schöpfer-Gott, der im Universum und in jedem Menschen waltet.

So intensiv, so individualistisch, ja Ich-bezogen Runge sich als Begeisterter und als Depressiver, als Schwacher und als von Lebenskraft Erfüllter in seinen Briefen zu erkennen gibt, immer ist er fähig, sein Schicksal als eins unter unzähligen anderen zu begreifen. So wie er klar das Beispielhafte seiner Existenz erkannt hat, so tief fühlt er auch den Zusammenhang mit dem Ganzen in sich, das erlösungsbedürftige Menschliche seines Daseins. Die biblische Verankerung seines Glaubens kann ihn zu prophetischen Sätzen hinreißen, doch sein sich selbst und seine Umwelt schonungslos analysierendes klares Bewußtsein legitimiert diesen Enthusiasmus. Erst die ruhige Distanz seines Denkens befähigt ihn zu dieser totalen Identifizierung mit seiner Aufgabe als Künstler, eine Ganzheit, die ihn begeistern, ihn mitreißen kann, weil sie ihn übersteigt.

Die Sonderstellung der Rungeschen Schriften beruht auch auf dieser Fähigkeit, im eigenen Denken, Empfinden und Tun das

Allgemeine, Zeitbezogene zu ermitteln. So erhalten diese Briefe eine Bedeutung, die über die Person ihres Autors hinausweist. Das hat Goethe erkannt, wenn er nach dem Tod des Künstlers schrieb: »Der Gang, den er nahm, war nicht der seine, sondern des Jahrhunderts, von dessen Strom die Zeitgenossen willig oder unwillig mit fortgerissen werden.« (17. Dezember 1811; HS II, 435)

In Runges Briefen spiegelt sich das Denken der Zeit um 1800 in Deutschland, vor allem das der Romantik. Diese Spiegelung geht über das Selbstverständliche und Übliche weit hinaus – denn keine schriftliche oder irgend schöpferische Äußerung kann ja freigehalten werden von den jeweiligen historischen und gesellschaftlichen Bedingungen. Obwohl nun aber Runge nach eigenem Zeugnis wenig Literatur kannte und obwohl er selbst 1802 bekennt, er habe nichts Philosophisches gelesen und deshalb verstehe er philosophische Argumentationen nicht, war er doch auf der Höhe dessen, was die besten Geister der Zeit bewegte. Das Gespräch, die Begegnung mit Menschen waren für ihn offenbar das fruchtbare Instrument seines Wissens. Die Schülerschaft bei Gotthard Ludwig Kosegarten in Wolgast zum Beispiel oder der Freundeskreis des Bruders Daniel in Hamburg, vor allem die tiefe Verbindung zu Ludwig Tieck, der ihm die Anschauungen der literarischen Romantik vermittelte und ihm die Schriften des Mystikers Jakob Böhme erschloß, später die Briefwechsel mit Goethe und Clemens Brentano, hinzu kommen die kritischen oder anerkennenden Auseinandersetzungen mit anderen Künstlern – alles das hat ihn im umfassenden Sinne gebildet. Es ist ja auch kein Zufall, daß sein schriftlicher Nachlaß zum weit überwiegenden Teil aus Briefen besteht. Die genaue Klärung des Gehörten und Erfahrenen und der eigenen Gefühle und Gedanken im schriftlich fixierten, an ein Gegenüber gerichteten Briefkonzept war ihm unentbehrlich. Und er hatte das Glück, besonders in seinem Bruder Daniel einen einfühlsamen, immer offenen und verständnisvollen, zudem klugen Adressaten gefunden zu haben. Was also Runge las, vor allem, was er im Gespräch entwickelte und im Brief niederschrieb, das hatte er ganz begriffen und hielt es für immer fest. Hier abzuwägen, welche Eindrücke fruchtbarer für Runges Entwicklung gewesen sind, welche Begegnungen tiefere Spuren hinterließen in seinem Schaffen und Denken als andere ist wohl unmöglich, denn die Konsequenz dieser Entfaltung führte von Jahr zu Jahr zu einer immer selbständigeren, kräftigeren Ausprägung. So vereinigten sich schon in Dresden alle diese verschiedenen Einwirkungen, die Runge mit ungewöhnlicher Sensibilität aufnahm und mit ebenso ungewöhnlichem Ernst verarbeitete, in ihm zu einem eigenständigen Ganzen. Diese Konsequenz hebt ihn aus seiner Zeit heraus, nicht ein irgendwie gearteter Geniekult und nicht die sentimentale Auffassung von Runge als dem Frühvollendeten oder auf immer Unvollendeten. Im Februar 1802 schrieb Runge an Johann Heinrich Besser: »Es ist sehr unbequem, merke ich, sein Streben mit festem Sinn auf einen Gegenstand zu richten und ihn durch das ganze Leben mit unverwandtem Blick zu verfolgen; darum geschieht es auch so selten. –« (HS II, 116)

Gerade diese Fähigkeit ist es, die Runge zum Außerordentlichen geführt hat.

2 Leben I

»Und was sollte auch eigentlich wohl aus mir werden, wenn ich nicht die Kunst allein im Auge hätte?« (HS II, 9)

Ph. O. Runge, 15. Juni 1798

Eine Schilderung des Lebens wird sich immer auf die *Nachrichten von dem Lebens- und Bildungsgange des Mahlers Philipp Otto Runge* beziehen müssen, die der Bruder Daniel ausführlich und mit größter Anteilnahme im II. Band der von ihm herausgegebenen *Hinterlassenen Schriften* aufgezeichnet hat.

Im Folgenden und in den Kapiteln 5 und 8 wird versucht, den besonderen Klang der Lebensbeschreibung von der Hand Daniel Runges durch ausführliche Zitate zu vermitteln. Personen und Ereignisse werden dann nach einem subjektiven, hoffentlich aber vom Leser nicht als willkürlich empfundenen Auswahlprinzip frei kommentiert in dem Bestreben, Vergangenes gegenwärtig zu machen. Das Zitat nach *Lebensgang* ist immer Daniels Lebensbericht entnommen.

Wolgast 1777–1795: Kindheit und Jugend

Lebensgang: »Philipp Otto Runge wurde am 23. Juli 1777 in der kleinen nahrhaften See- und Handelsstadt Wolgast im damals Schwedischen Pommern geboren, wo unser Vater Schiffsreeder und Kaufmann war; als das neunte von elf Kindern (vier Töchtern und sieben Söhnen) unserer Eltern. Er war als Säugling und durch sein Knabenalter ein besonders schwächliches und leidendes Kind ...« (HS II, 443)

Runge stammte also aus einer gutbürgerlichen pommerschen Familie. Der Vater, Daniel Niklaus Runge (1737–1825) heiratete 1762 Magdalena Dorothea Müller (1737–1818) und führte mit ihr eine vom Protestantismus und vom bürgerlichen Sittenkodex geprägte Ehe. Die Kinder: M a r i a Elisabeth (1763–1839) blieb unverheiratet und führte später den Eltern den Haushalt – Ilsabe Dorothea (1764–1810), verheiratet 1787 mit dem Landwirt Helwig, nach dem Tod des Mannes Besitzerin eines mecklenburgischen Gutes – Regina Charlotte (1766–1784) – Johann Daniel (1767–1856), Kaufmann, später Schriftleiter; er ist der Herausgeber der *Hinterlassenen Schriften* – Anna Christine (1769–1827), blieb unverheiratet und lebte im Haus der Eltern – Jacob Friedrich (1771–1811), war Kaufmann in Wolgast – David Joachim (1773–1843), Landwirt in Mecklenburg – Karl Gustav (1774–1777) – Philipp Otto Runge (1777–1810) – Karl Hermann (1779–1863), Landwirt in Mecklenburg – Gustav (1781–1870), blieb in Wolgast als »Ackerbürger«.

Für Runge wurden Kindheit und Jugend in Wolgast lebensbestimmend. Nicht nur die redliche, auf bibelfestem Luthertum begründete Frömmigkeit des Elternhauses, sondern vor allem die Erfahrung von Krankheit und Todesnähe und das Erlebnis von Familiengeborgenheit und mütterlicher Liebe haben sein Wesen geformt.

Lebensgang: »Etwa in seinem zwölften Jahr aber kam er unter die Leitung des Dichters Kosegarten, der seit dem Herbst von 1785 als Rektor in Wolgast angestellt, eine sehr große und im Allgemeinen wohltätige Lehrgewalt auf seine Schüler übte ...« (HS II, 444)

Runge war ein mäßiger Schüler und wurde vermutlich von Anfang an wegen seiner Kränklichkeit weder zu Haus noch in der Schule ernsthaft gefordert.

Gotthard Ludwig Kosegarten ist eine Schlüsselfigur des geistlichen und geistigen Lebens in Pommern gewesen. Als Theologe, Pädagoge und Dichter hat er weit über diese Provinz hinausgewirkt. Das Rungesche Haus stand mit ihm in näherer Beziehung, Daniel verehrte ihn (bis zum Bruch um 1815). Runge ist von den theologischen und ästhetischen Anschauungen Kosegartens beeindruckt worden. Doch zeigt ein Brief Kosegartens an Runge in Dresden vom 11. Mai 1804, daß der Dichter der Entwicklung seines einstigen Schülers zu diesem Zeitpunkt zwar durchaus freundlich zustimmte, vom Wesen der Rungeschen Konzeption aber unberührt geblieben ist. – Kosegarten spielte

2 Zeichnung zum *Ossian:* Oscar. 1805 ▷

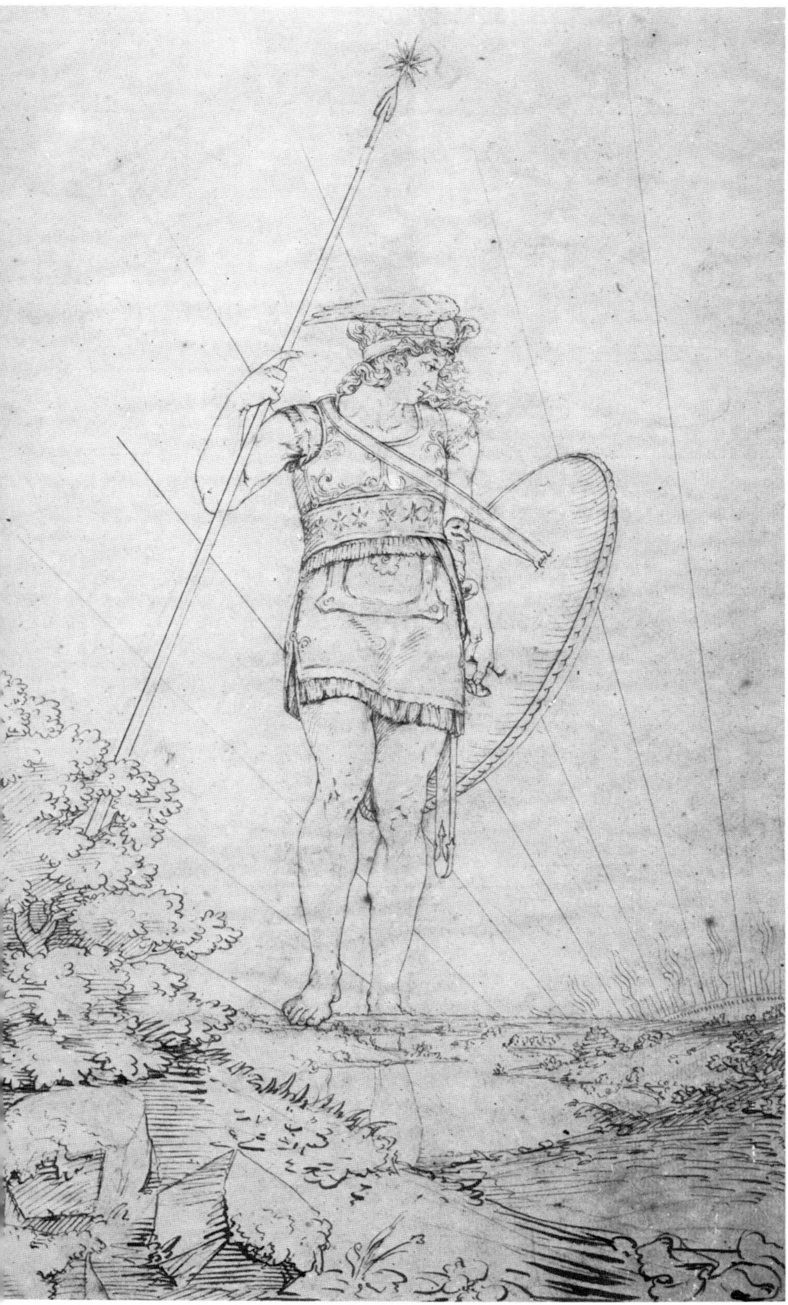

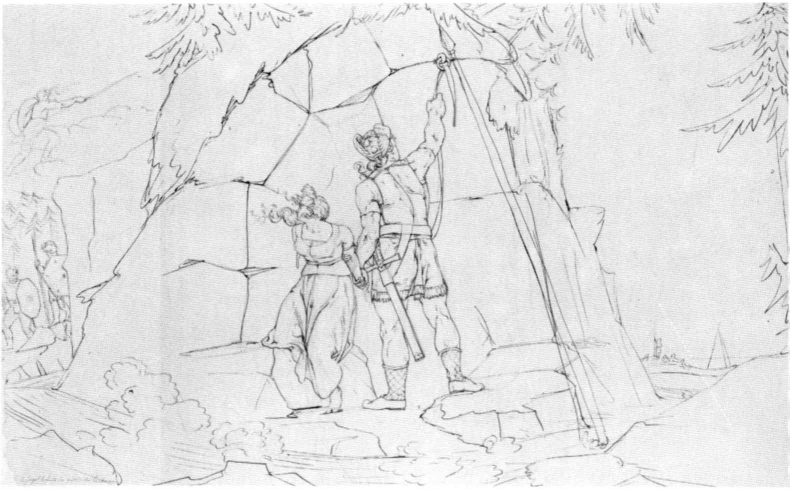

3 Zeichnung zum *Ossian:* Fingal befreit Conbana. 1805

auch in der Biographie Caspar David Friedrichs, der 1774 im nahen Greifswald geboren worden ist, eine anregende Rolle, die vermutlich höher zu bewerten ist als die für Runge. – Für beide war der Dichter jedoch der einflußreiche Lehrer und bedeutende Vermittler, und dies auf drei Gebieten:

1. Die Literatur des Sturm und Drang und der Klassik wurde von ihm in Pommern verbreitet, wobei das Heldengedicht des *Ossian* und die Schriften Johann Gottfried Herders im Mittelpunkt standen. Runges Interesse für den *Ossian* wurde durch Kosegarten geweckt (Abb. 2 und 3).
2. Aufgewachsen in der Aufklärung des 18. Jahrhunderts, wurden für Kosegarten neuplatonische und naturmystische Gedankengänge mit der Zeit ausschlaggebend, die er sich im wesentlichen aus den Arbeiten Herders und des Philosophen Johann Georg Hamann aneignete. Seine Schrift von 1785, die 1790 in deutscher Fassung unter dem Titel *Über das wesentlich Schöne. Eine Extase* im 1. Band seiner *Rhapsodien* erschien, hat Runge und vermutlich auch Friedrich stark berührt. Wenn Runge die Aurora-Figur seines »Morgen« (vgl.

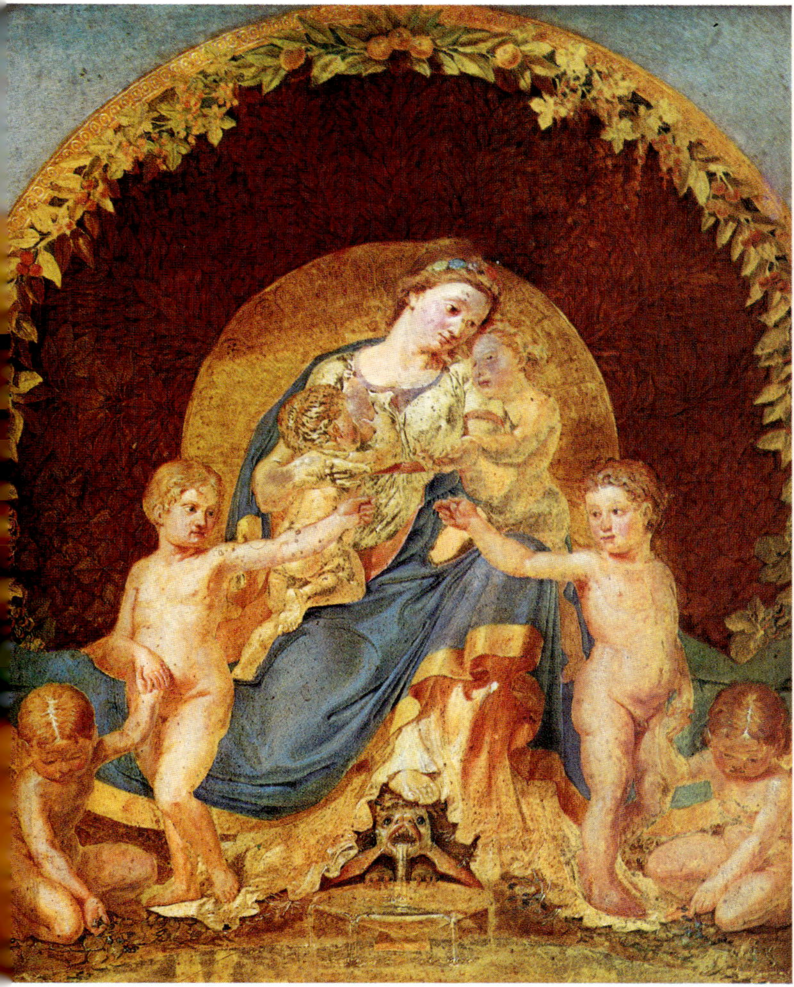

1 Der Tag. Mittelgruppe. 1803

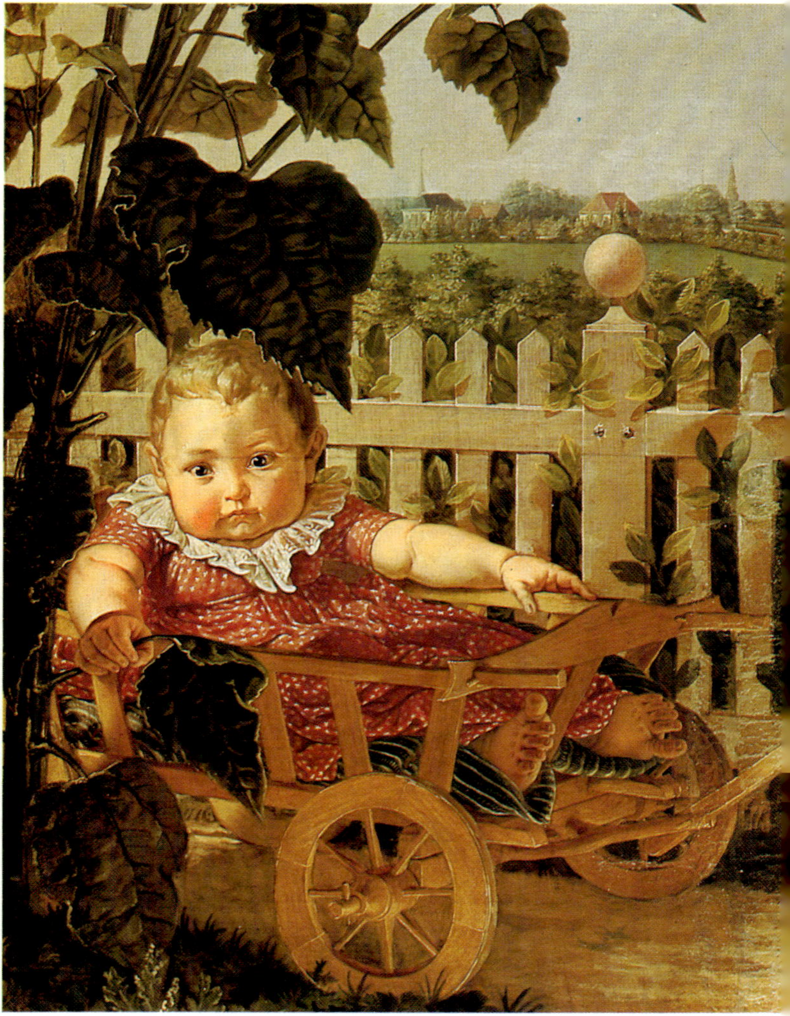

2 Die Hülsenbeckschen Kinder (Ausschnitt: Das Kind im Wagen; vgl. Abb. 62). 1805

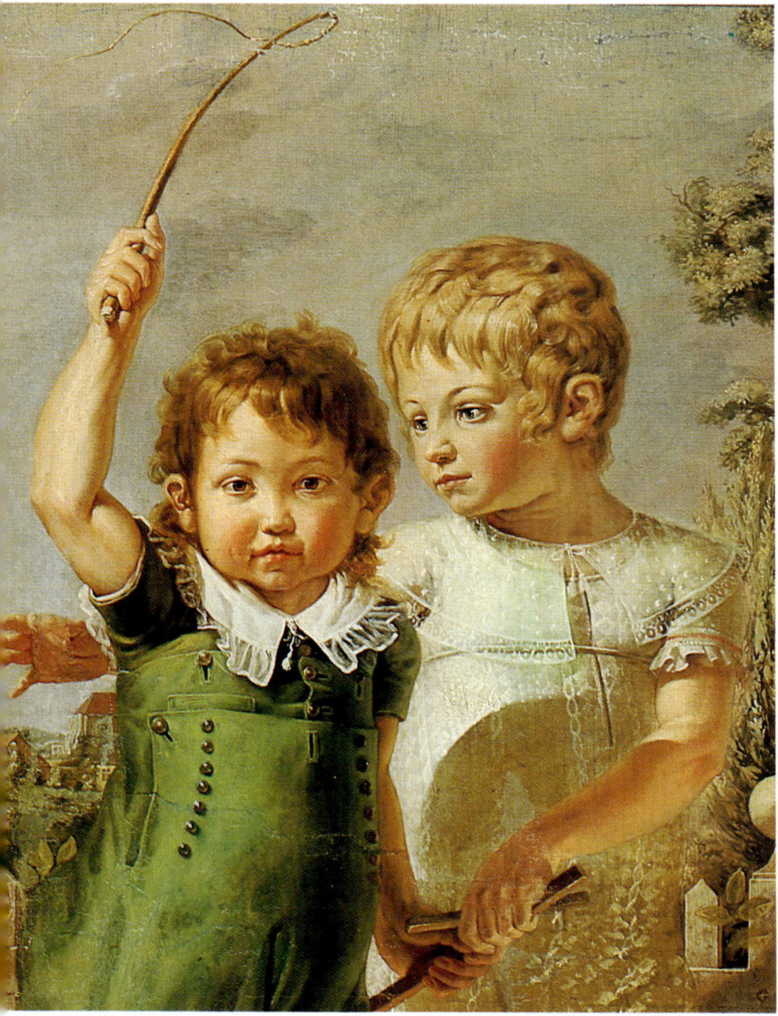

3 Die Hülsenbeckschen Kinder (Ausschnitt: Die beiden Kinder rechts; vgl. Abb. 62). 1805

4 Die Ruhe auf der Flucht (Ausschnitt; vgl. Abb. 49). 1805 ▷

5 Petrus auf dem Meer (Ausschnitt; vgl. Abb. 51). 1806 ▷ ▷

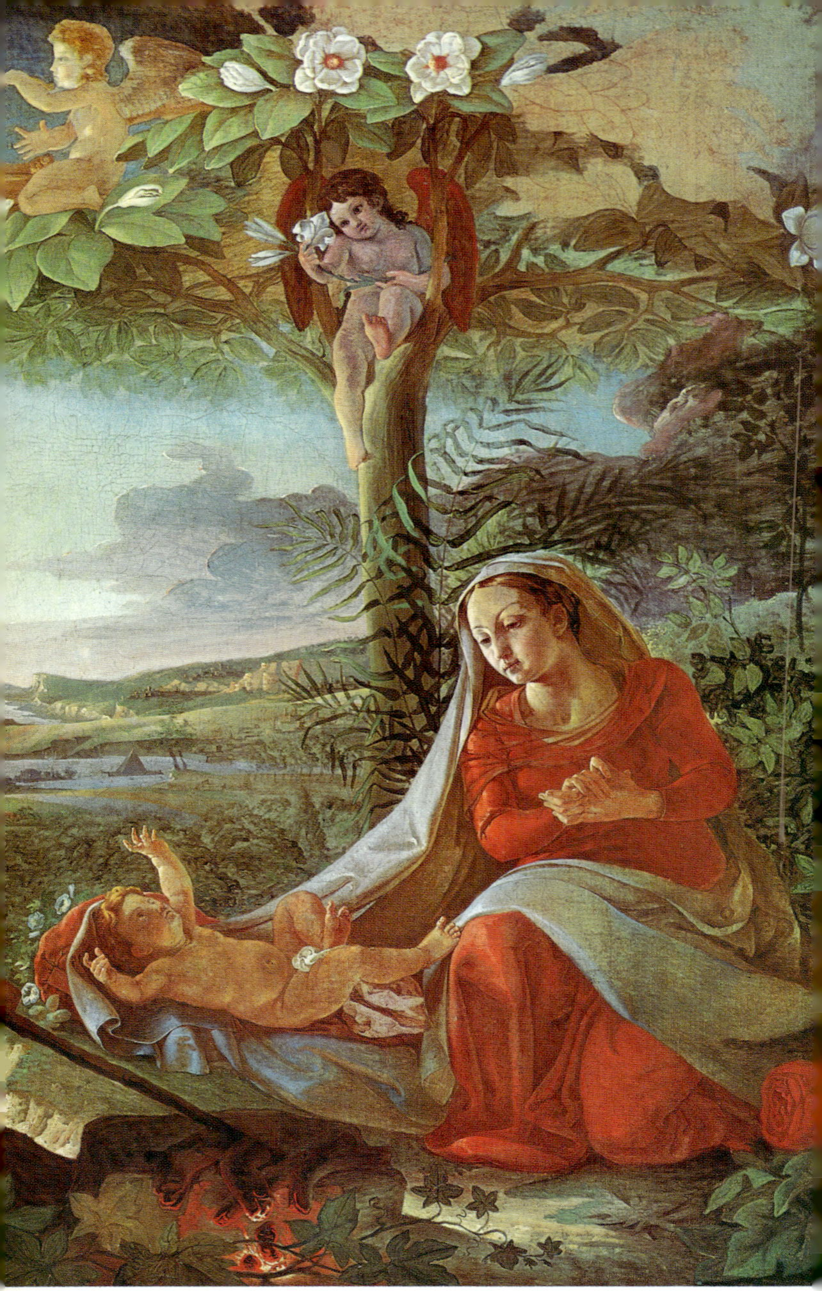

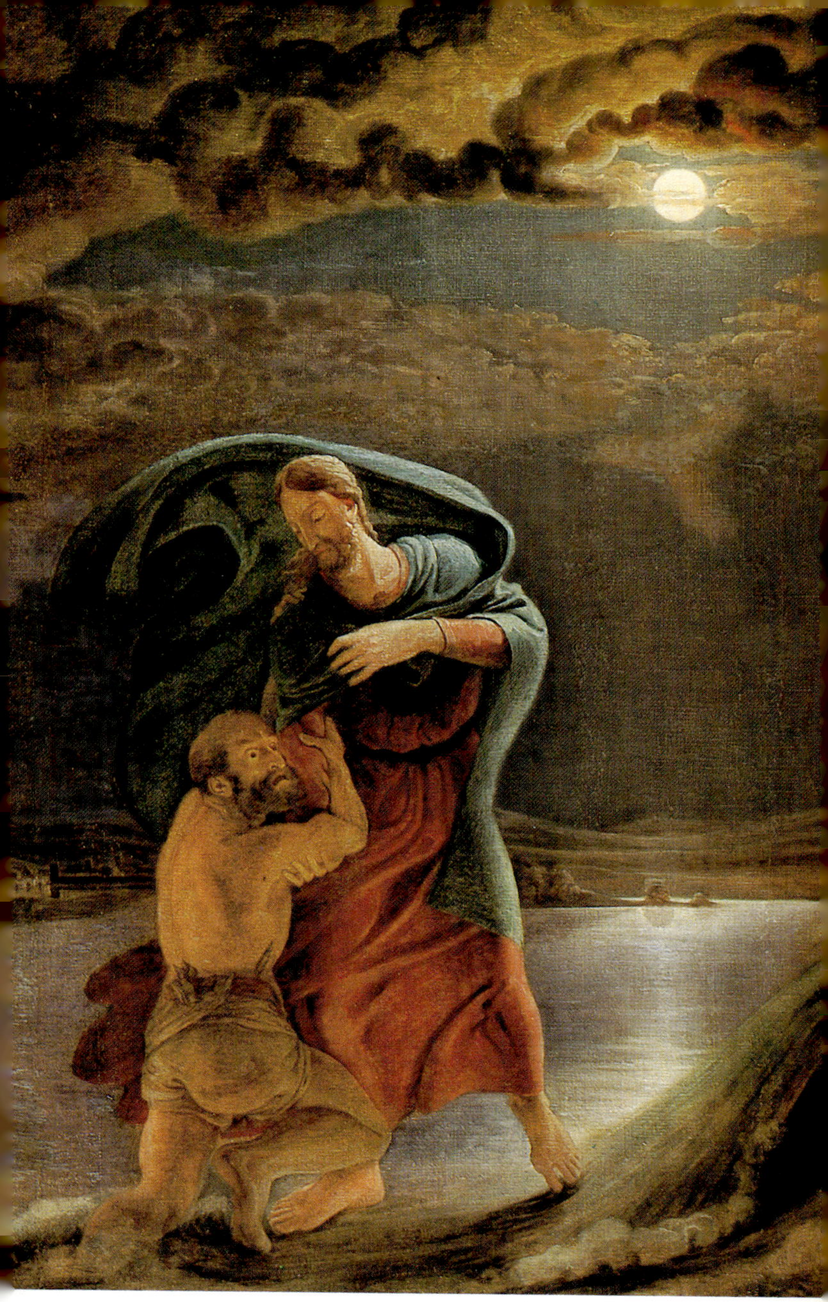

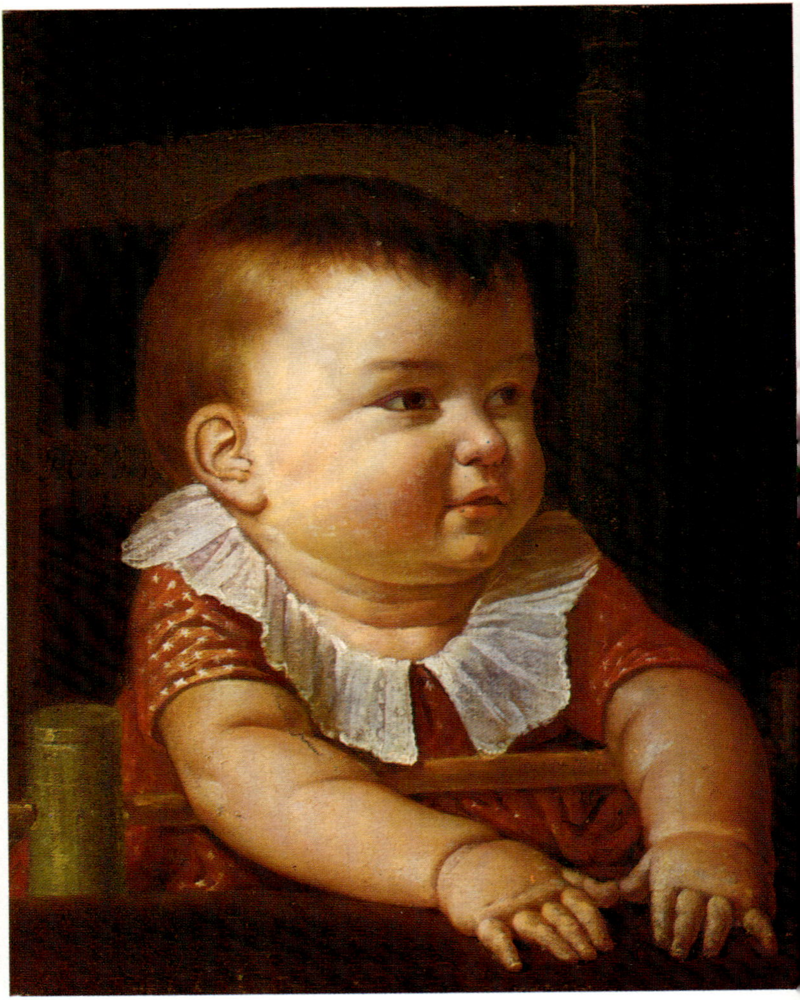

6 Bildnis Otto Sigismund im Klappstuhl. 1805

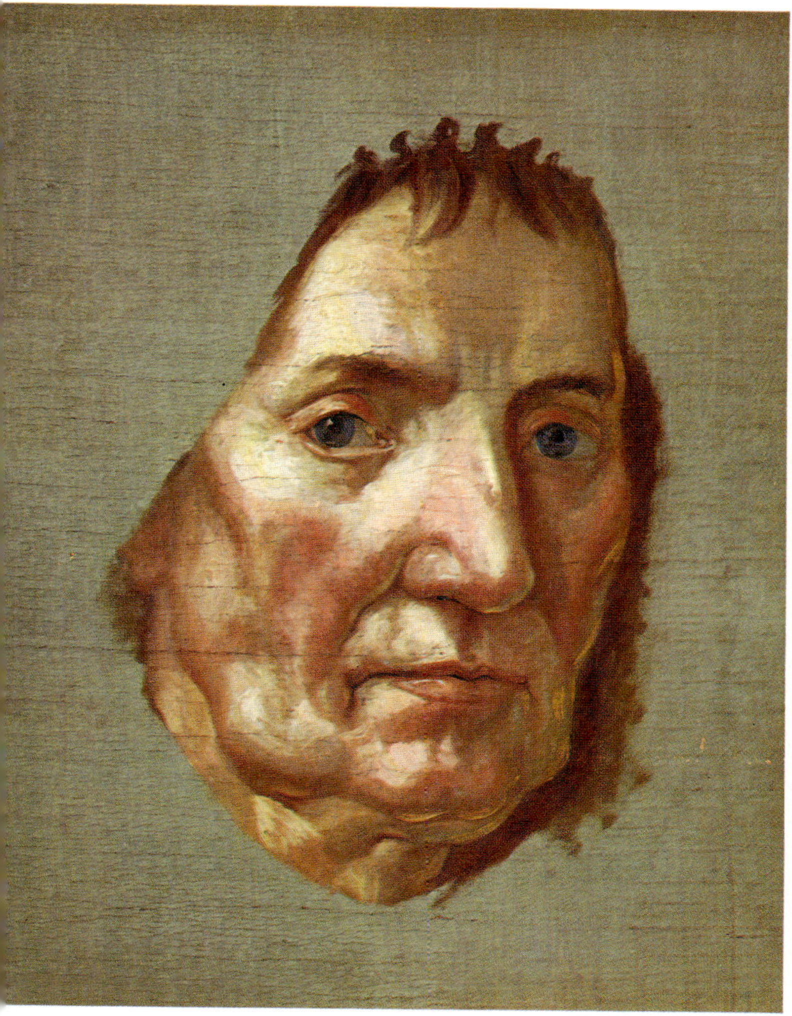

7 Gesicht der Mutter. 1806

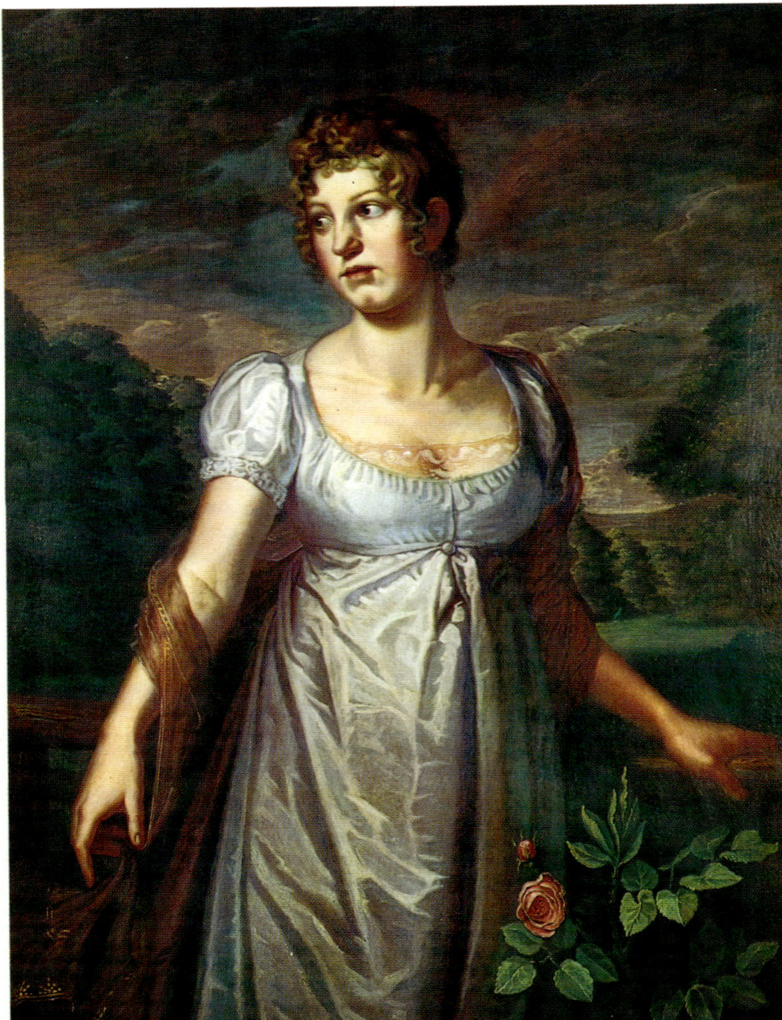

8 Bildnis Wilhelmine Helwig. 1807

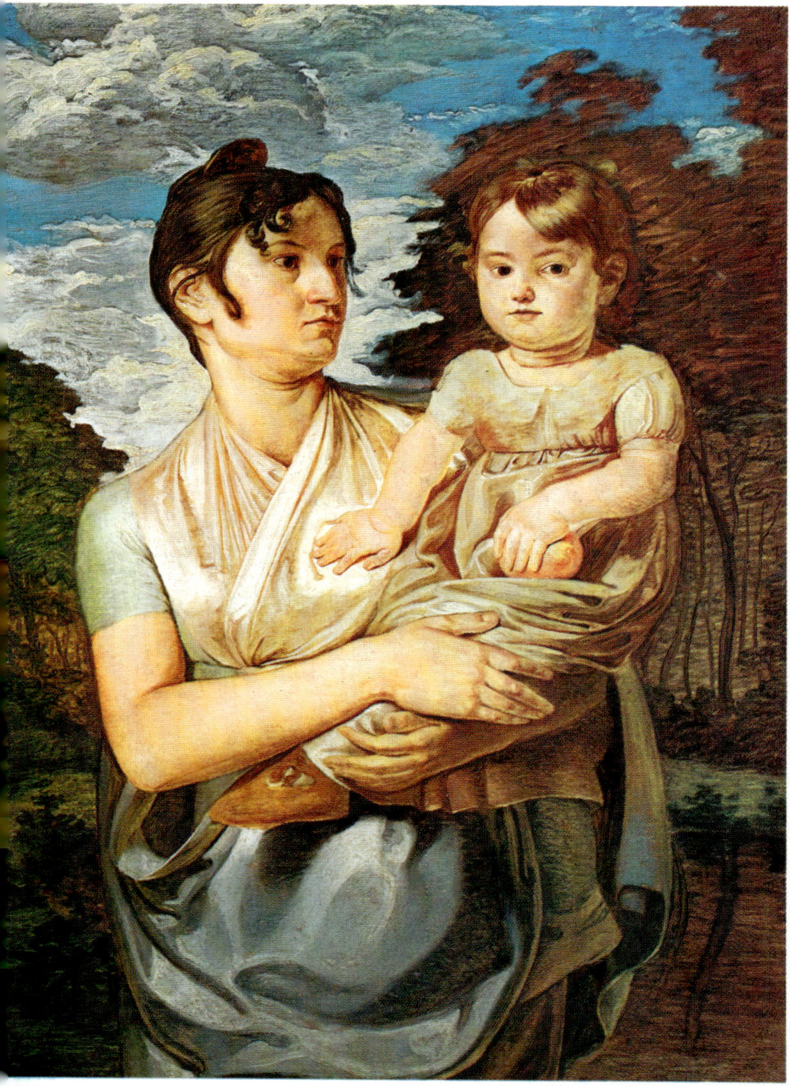

9 Pauline mit dem zweijährigen Sohn Otto Sigismund. 1807

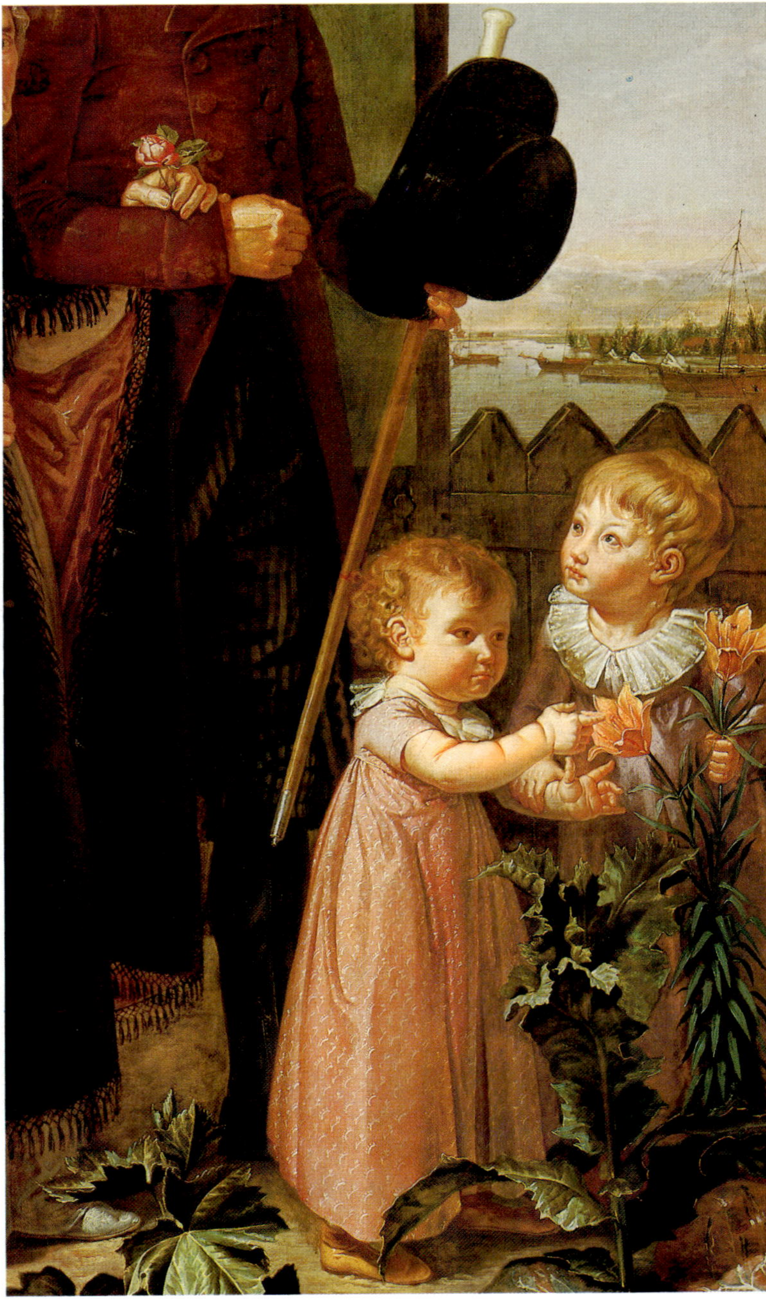

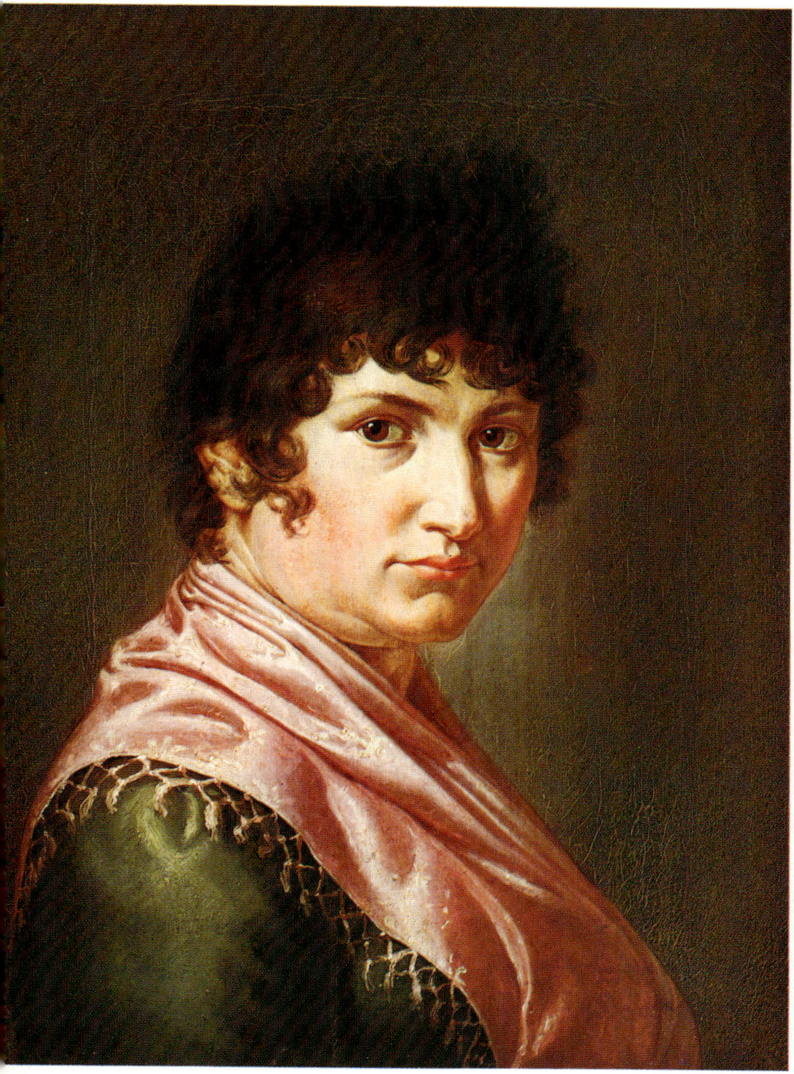

11 Bildnis Pauline. 1810

◁ 10 Die Eltern des Künstlers (Ausschnitt: Die beiden Enkel; vgl. Abb. 63). 1806

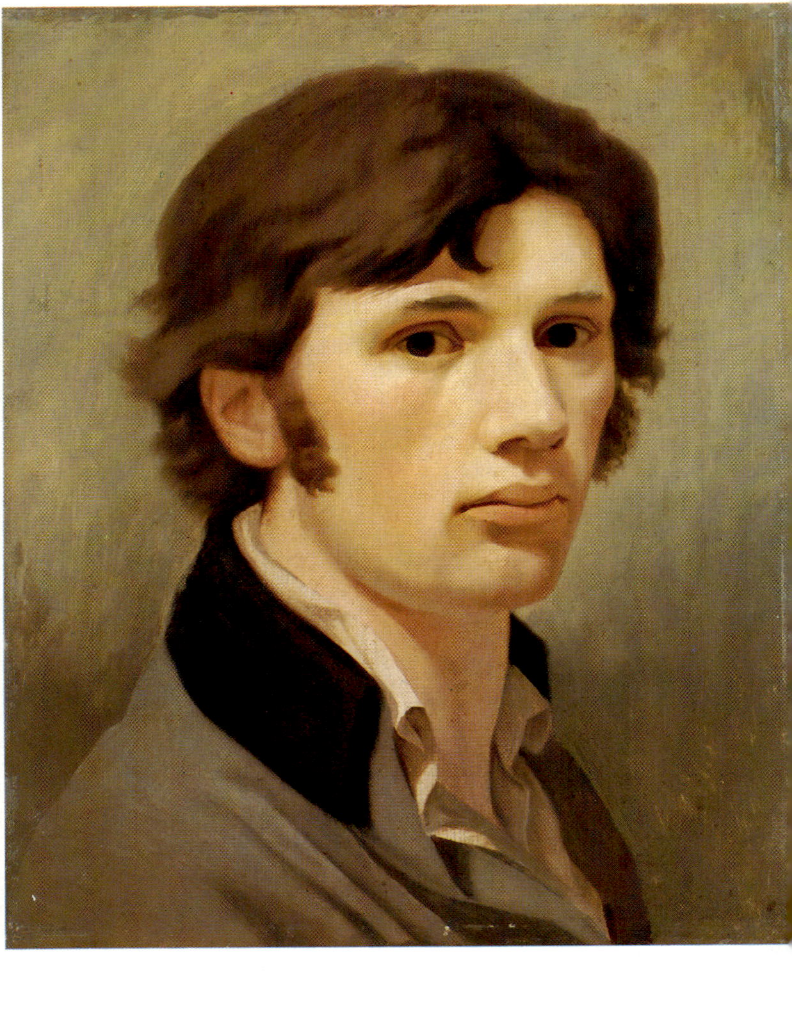

12 Selbstbildnis mit braunem Kragen. 1802

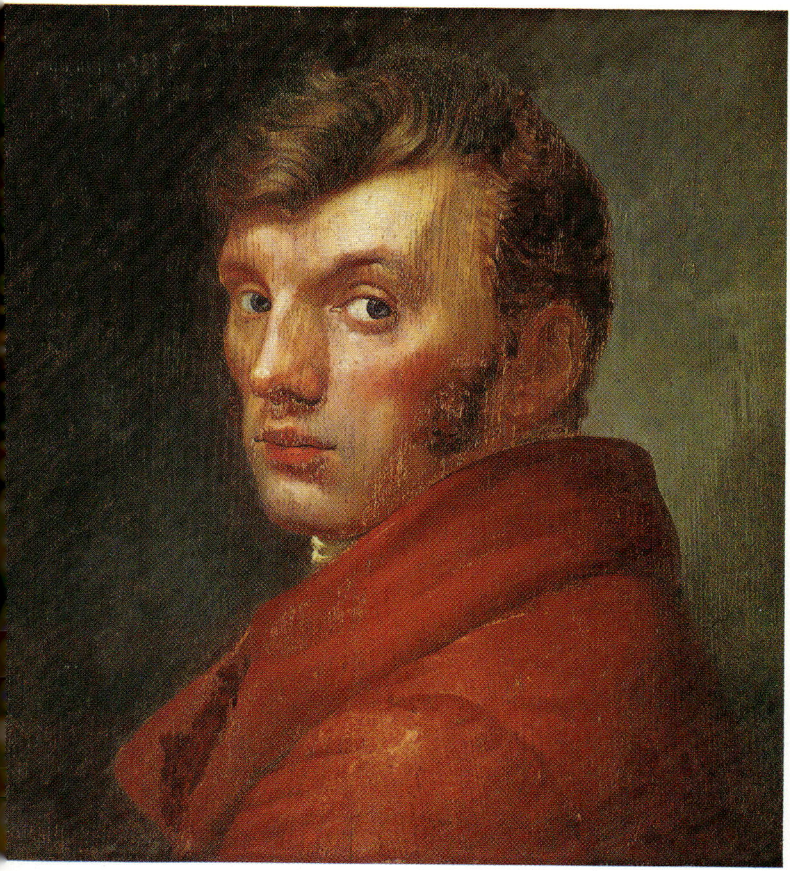

13 Selbstbildnis im braunen Rock. 1810

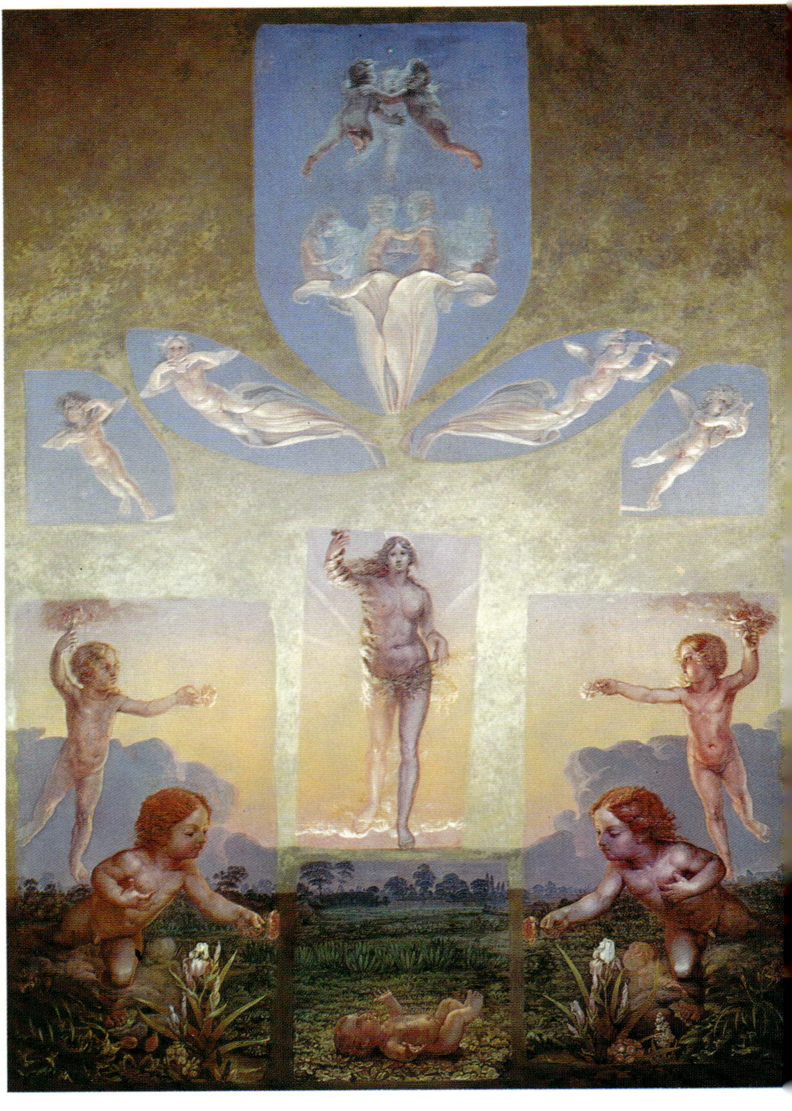

14 Der Große Morgen. 1809

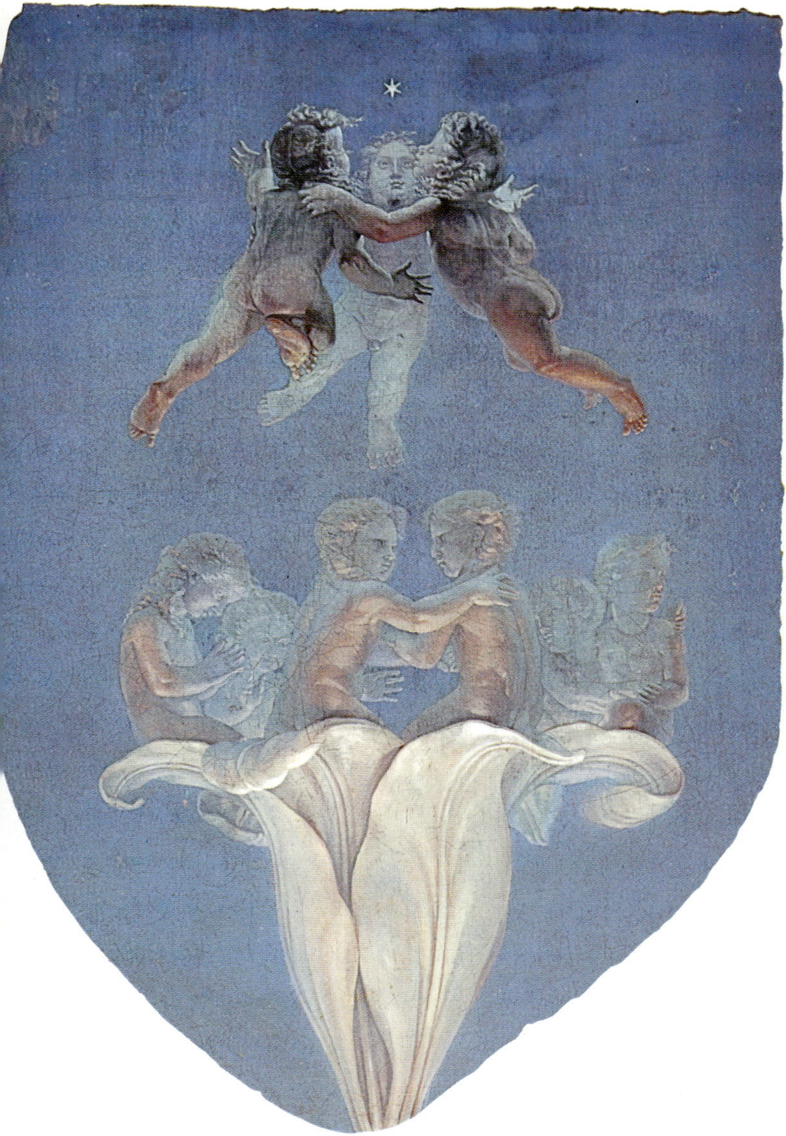

15 Der Große Morgen (Teilstück: Die Lichtlilie; vgl. Farbtafel 14). 1809

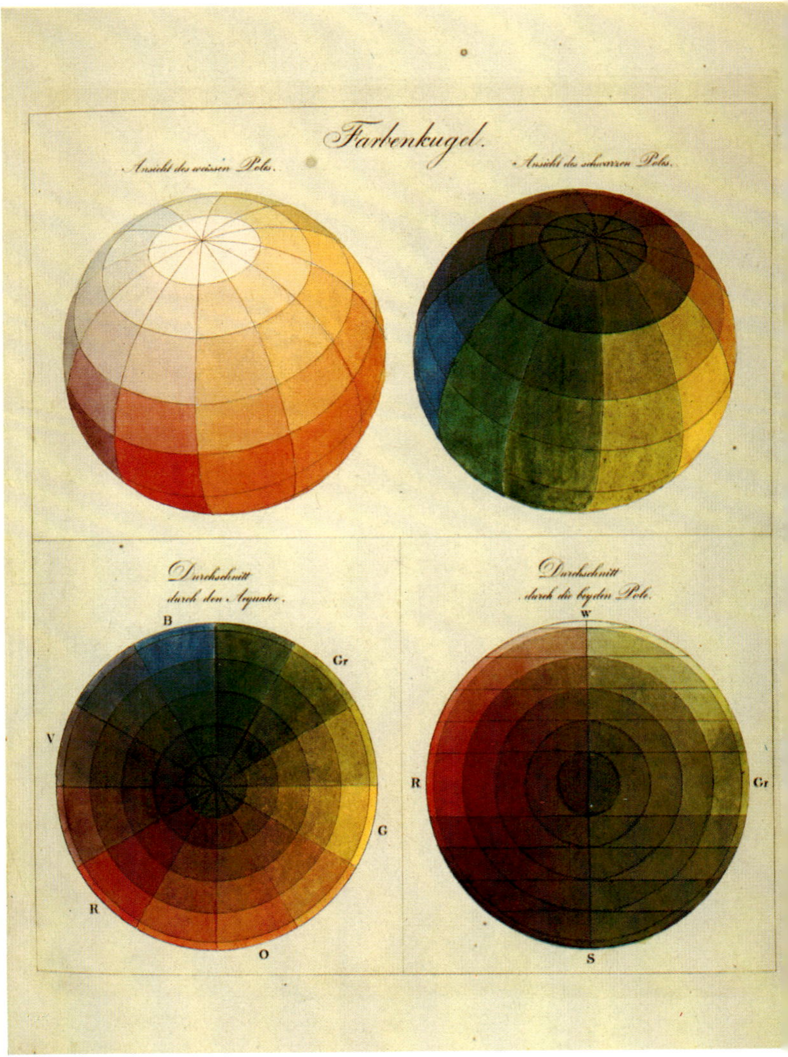

16 Die Farbenkugel. 1810

Abb. 25) auch »Urania« genannt hat, so geht das auf Kosegartens Schrift zurück, die mit diesem Namen die »himmlische Urschönheit« benennt.

3. Kosegarten muß als Person auf Runge großen Eindruck gemacht haben, denn der Dichter war ein geistig beweglicher, ja sprunghafter Mann, der keineswegs als weltfremd bezeichnet werden kann. Er war der Entdecker der Schönheiten Rügens, denen er auch als erster literarische Denkmäler gesetzt hat. (Es ist bekannt, daß diese Rügen-Begeisterung stark auf C. D. Friedrichs Landschaftsauffassung gewirkt hat.)

Für Runges Lebensgang ist Kosegartens Fürsprache wichtig geworden, die den von strengen Grundsätzen beherrschten Vater die Bestimmung seines Sohnes zum Künstler begreiflich gemacht hat. Dieser Autorität konnte sich Vater Runge nicht entziehen.

Lebensgang: »Desto bestimmter zeigte sich in jenen Jahren, wie schon von ganz früher Kindheit an, sein bildendes Talent mit Ausschneiden in Papier, Drechseln und Schnitzen in Holz, Zeichnen von Schattenrissen usw. mit ganz eigentümlicher Laune und Bedeutung in allem ...« (HS II, 445)

Das, was bis gegen 1798 an Runges frühen Arbeiten am meisten überzeugt und offensichtlich den Funken künstlerischer Berufung in sich trägt, sind allein die Scherenschnitte. Von früher Kindheit bis zu seinem letzten Lebensjahr hat der Künstler immer wieder mit großer Lust und Intensität in dieser Technik gearbeitet. Runge schnitt von Jugend an frei aus der Hand (wie übrigens jeder versierte Silhouetten- oder Scherenschnitt-Schneider). Diese Technik beherrschte er virtuos. In der Frühzeit, bis um 1800, kommen des öfteren Tiere, Figuren, Bildnis-Silhouetten und ganze Szenendarstellungen im Scherenschnitt vor. Aber das Eigenartige, Bezaubernde sind die nach 1800 entstandenen Blumen und Gewächse, die in der Regel aus weißem Papier geschnitten und auf dunklen Grund geklebt sind (Abb. 4–9). Sie verraten eine gründliche, aus Beobachtung und Empfindung, nicht aus wissenschaftlichem Studium erworbene Kenntnis von den Wachstumsgesetzen der Pflanzen, einen in seiner Genauigkeit schwer zu übertreffenden Blick, dem nicht die kleinste cha-

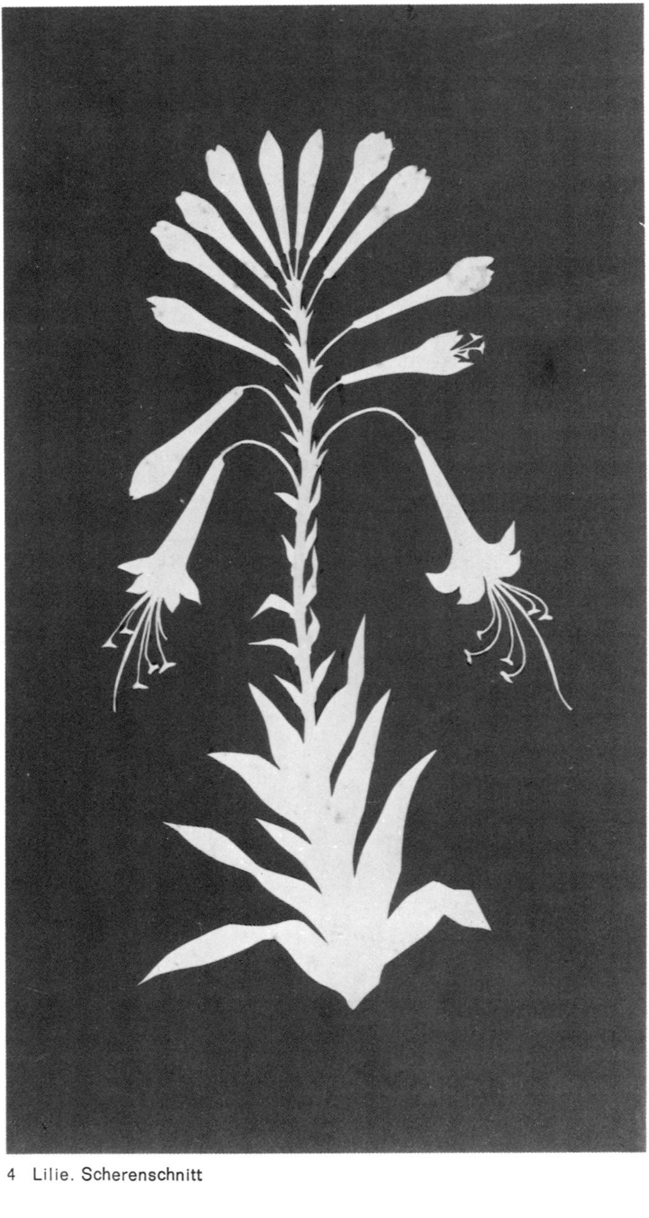

4 Lilie. Scherenschnitt

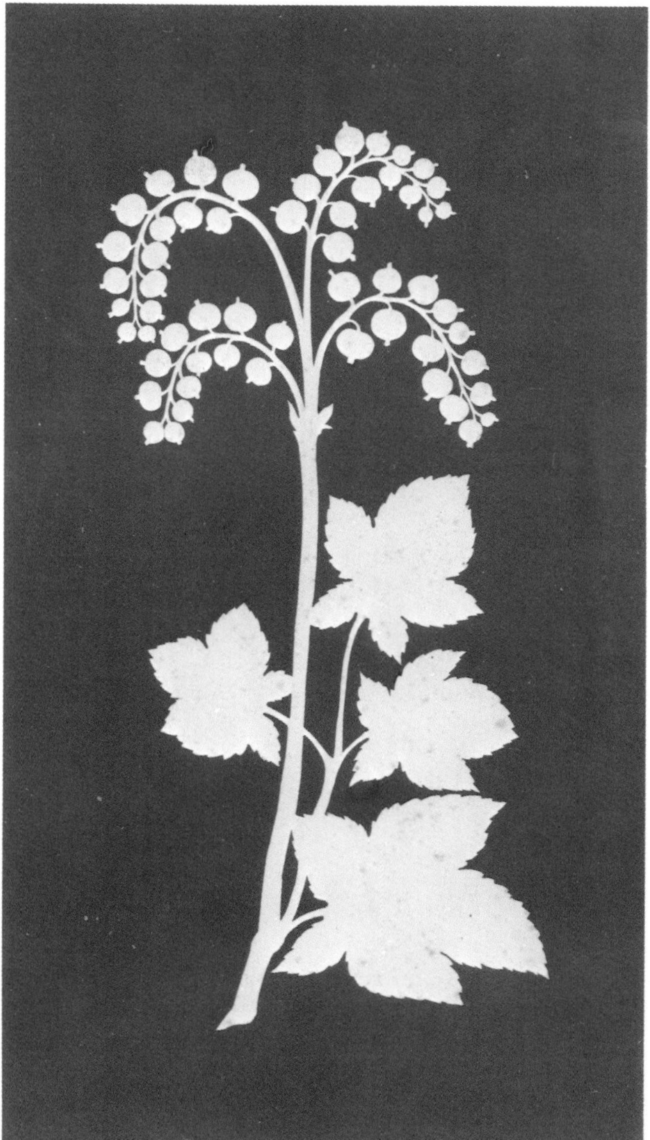

5 Johannisbeere. Scherenschnitt

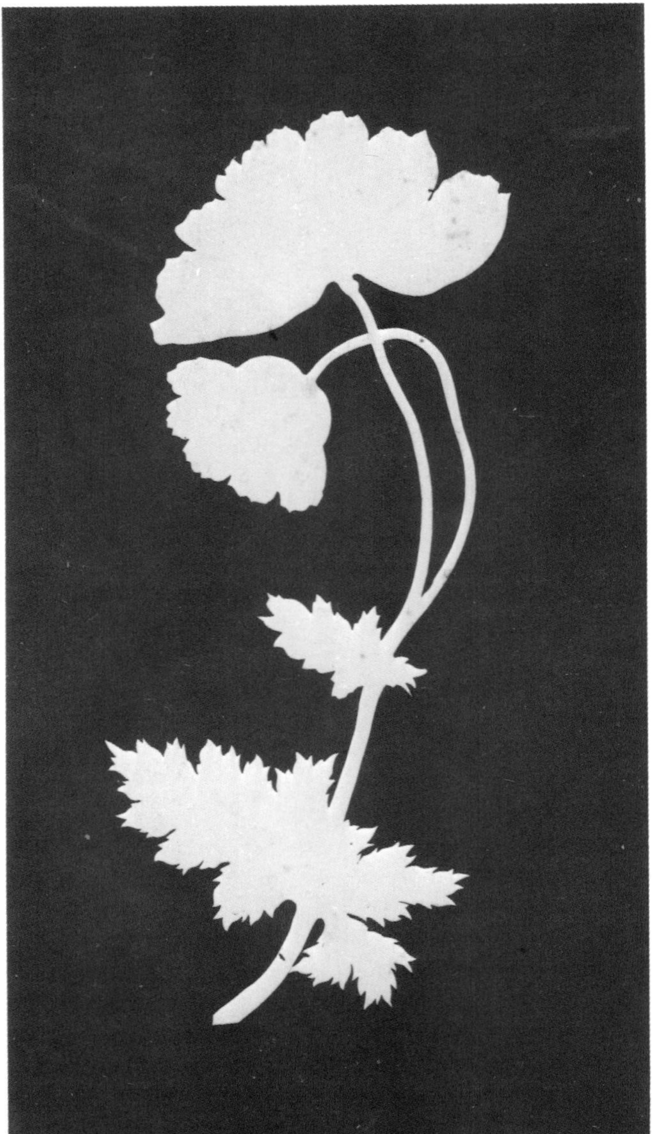

6 Schlafmohn. Scherenschnitt

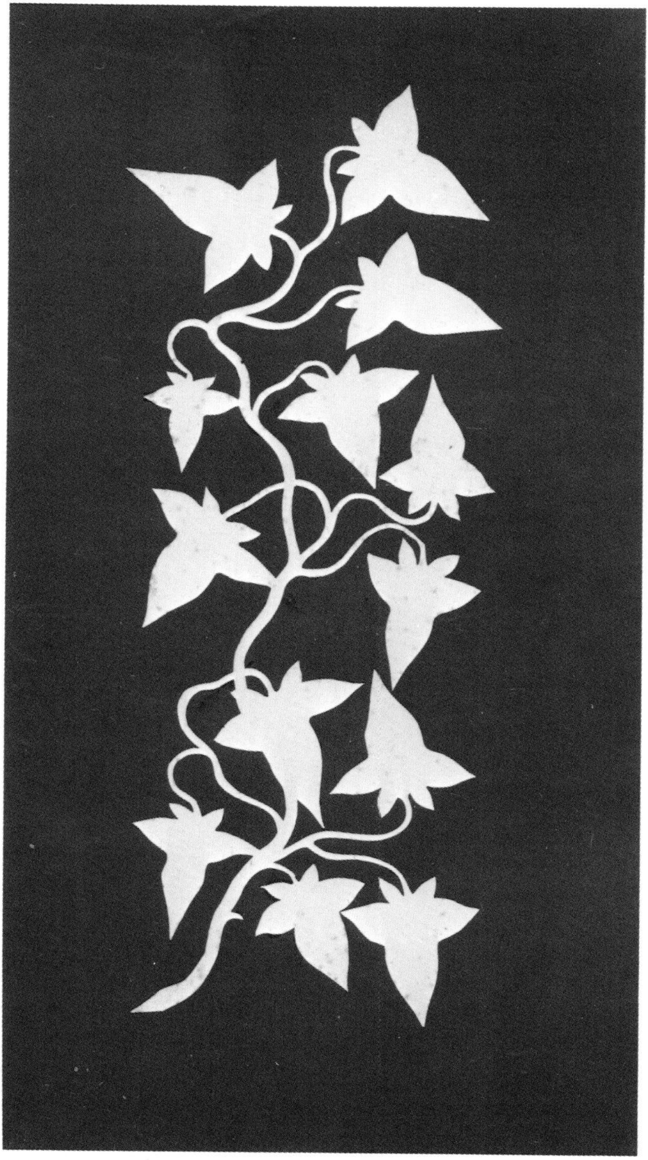

7 Windenblattranke. Scherenschnitt

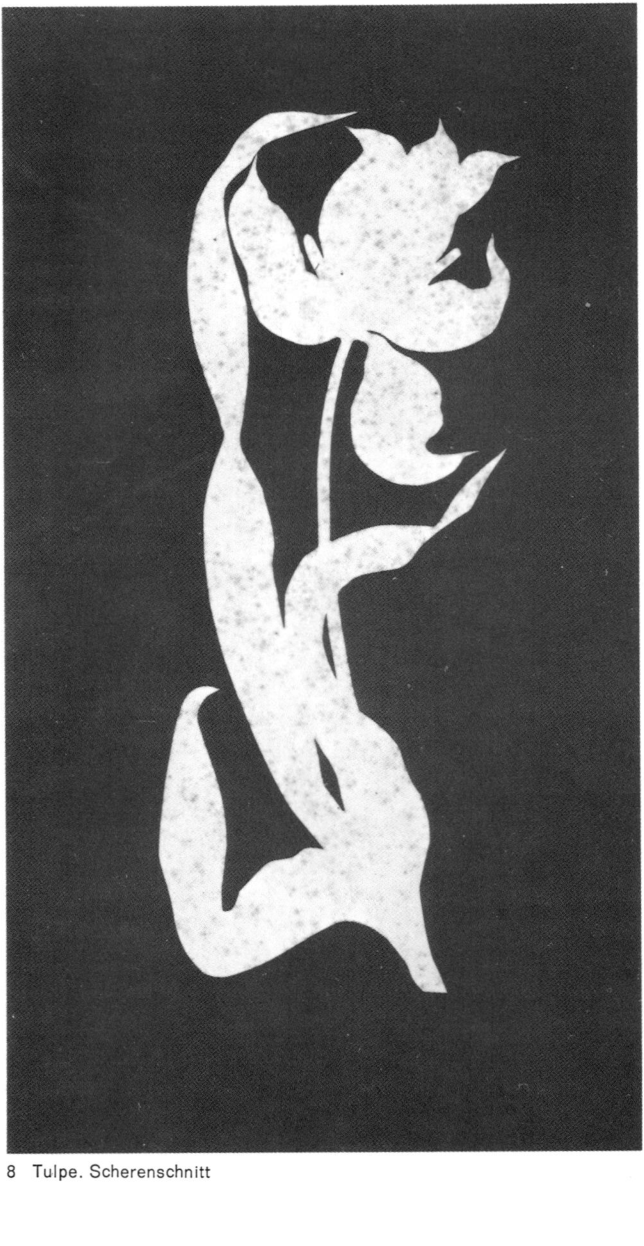

8 Tulpe. Scherenschnitt

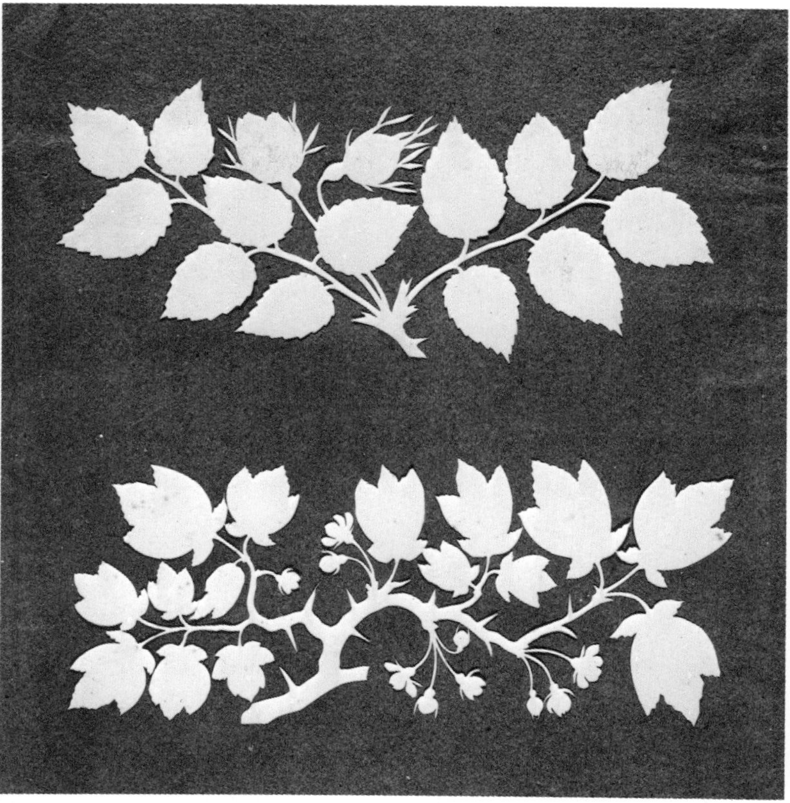

9 *Oben:* Rosenknospen. *Unten:* Dornbuschzweig. Scherenschnitte

rakteristische Nuance entgeht. Bestechend für den Betrachter und bezeichnend für Runges Kunst überhaupt ist neben der sensiblen Einfühlung die klare, ordnende Formenkraft. Goethe hat diese Arbeiten, die er »bedeutende und gefällige Produktionen« (HS II, 329) genannt hat, hochgeschätzt.

Man hat mit Recht auf die in die Zukunft weisende Kraft des hier geschaffenen ornamentalen Stils hingewiesen. Wichtiger ist, daß in den Schnitten, die vor 1800 entstanden sind, die spätere, tiefe Anschauung des Künstlers von den in der Natur wirkenden göttlichen Kräften im Bild der Pflanze aufscheint, als stiege sie aus dem Unbewußten wie spielerisch herauf. Man erinnert sich dabei an Runges oft wiederholte Äußerung, er verdanke das Beste nicht seinem Verstand oder seinem Wissen, sondern der eigenen Substanz, das heißt, dem Ewigen in ihm, das von Gott ist.

Hamburg 1795–1799: Daniel Runges Freundeskreis

Lebensgang: »Wir [Daniel und Philipp Otto Runge] reisten am 3. Juni [1795] nach Hamburg ab, wo der Jüngling in seinen anziehenden Eigenschaften von meinem Freundeskreise freudig aufgenommen, sogleich aber auch zu untergeordneten Verrichtungen in unserer Kommissions- und Speditionshandlung beträchtlich verwendet wurde.« (HS II, 447)

Weil der 18jährige Ph. O. Runge nicht recht wußte, welchen Beruf er ergreifen sollte, beschloß die Familie, ihn im Geschäft des ihm eng vertrauten, fast zehn Jahre älteren Bruders Daniel eine Kaufmannslehre absolvieren zu lassen. Der Aufenthalt in Hamburg wurde für Runge eine fruchtbare Zeit, in der er sich in Ruhe über seine eigentliche Berufung klar werden konnte. Daniels Freundeskreis umfaßte fortschrittliche, bildungshungrige junge Leute aus gutbürgerlichen Familien, die es sich zum Ziel gesetzt hatten, in der rationalen, kunstfernen, materialistischen Handelsmetropole die Schönen Künste heimisch zu machen. Der Freundeskreis bestand aus Buchhändlern (Friedrich Perthes, Johann Heinrich Besser), Kaufleuten (Friedrich August Hülsenbeck, Johann Friedrich Wülffing, Johann Michael Speckter) und Malern (Gerdt Hardorff, Heinrich Joachim Herterich); der Dichter Matthias Claudius, dessen Tochter Friedrich Perthes 1796 heiratete, war diesem lebendigen, aufgeschlossenen Kreis verbunden. Hülsenbeck und Wülffing waren auch die Geschäftspartner Daniel Runges in der Firma ›Hülsenbeck, Runge & Co.‹, die bis 1807 in Hamburg bestand. Anfangs scheint Daniel – der in dieser Zeit auch schriftstellerisch tätig war – in diesem Kreis dominiert zu haben, später wurde Speckter, der auch ein kenntnisreicher Kunstsammler war, der geistige Führer. Seine Söhne,

Erwin und Otto, sind Künstler geworden. Sie haben nach Gründung der Lithographischen Anstalt (1818) im Auftrag ihres Vaters Arbeiten Runges auf den Stein übertragen.

In diesem Kreis hat Runge eine fundierte literarische Bildung erworben und eine erste Vorstellung von philosophischen Thesen, Forderungen und Spekulationen erhalten. Perthes war Kantianer und weihte die Freunde in die Ethik des Königsberger Philosophen ein. Schillers und Herders ästhetische Schriften wurden in diesem Zusammenhang diskutiert. Die hier entwickelten hohen Moralbegriffe von Tugend und Menschenwürde, von der »ästhetischen Erziehung« und der hohen Berufung des Künstlers in diesem ethischen Bildungskonzept haben Runges Denken mit geprägt. Hinzu kommt das Studium der Antike, zum Beispiel der Heldenepen *Odyssee* und *Ilias* in den Übersetzungen von Johann Heinrich Voß, Vergils Epen und Oden von Horaz – Runges Kunst hat sich immer wieder auf diese Bildungsquelle bezogen.

Matthias Claudius, der Wandsbeker Bote, wurde dem jungen Handelslehrling zu einer verehrungswürdigen Vaterfigur. Seine Familie nahm ihn wie einen Sohn auf. Die gefühlsreiche, kindliche, der Mystik zuneigende Gesinnung hat auf Runge eingewirkt.

Rückblickend erscheint die Begegnung mit den Schriften der Frühromantiker als der ausschlaggebende Impuls. Sie wurde ihm vermittelt durch die von Goethe herausgegebenen *Propyläen*, durch die von Schiller redigierten *Horen* und durch das von August Wilhelm und Friedrich Schlegel veröffentlichte *Athenaeum* – also durch die aktuelle Zeitschriftenliteratur der Zeit. Tiefen Eindruck hat besonders die begeisterte Lektüre des Künstlerromans *Franz Sternbalds Wanderungen* von Ludwig Tieck bei Runge hinterlassen. Zum erstenmal lernte er ein Werk des Dichters kennen, der für die entscheidenden Jahre seiner Entwicklung der wegweisende Gesprächspartner werden sollte.

Alle diese Bildungserlebnisse mußten deshalb so stark auf Runge wirken, weil er für seine 18 Jahre und für eine Zeit, in der in diesem Alter zumeist der Reifeprozeß weit vorgeschritten war, als auffällig unselbständig und geradezu als kindlich-naiv gelten mußte. Seine Briefe bezeugen das bis in die Kopenhagener Zeit. – Mit Recht hat Gunnar Berefelt darauf hingewiesen, wie grundlegend für das spätere Schaffen der Umstand geworden ist, daß Runge in diesem frühen, empfänglichen Stadium durch die älteren Freunde mit philosophischen und literarischen Gedankengängen vertraut gemacht worden ist. Er lernte zu begründen und zu argumentieren; er lernte vor allem, wie ausschlaggebend für das Tun und Verhalten ein fundiertes gedankliches und sittlich unangreifbares Konzept war. Sein Leben lang hat er denn auch an der Überzeugung festgehalten, das rechte Denken und der rechte Glaube seien der allein tragfähige Grund der Kunst.

Der Freundeskreis Daniels ermutigte Runge, sein künstlerisches Talent zu entwickeln. Offenbar beobachteten die Freunde seine Fortschritte genau, und Daniel faßte, sicherlich nach Beratung mit Speckter, den Entschluß, den Bruder von der ungeliebten Arbeit im Kontor fühlbar zu entlasten und ihm in der freien Zeit Zeichenunterricht von den Künstler-Mitgliedern des Kreises erteilen zu lassen. So unterrichtete ihn vom Sommer 1797 bis zum Juli 1798 der nur um wenige Jahre ältere Herterich eine Stunde täglich, dann, vom September 1798 bis zum Mai 1799, Gerdt Hardorff, nun zwei Stunden am Tage.

Dieser Unterricht war im künstlerischen Ertrag unzureichend. Die Lehrer waren weder Künstler von Bedeutung noch hatte ihr Unterricht Methode. Man hat den Eindruck, als hätten Daniel und seine Freunde Runges künstlerische Neigung zwar von ihrem Bildungsstandpunkt aus unterstützt, um den freundlichen jungen Mann zu fördern, aber anfangs nie ernstlich daran gedacht, ihn zum Künstler auszubilden. Ein oder zwei Stunden am Tag zu zeichnen, das blieb eher im Rahmen der üblichen Kunstunterweisung im Erziehungsplan besser gestellter Bürgerfamilien. Erst nachdem der Gedanke im Sommer 1787 aufkam, Runge solle innerhalb der brüderlichen Firma einen Kunsthandel führen und so später seinen Lebensunterhalt verdienen, wurde unter der Leitung Hardorffs seine Ausbildung etwas intensiver

10 Raffael und seine Geliebte. 1798 ▷

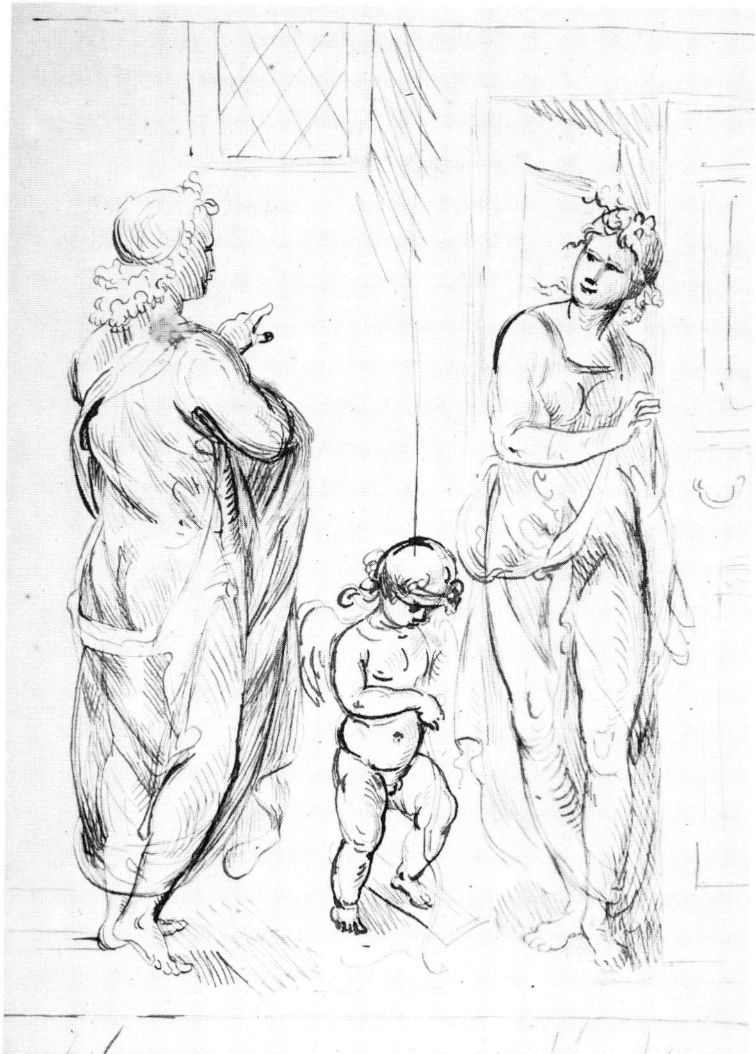

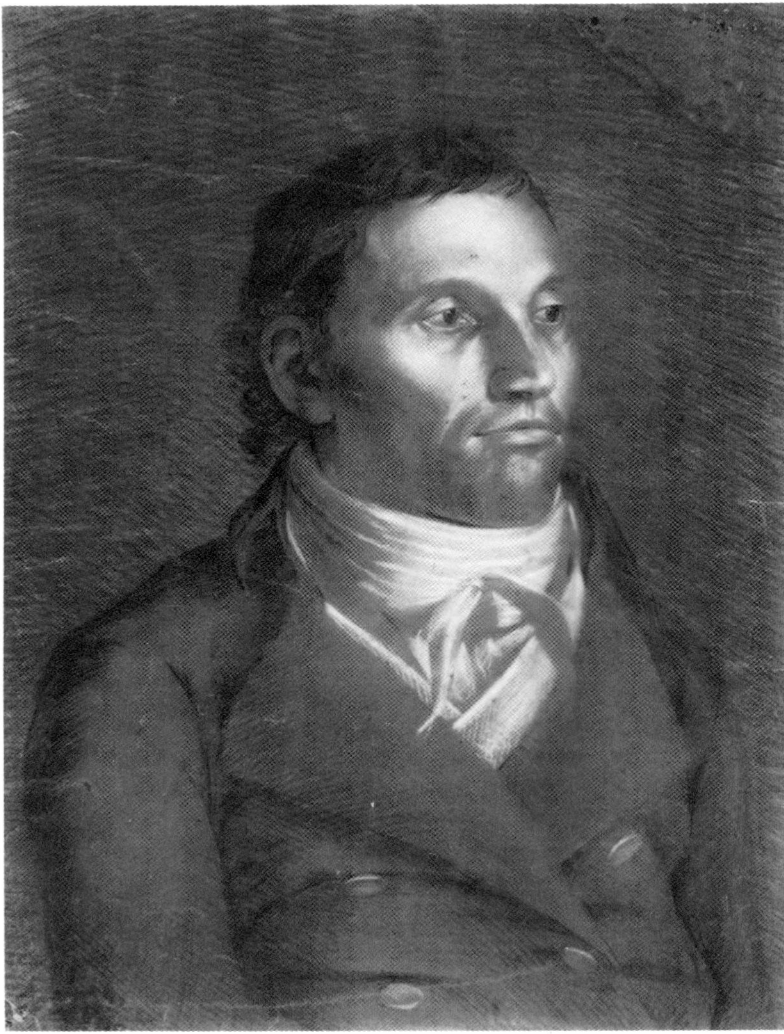

11 Bildnis des Bruders Daniel Runge. 1799

betrieben und durch den Unterricht in der Geometrie und Anatomie – freilich laienhaft – ergänzt. Aber mit den Monaten wuchs in Runge der Wille, Künstler zu werden, und da mit dem Kunsthandelsprojekt eine solide Basis ins Auge gefaßt war, stimmte der Vater zu.

Die Zeichnungen Runges aus dieser Zeit erinnern in ihren dilettantischen Zügen an die Anfänge Caspar David Friedrichs. Es sind ungelenke Skizzen »nach dem Leben«, vor allem Zeichnungen nach druckgraphischen Vorlagen, nämlich Stichen nach italienischen und niederländischen Werken des 16. bis 18. Jahrhunderts. Hardorff legte also nach akademischem Muster den Schwerpunkt seines Unterrichts auf das Kopieren und auf aus Vorlagen zusammengestellte Kompositionsübungen (Abb. 10). Auch Aktzeichnungen nach Vorlagen finden sich.

Allein die Bildnisse, die noch in Hamburg im Jahre 1799 entstanden, verraten ein ursprüngliches Talent des Schülers. Heraus ragen die Porträts von Perthes, Besser, Wülffing und das Bildnis des Bruders Daniel (Abb. 11). Hier konnte Hardorff, der ein tüchtiger Porträtist war, seinen Schüler offenbar auch bestimmter führen, ihm stärkere künstlerische Impulse vermitteln.

Auf Grund dieser Hamburger Versuche und Studienergebnisse erscheint die Entsendung des nun 22jährigen Spätentwicklers Runge an die Kunstakademie in Kopenhagen fast als verwegen. Daniel und seine Freunde dachten wohl, es könne Runge bei seinem späteren Kunsthändler-Beruf nur nützen, möglichst viel von den künstlerischen Techniken und Verfahrensweisen zu erlernen. Tatsächlich hat er in Kopenhagen druckgraphische Blätter für das Hamburger Unternehmen eingekauft.

Am 18. Oktober 1799 reiste Runge nach Kopenhagen ab und studierte dort bis zum März des Jahres 1801.

Kopenhagen 1799–1801: Schüler der Akademie

Lebensgang: »Wie die Verhältnisse [an der Kopenhagener Akademie] einmal standen, mußte er e i n e n Lehrer als hauptsächlichen Meister für sich wählen; und es blieb ihm keine andere Wahl, als zwischen dem gründlichen Abildgaard, unter welchem er schon im Hause sowie später in den öffentlichen Kunstsälen sich im Zeichnen übte (mit der höchsten Emsigkeit), und Juel, dessen wohlverdienter Ruf mehr nach auswärts erschollen war ... Speckter und Herterich rieten jedoch beide, daß er Juel für sich zu gewinnen suchen möge.« (HS II, 453)

Seit Gunnar Berefelts Untersuchung der Kopenhagener Studienjahre ist deren Bedeutung für Runges Entwicklung wieder ins Bewußtsein gerückt worden. Hier erhielt er die erste systematische Ausbildung, indem er den üblichen Ausbildungsgang während seiner Studienzeit vom Oktober 1799 bis zum März des Jahres 1801 absolvierte. Diese Ausbildung bestand im wesentlichen aus dem »Üben der Hand«, das heißt, im Zeichnen. Offenbar überzeugten die Bildnis-Zeichnungen Runges seinen ersten Lehrer Abildgaard und bewogen ihn, dem Anfänger die Elementarklasse zu erlassen. In den höheren Klassen wurde das Zeichnen nach antiken Gipsabgüssen und schließlich nach dem Aktmodell eingeübt. Ergänzt wurde dieser Unterricht durch die theoretischen Fächer Anatomie, Perspektive, Geometrie und Ornament und durch das Studium der Gemälde in der Kopenhagener Schloßgalerie. Zumal das Zeichnen nach den Gipsen hat Runges Kunst späterhin befruchtet, weil es ihn zwang, sich mit der griechischen und römischen Kunst zeichnend auseinanderzusetzen. Die Kenntnis bestimmter Köpfe und Figuren (Homerkopf, Apoll von Belvedere, Laokoongruppe) wirkt in späteren Arbeiten nach. Runges Zeichentechnik hat sich in Kopenhagen gut entwickelt. Die Akte gehen einerseits auf Vorlagen zurück (Abb. 12), andererseits sind sie offenbar vor dem Modell entstanden. Sie verraten, daß Runge die weiche spätbarocke Kreidetechnik seines Lehrers beherrschen lernte. Wichtiger für seine Zeichen-Technik ist indessen die Kenntnis der Umriß-Stiche nach Zeichnungen des Engländers John Flaxman geworden.

12 Stehender männlicher Akt mit Stab. 1800 ▷

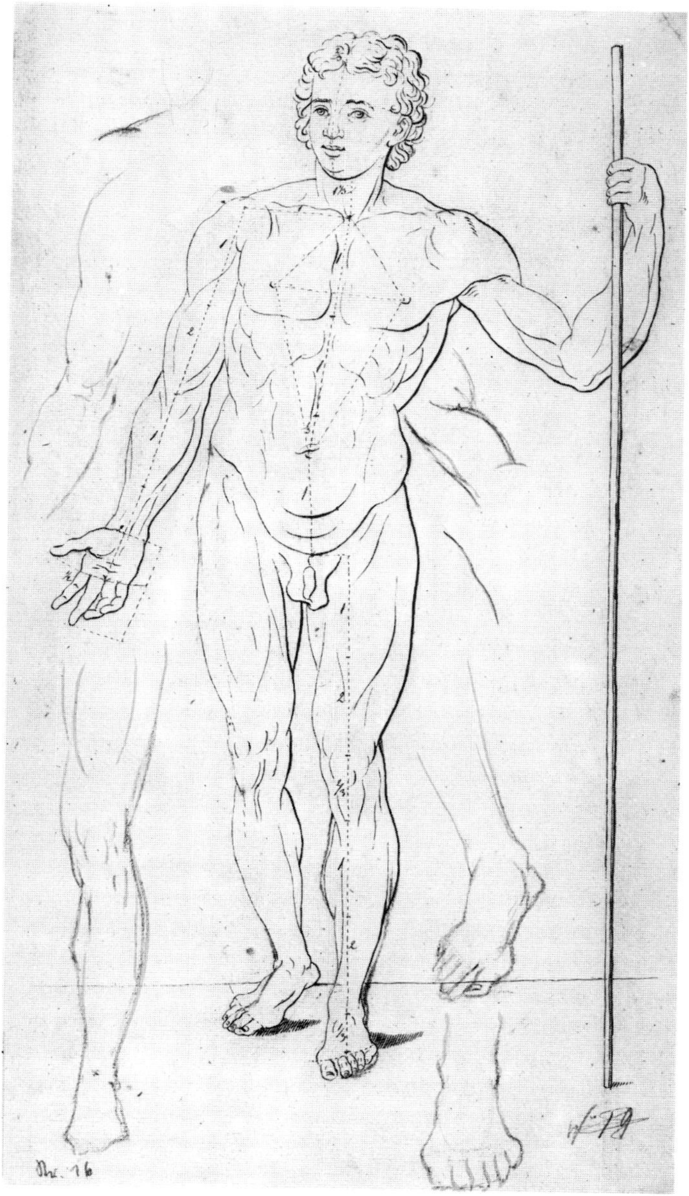
Nr. 16

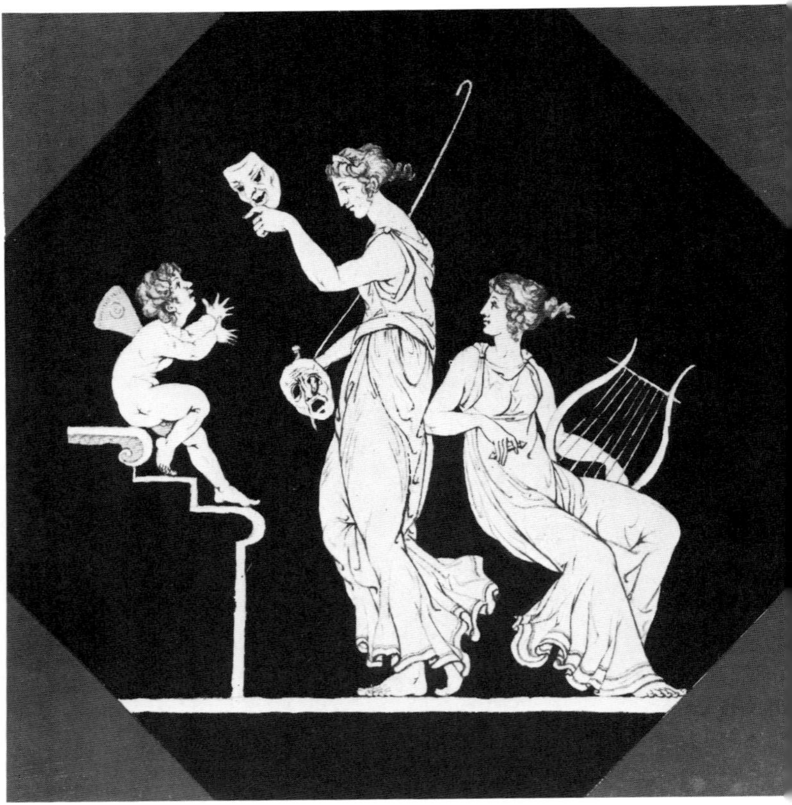

13 Die Wirkung der komischen und der tragischen Maske. 1800

Kaum ein Künstler, ja kaum ein literarisch oder künstlerisch Interessierter konnte sich damals dieser Wirkung entziehen. Flaxmans ausschließlich auf die Fläche bezogene, nur die dünne, gleichmäßig geführte Linie verwendende Manier war gleichsam pur aus der griechischen Vasenmalerei entwickelt. Das Wohllautend-Ornamentale der Homer-Illustrationen des Engländers mußte Runge, den Scherenschnitt-Virtuosen und deshalb für ornamentale Gestaltungen besonders Empfänglichen, stark beeindrucken. Die Zeichnung »Die Wirkung der komischen und der tragischen Maske« (Abb. 13) ist ein Beispiel für Runges selbständige Einbindung des anderen Stils in die ihm zur Verfügung stehenden künstlerischen Möglichkeiten.

Merkwürdig ist, daß Runges Unselbständigkeit sich nur langsam in Kopenhagen abbaute. Er ließ sich von den älteren Freunden in Hamburg, vor allem von Speckter und Daniel, Herterich und Hardorff, gleichsam fernlenken: Keinen Schritt tat er, ohne deren Rat einzuholen, jede neue Erkenntnis meldete er nach Hamburg. Alles ließ er sich ausdrücklich absegnen. So ist er auch deren Rat gefolgt und hat sich besonders im letzten Kopenhagener Jahr an Jens Juel, den berühmten und vorzüglichen Porträtisten, angeschlossen, der Direktor der Akademie und die künstlerisch herausragende Persönlichkeit war. Juel hat sich – soweit der nicht mitteilsame Mann überhaupt dazu fähig war – um Runge gekümmert. Er öffnete ihm im Mai des Jahres 1800 sein Atelier und führte ihn dort – freilich wohl sehr oberflächlich – in die Ölmalerei ein. Runge konnte von dem routinierten, differenzierten Malstil des Professors kaum etwas profitieren, dazu war er auf diesem Gebiet viel zu unerfahren. Doch hat er Juel auf seine Weise verehrt. Noch von Dresden aus korrespondierte er mit ihm, und der Tod des Lehrers hat ihn stark bewegt.

Schon bald nachdem er sein Studium an der Kopenhagener Akademie aufgenommen hatte, beschäftigte er sich eingehend mit dem Zeichnen von geometrischen Körpern, weil er darin »weit zurück« sei (Abb. 14). Sein Interesse an Architektur, das sich bis zu seinem Tod nicht nur erhielt, sondern intensivierte, ja seine Hauptwerke mitbestimmt hat, scheint hier in Kopenhagen zum erstenmal konkret in Erscheinung getreten zu sein. Es ist gewiß kein Zufall, daß sowohl in Kopenhagen als auch während Runges Dresdner Aufenthalts ein Architekt zu seinem Freundeskreis gehörte; in Kopenhagen ist es ein gewisser Krohn aus Holstein, in Dresden ein Architekt Schäfer.

Dieser Sinn für das Architektonische, Konstruktive und Konstruierte, für Maße und Maßverhältnisse, für die Wandfläche als Bildträger und für den Raum als umbauten Bereich, in dem die Bildwände erst ihren Zusammenhang, das Ganze ihrer Erscheinung und ihrer Wirkung entfalten, hat sich in Runge bei

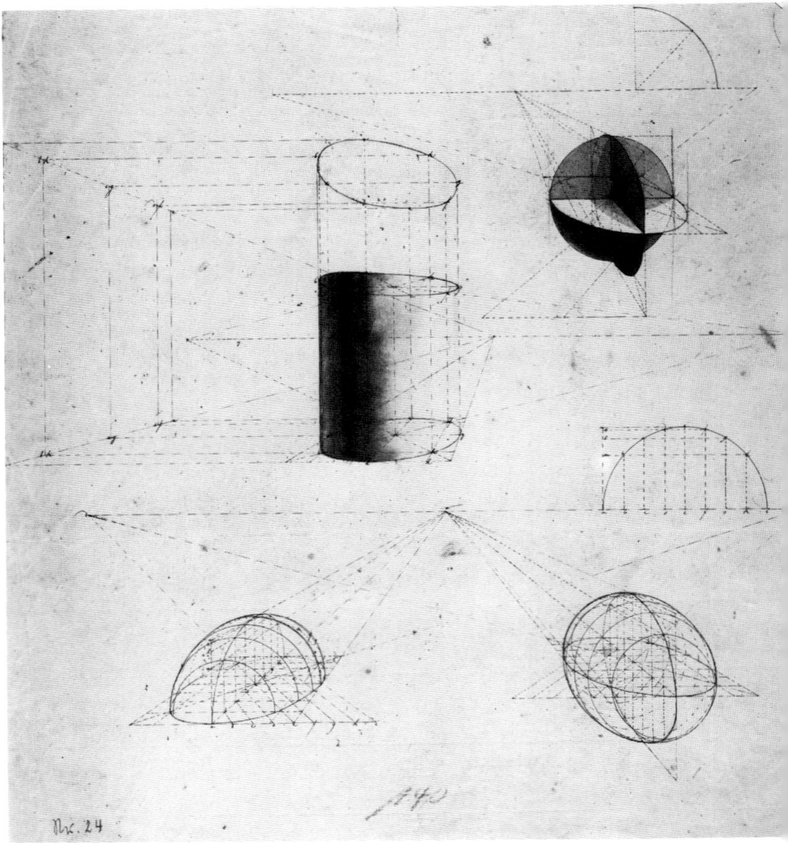

14 Perspektivische Kugel- und Zylinderkonstruktionen. 1799

der Arbeit an dem Komplex der »Zeiten«-Folge zu einem elementaren Grundgedanken verdichtet.

Auch die Bekanntschaften, die Runge in diesen Studienjahren schloß, haben ihn reifen lassen. Er lernte Conrad Christian August Böhndel, den Schüler des Akademieprofessors und Bildhauers Johannes Wiedewelt, kennen, der während Caspar David Friedrichs Kopenhagener Akademiezeit (1794–1798) mit dem Maler befreundet war. Neben Böhndel, mit dem Runge lebenslang verbunden blieb, war es der Hamburger Maler Johann Gottfried Eiffe, ein Mitschüler bei Hardorff, der in Kopenhagen zu seinem engsten Freundeskreis gehörte. Im Januar 1800 wurde Runge bei der Dichterin Friederike Brun eingeführt, die weitreichende, zumeist auf persönliche Bekanntschaft gegründete Beziehungen zu vielen bedeutenden Künstlern, Dichtern und Philosophen des deutschen »Sturm und Drang« und der Klassik besaß. Sie hatte eine umfangreiche Kunstsammlung, die sie vor allem während ihres Italienaufenthaltes erworben hatte. Runge hat diese Sammlung, in der sich auch eine Zeichnung zum *Ossian* von Asmus Jakob Carstens befand, eingehend studiert. Er erwarb sich die Anerkennung der kenntnisreichen, von der Antike begeisterten Frau und erhielt freien Zugang zu ihren geistig anspruchsvollen Gesellschaften.

Lebensgang: »... mit dem Anfang des neuen Jahres [1801] wuchs das Gefühl der Unzulänglichkeit dessen, was er hier erreichen könnte, sowie das Verlangen nach einem erweiterten Gesichtskreis so mächtig in ihm, daß es ihn antrieb, ... sich zur Reise anzuschicken.« (HS II, 455)

Runge hatte viel am akademischen Unterrichtsbetrieb auszusetzen. Schon zwei Monate nach seiner Ankunft beschwerte er sich über die Unzugänglichkeit der Professoren und über die starre Arbeitsmethode. Im Laufe der Monate aber wurde seine Kritik grundsätzlicher. Das Mechanische der Ausbildung stieß ihn ab: das trockene Reproduzieren vorhandener Bildwerke, seien es nun Stiche oder Gipsabgüsse, das Fehlen jeder auf Kunst gerichteten Lernziele – sie alle erstreckten sich ja nur auf die möglichst fleißige Aneignung technisch-handwerklicher Verfahren. Das Zerstückelte dieses Lehrplanes hielt er für schädlich, weil es die Schüler zur Blindheit vor dem Ganzen des Kunstwerks geradezu erzöge; hinzu kam die Langsamkeit der Ausbildung. Auch erfüllte ihn die Angst, »nicht anstatt zur Form zur Manier überzugehen, und so, statt auf dem Weg zu bleiben, nebenher in einen Graben zu plumpen«. (26. September 1800; HS II, 57)

Wie später die Nazarener, so hat auch Runge sich selbst geholfen durch die Gründung einer »Privatakademie« (Anfang

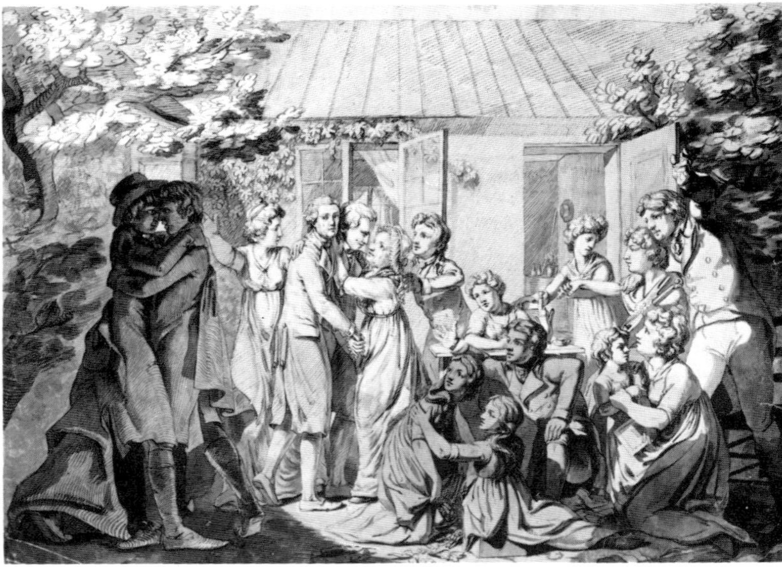

15 Die Heimkehr der Söhne. 1800

Oktober 1800), der neben den Freunden Böhndel und Eiffe der schon genannte Architekt Krohn und der Theatermaler Dietrich aus Greifswald angehörten. Nicht nur Runges Kritik an der Akademie ist durch das Studium der Goetheschen *Propyläen* angeregt worden, sondern auch der private Studienplan, den sich die Freunde nach dem Vorbild der in den *Propyläen* als mustergültig hingestellten Akademie in Paris auferlegten. Die Freunde trafen sich regelmäßig und übten Geometrie und Perspektive, dazu »Geschichte«, das heißt vermutlich, man versuchte sich im Komponieren historischer Szenen.

Runge begegnete dem Gefühl des Ungenügens, indem er Bildvorstellungen zu verwirklichen trachtete, die seine Kräfte noch überstiegen. Das eindrucksvollste Unternehmen dieser Art sind die Entwürfe zu einem monumentalen Wandbild für das Haus des Bruders Jacob in Wolgast, »Die Heimkehr der Söhne« (Abb. 15). Kaum hatte der Künstler seinen stümperhaften Kompositionsversuchen in Hamburg den Rücken gekehrt, da begann er

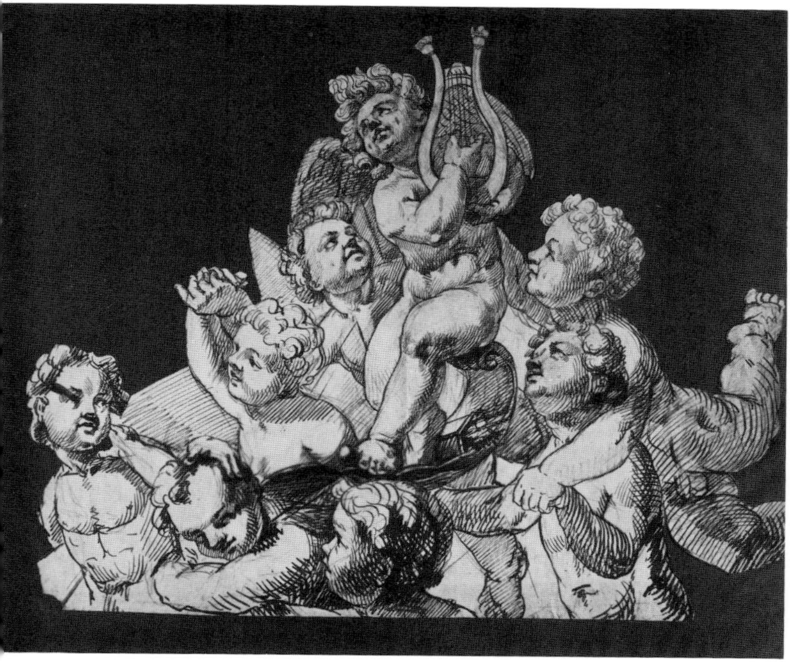

16 Triumph des Amor. Mittelgruppe der Komposition. 1800/1801

zwei Monate nach seiner Ankunft in Kopenhagen – man möchte meinen: fast voraussetzungslos – die Entwürfe für dieses ausgreifende Projekt. Zwar hatte er sich noch in Hamburg mit dem Thema »Triumph des Amor« beschäftigt, aber auch erst in Kopenhagen dachte er daran, mit dieser Figurenkomposition eine andere Wand in Jacobs Haus zu schmücken; die Zeichnung (Abb. 16; vgl. auch Abb. 20 und 21) gehört zu dieser Entwurfsfolge. Die »Heimkehr der Söhne« wagt sich jedoch in Gehalt und Bildgestalt weit über das hinaus, was Runge sich bisher zugetraut hatte. Nicht auszudenken, wenn dieser »Triumph der Familienliebe« (Traeger) tatsächlich in Wolgast als Fresko ausgeführt worden wäre! Wobei dieser Gedanke sogleich die sich auch noch in diesem letzten Entwurf heftig stoßenden Unzulänglichkeiten offenbar macht. Dennoch: ein monumentales Familienbild, als dramatisches Ereignis aufgefaßt – das setzt zu einer Synthese an, die ältere Bildtraditionen nicht nur ausreizt, sondern auf ein neues Ziel hin gleichsam stürmisch in Bewegung setzt.

In Kopenhagen hat Runge, veranlaßt durch den Zuspruch von Speckter und auf Grund der *Propyläen*-Lektüre, zwei Entwürfe zur Preisaufgabe des Jahres 1800 der Weimarischen Kunstfreunde geschaffen – auch eine Arbeit, die nichts mit seiner akademischen Ausbildung zu tun hatte. Sie bereitete Runges Beteiligung an der Preisaufgabe des Jahres 1801 vor.

So befand sich Runge schon in Kopenhagen mit den künstlerischen Aufgaben, die ihm wirklich am Herzen lagen, auf einem Feld, dessen alleiniger Bezugspunkt er selbst war. Am 21. Februar des Jahres 1800 schrieb er an Daniel: »Was meine ›Einseitigkeit‹ im Beurteilen der hiesigen Lehranstalten betrifft, so will ich nichts weiter sagen, als daß dieses, was ich jetzt im Sinne habe, der einzige Ausweg ist, wie mir Alle versichern, und der liegt doch wirklich a u ß e r h a l b der Anstalten.« (HS II, 44)

Damit hat Runge bereits sein eigenes Erziehungsprogramm festgelegt. In Dresden wird er es verwirklichen.

Wolgast 1801: Caspar David Friedrich

Runge hielt sich nach seiner Ankunft aus Kopenhagen in den ersten April-Tagen 1801 nur kurz in Hamburg auf. Von April bis Ende Mai ist er im Vaterhaus gewesen, wo er »eine Menge von Bildnissen in schwarzer Kreide gezeichnet« (HS II, 456) hat. Diese Bildnisse, die offenbar ausschließlich Familienangehörige darstellten, lassen daran denken, Runge habe zu diesem Zeitpunkt noch vorgehabt, die »Heimkehr der Söhne« einmal als Wandbild auszuführen und dann die Bildnisse als Vorstudien zu benutzen.

Er besuchte auch Caspar David Friedrich in Greifswald. Diese erste Begegnung hat tiefgreifende Folgen gehabt. Jörg Traeger hat – von dem Friedrich-Forscher Werner Sumowski angeregt – den inneren Zusammenhang einiger zentraler Bildgedanken der beiden bahnbrechenden Bildkünstler der deutschen Romantik, deutlicher als es bisher geschehen war, benannt. Der grundsätzliche Unterschied zwischen den beiden Künstlern bleibt hingegen bestehen. Runge meint die religiöse Landschaftsmalerei als umfassende, durch elementare Symbole strukturierte Kunst, nicht allein als Darstellung sichtbarer Landschaftsrealitäten. In seinem gedanklichen (oder theoretischen) Konzept werden die Kräfte der Natur in der Form der Allegorie ins Bild gezwungen. Dies Bild zu schaffen ist seine Lebensaufgabe. Friedrich ist Landschaftsmaler in dem engeren Sinne der damaligen akademischen Aufgliederung der Kunst in Fachgebiete. Von dieser schmaleren Basis aus hat er die damalige Landschaftsmalerei durch seine radikale Bildgestaltung revolutioniert. Die symbolische Bedeutung seiner Gegenstände – Ruine, Kreuz, abgestorbene Eiche usw. – paßt sich dieser neuen Bildgestalt ein, aber die Bildgestalt selbst ist nicht Symbol (wie bei Runge), sondern das Mittel, um die Landschaftselemente mit deutlich abgestufter Bedeutung aufzuladen, einer Bedeutung, die in dem Maße bis ins Symbolhafte wächst, in dem der jeweilige Gegenstand Anteil an der Bildgestalt erhalten hat. Je eindeutiger sich das Bild auf einen Gegenstand bezieht, je gewichtiger ist dessen Bedeutung. Überdies: Bei Friedrich spielte das Studium vor der Natur eine bedeutende Rolle. Aus der Meditation vor der Natur zog sein inneres Auge den Bildgedanken. Runge dagegen besann sich in einem meditativen Prozeß auf »die lieblichen und fürchterlichen Empfindungen« der Seele und suchte sich dann den Bildgegenstand, der »charakteristisch« zu dieser Empfindung paßte (9. März 1802; HS I, 12). Er ging also von einem Grundgedanken aus, der sich zum Bild konkretisierte, indem er die ihm gemäßen Gegenstände auswählte und einbrachte.

Aber diese Verschiedenheiten der beiden Künstler haben ihre Wurzeln in ein und demselben Boden ähnlicher oder übereinstimmender Anschauungen. So sind sich Runge und Friedrich in Dresden 1802 und 1803 wiederbegegnet; sie haben später über Freunde – vor allem über den Maler Friedrich August von Klinkowström – miteinander Verbindung gehalten, sie hatten gemeinsame Bekannte, zum Beispiel den Greifswalder Professor und

Sammler Dr. Carl Schildener und den Architekten Johann Gottfried Quistorp, der Universitätszeichenmeister in Greifswald war und Friedrich den ersten Unterricht erteilt hatte. Runge lernte Quistorp bei diesem Besuch in Greifswald kennen.

Runge war der Führende. Von seinen »Zeiten« ist Friedrich zu den eigenen Jahres- und Tageszeitenbildern angeregt worden. Von Runge stammt das »allegorische Prinzip« (Traeger) in Friedrichs Holzschnitten oder in der Rahmung seines »Tetschener Altar«-Gemäldes von 1808. Tiefere Zusammenhänge werden sichtbar, wenn man Traegers Überlegungen folgt und die Einwirkungen des Rungeschen Denkens und Gestaltens auf die Strukturen der frühen Gemälde Caspar David Friedrichs erkennt. Zu diesen Einwirkungen gehört auch die Verarbeitung der Farbtheorien Runges, die Friedrich leistete, als er 1807/1808 seine ersten Gemälde schuf. Wenn man sich löst von nachgewiesenen oder wahrscheinlichen persönlichen Beziehungen, wenn man es aufgibt, Wirkungen bestimmter Bilder oder Bücher nachzuweisen, sondern die ganz ungewöhnliche Komplexität der romantischen Bewegung in Deutschland als tragende Tatsache anerkennt, wird man das Werk der beiden großen Künstler viel klarer in seinem inneren Zusammenhang verstehen. Es wird also in Zukunft wichtiger werden, die Entwicklung und Wirkung von Grundgedanken zu verfolgen als nur die Verbindungen bestimmter Personen nachzuweisen.

3 Verzauberung

> »... so ein Kunstwerk hält so still, wenn man darüber sitzt, und läßt sich empfinden und wenden, wohin man's haben will.« (HS II, 132)
>
> Ph. O. Runge, 15. Mai 1802

Ein schwarzes Blatt Glanzpapier, auf das ein weißes, kleineres Blatt geklebt ist (Abb. 17): Dieser Bogen hat etwa die Größe eines Briefpapiers, und er hat auch Briefcharakter. Denn unter einer Zeichnung, die eine sitzende nackte Frau darstellt, die auf der Fläche ihrer rechten Hand ein nacktes Knabenkind zu sich emporgehoben hat, schrieb Philipp Otto Runge in sieben Zeilen eine Strophe aus der Ode *Die Lehrstunde der Nachtigall* von Friedrich Gottlieb Klopstock:

Flöthen mußt du! Flöthen! bald
mit stärkerem, bald mit immer
leiserem Laute, bis sich verliehren
die Thöne. Schmettern dann daß es die
Wipfel des Waldes durchhallt. Flöthen
mußt du! bis sich bey den Rosenknospen
verliehren die Thöne.

Unter dieses weiße Blatt, das Schrift und Bild selbstverständlich wie in einem Brief verbindet, ist auf die schwarze Unterlage ein Amorknabe montiert, der im Fluge seinen Bogen spannt, ein Scherenschnitt Runges in Weiß, dessen Umriß wirkungsvoll von dem dunklen Grund abgehoben ist.

Den oberflächlichen Sinn der Darstellung können wir auf Anhieb so benennen: Eine junge geflügelte Frau, die auf einem Empire-Hocker sitzt, bringt mit erhobenem Zeigefinger einem ebenfalls mit Flügelchen dargestellten Kind den Umgang mit der Flöte bei. Offenbar weiß das Kind noch nicht genau, wie es die Flöte halten soll. Es hat mit seiner rechten Hand das Instrument an den Mund gesetzt und bläst aufs Geratewohl hinein.

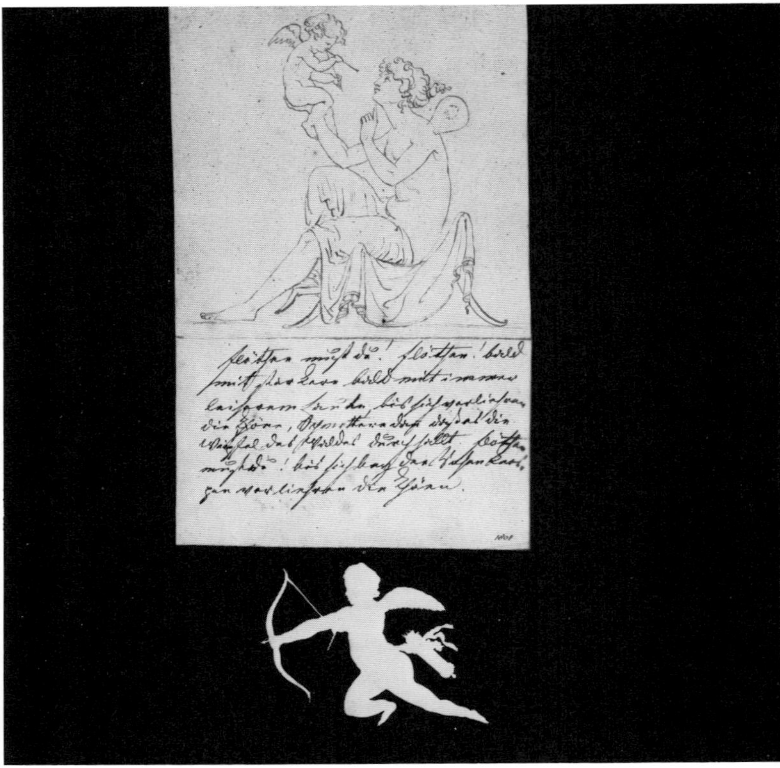

17 Die Lehrstunde der Nachtigall. 1801

Man möchte meinen, die Zeichnung hält eine Bildidee spontan fest. Gleichzeitig wendet sich das Blatt an einen Betrachter, denn die Strophe Klopstocks verdeutlicht den Inhalt der Darstellung. Prüft man Runges Klopstock-Zitat nach, so verstärkt sich der Eindruck der Spontaneität, denn der Zeichner hat offensichtlich die Verse des Dichters aus dem Gedächtnis zitiert. Diese lauten richtig:

Flöten mußt du, bald mit immer stärkerem Laute,
Bald mit leiserem, bis sich verlieren die Töne;
Schmettern dann, daß es die Wipfel des Waldes
durchrauscht –
Flöten, flöten, bis sich bey den Rosenknospen
Verlieren die Töne. –

Man kann sich den Vorgang, der Zeichnung und Strophe entstehen ließ, nun ziemlich genau vorstellen: Runge hat einen Brief geschrieben und legt diesem das Blättchen mit Zeichnung und Strophe bei, damit der Leser des Briefes eine Anschauung von seiner neuen Arbeit, der Arbeit an dem Bild »Lehrstunde der Nachtigall« erhält. Feststeht, daß die Bildidee vorher schon gefunden sein mußte, denn ihre erste Formulierung hätte der Künstler wohl kaum aus der Hand gegeben oder erst dann, wenn er die Idee in anderen Zeichnungen weiter ausgearbeitet hatte. Bei dieser Überlegung charakterisiert sich das Blatt als rasch gefertigte Briefbeilage nachdrücklich. Also: keine erste Niederschrift liegt hier vor, sondern eine spontane Variation einer schon festgelegten Bildidee. Überdenkt man diesen Vorgang noch einmal, so verfestigt sich der Eindruck, dies Blatt habe dem Brief an den Gefährten der Kopenhagener Akademiezeit, Conrad Christian A. Böhndel, beigelegen, an den Runge am 7. November 1801 von Dresden aus geschrieben hat. Die erste Skizzierung des Nachtigallen-Bildes muß also vor diesem Datum liegen.

Die sanfte Verzauberung, die von diesem Blatt ausgeht und uns gefangen nimmt, beruht in dem Gefühl, mit ihm ganz unmittelbar teilzuhaben an innersten Schöpfungsgedanken des Künstlers. Bezaubernd ist die leichte, zarte, die locker hingezeichnete Darstellung von Mutter Nachtigall und ihrem Söhnchen, bezaubernd sind die Zeilen mit dem frei zitierten Klopstock-Vers, der Zusammenklang von Bild und Schrift. Darin ist der glückliche Augenblick, als der Künstler schrieb und zeichnete, versiegelt. Lösen wir dieses Siegel, das heißt, vergegenwärtigen wir uns den Prozeß der Entstehung, haben wir Anteil an diesem Augenblick, an dem Bildgedanken, an diesem Künstler.

Es ist sinnvoll, diesen Prozeß der Annäherung zu vollziehen, denn Runge erfüllt eine Forderung seiner Zeit: Er ist ein denkender Künstler. Seine bestimmenden Bilderfindungen sind Ergebnisse, die nicht unmittelbar aus Anschauung gewonnen worden sind, sondern sich zusammenfinden aus Erlebnis und Wissen, aus Gefühl und Denken, aus dem, was er geträumt, und dem, was er gelernt und gelesen, aus Gesehenem und Empfundenem. Dann also steigen die Bilder auf, und die Hand des Künstlers legt deren Konturen fest. »... wenn eine Darstellung aus noch so vielerlei Gegenständen zusammengesetzt werden kann, so ist die eigentliche Totalform doch ein Gewächs«, so schrieb Runge 1809 an den Freund Klinkowström (HS I, 176). –

Vielleicht war es wirklich Klopstocks Strophe, die den Keim zum Bild enthielt. Daß Runge aber diese Verse in den Sinn kamen und sich zur Bildidee in ihm verdichten konnten, verdankt er einem Erlebnis: der Liebe zu seiner späteren Frau Pauline Bassenge, die er im Sommer des Jahres 1801 in Dresden kennenlernte: »Sieh, ich bin verliebt, sehr verliebt; mich dünkt, ich habe alles das gefunden, zusammen, was mich sonst wohl einzeln entzückt hat.« (12. Sept. 1801; HS II, 83) Am Beginn dieses Bildes steht also das umstürzende Erlebnis der Liebe und eine literarische Erinnerung, Klopstocks Ode *Lehrstunde der Nachtigall.* Von Anfang an fließt in dem Bild der Frau Nachtigall ein breiter Strom von Gehalt und Anspielung zusammen. Runge selbst bekennt sich dazu, denn er schreibt an Böhndel am 7. November dieses Jahres: »Von einem Stücke, welches ich dieser Tage entworfen, findest du hierin eine kleine Skizze. [Es ist das vorliegende Briefblatt.] Der Gedanke ist eine Nachtigall, die ihre Jungen singen lehrt, nach Klopstock. Es ist nicht allein die Nachtigall, es ist, siehst du, Psyche, Amor seine Frau ...« (HS II, 223). Die Figur der Nachtigall weitet sich in ihrem Sinngehalt: Psyche, die Seele ist es, die den Knaben das Singen lehrt, die ihn beseelt, so daß er zu singen fähig wird.

Nach mehreren Zwischenstufen begann der Künstler im Frühjahr 1802 die endgültige Form im gemalten Bild festzulegen. Jetzt genügte ihm seine Erinnerung an Klopstocks Ode nicht

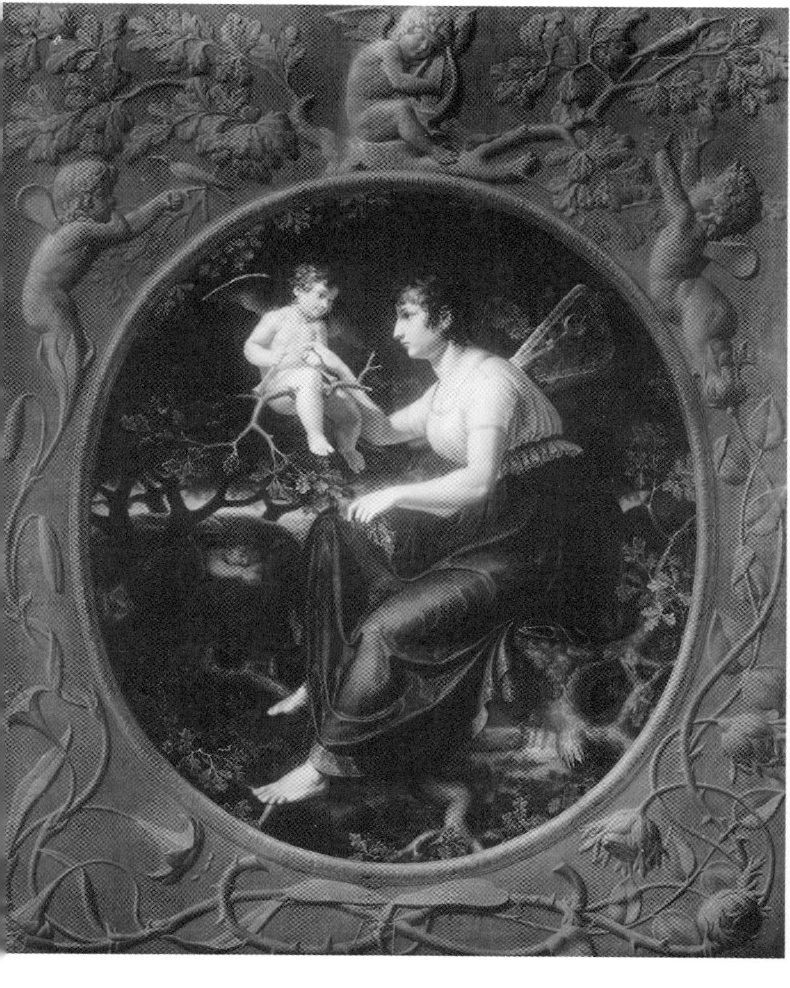

18 Die Lehrstunde der Nachtigall. 2. Fassung. 1804

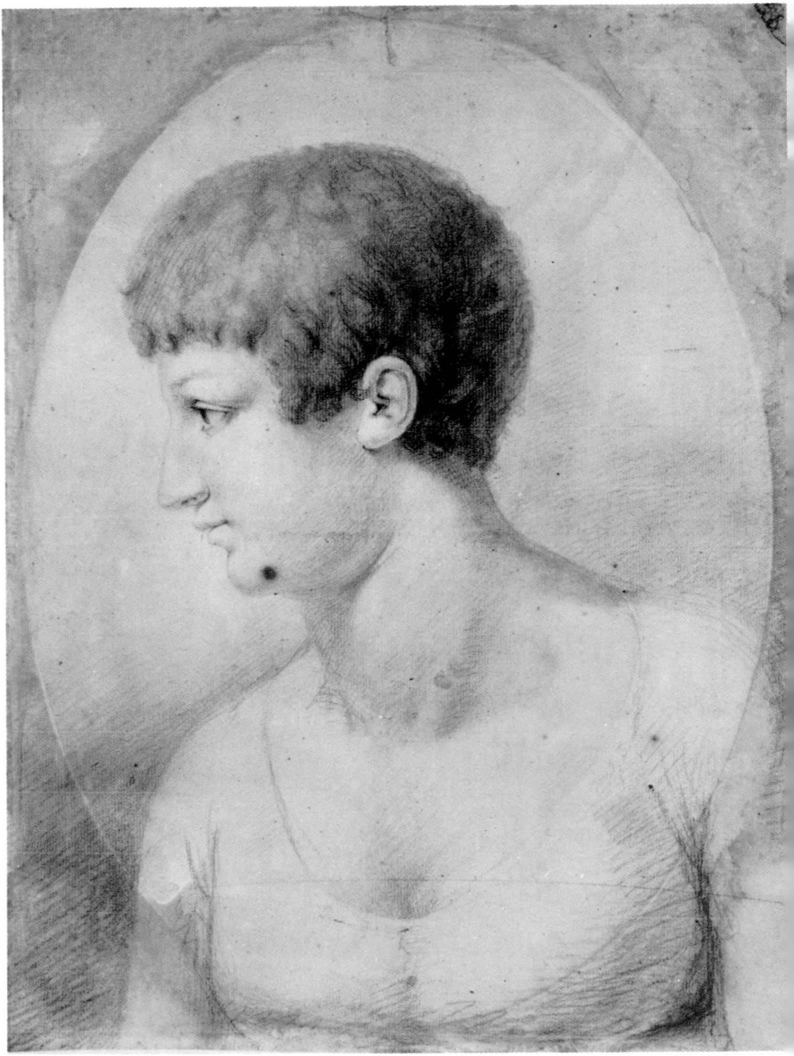

19 Bildnis Pauline Bassenge, im Profil nach links. 1801

mehr, er möchte noch einmal den genauen Wortlaut überdenken und bittet den Bruder Daniel, ihm das Gedicht zu senden (HS II, 123). So versuchte Runge den gesamten Umkreis, aus dem ihm die Bildidee zuwuchs, auch in dieser letzten Phase in sich wachzuhalten. Es kann uns nun nicht mehr erstaunen, daß die Züge der Nachtigall-Psyche des Gemäldes an die der Geliebten erinnern. Da dieses Gemälde aber während der Arbeit von der Staffelei fiel und beschädigt wurde, begann Runge 1804 in Hamburg die 2. Fassung, die 1805 vollendet war (Abb. 18) und die die Konzeption der Dresdner Fassung im Ganzen übernahm. Es ist, als habe sich jetzt in Runge die innere Beziehung zwischen der Nachtigall-Gestalt und der Geliebten noch verdichtet. Vorbild für den Kopf scheint das Bildnis geworden zu sein, das Runge 1801 von der Geliebten zeichnete (Abb. 19) und seinem Bruder im Dezember 1801 nach Hamburg schickte. Nach Runges Rückkehr nach Hamburg (29. November 1803) war ihm dieses erste Bildnis besonders lieb geworden. So heißt es in seinem Brief an Pauline vom 6. Dezember 1803: »Ich schreibe hier oben auf meinem Zimmer, dein Portrait, das ich zeichnete wie ich [Dich] zuerst auf dem Ball sah, hängt hier bei mir, ich freue mich recht daran, es ist eben so schön und rein und weiß ...« (Degner, 158)

Wir begreifen einen letzten Sinngehalt des Bildes: Die Frau, die ihren Knaben zu flöten lehrt, ist eine Allegorie der Geliebten, die ihn, Runge, in Stand setzt, die schwere Aufgabe der Kunst zu tragen und zu erfüllen. Fast hymnisch schreibt er am 10. Oktober 1802 an den Bruder: »Bisweilen stelle ich mir vor, wenn ich es [das Gemälde »Lehrstunde der Nachtigall«, 1. Fassung] fertig habe, dann müsse alles gut gehen, dann müßten sie es doch mit Händen greifen, wie lieb ich Pauline hätte ... Wenn ich davor sitze und sehe im Geiste alles schon gemacht, sehe die herrlichen Farben, womit ich s i e doch immer nur meine, dann möcht' ich mich selbst loben, daß so etwas in mir ist, ich weine über mich selbst: und wenn es niemand versteht, und wenn ich ewig vergessen so allein sitzen soll, nur s i e will ich immer ausdrücken, wenn es niemand ahnet, will ich mich selbst über mich selbst freuen, daß ich nur in ihrer Liebe lebe, dieser

Rose, Blume aller Blumen, Blüte, aus der meine Früchte herauswachsen; die innigste, tiefste Ehrfurcht will ich vor meinen Bildern haben, es ist mir, als wäre ich es nicht wert, sie gemacht zu haben; diese Liebe soll das Weib sein, mit welchem ich immer neue zeuge.« (HS II, 156)

Die »Lehrstunde der Nachtigall«, der Geliebten gewidmet, faßt in einer Bild-Allegorie die Bedeutung der Liebe für den Menschen, den Künstler Runge. Diese Allegorie analysiert gleichsam den Vorgang der Liebesergriffenheit. Die Liebe, das Weib, Pauline, das ist die Lehrmeisterin, der Knabe, der Schüler, der Zuhörer, der Lernende ist der Künstler, Runge selbst.

Im gemalten Rahmen, der ein Terrakotta-Relief nachahmt, hat Runge das Thema fugenartig erweitert: »Ich lasse unten im Bilde ein Stück von der Landschaft sehen. Diese ist ein dichter Wald, wo sich durch einen dunkeln Schatten ein Bach stürzt; dieses ist dasselbe in dem Grunde, was oben der Flötenklang in dem schattigen Baume ist. Und in das Basrelief des Rahmens kommt oben über wieder Amor mit der Leier; dann auf der einen Seite der Genius der Lilie, der ruhig in dem Blumenkelche sitzt unter einem Eichenzweige (mit der Nachtigall, die sich ihm auf die Hand gesetzt hat, vertraut), der ihm jedoch den Amor verbirgt; auf der anderen Seite der Genius der Rose, der mit Sehnsucht in den Eichenzweig, woraus ihm der Ton entgegenkommt, nach der Nachtigall langt. Auf diese Weise kommt eins und dasselbe dreimal in dem Gemälde vor, und wird immer abstrakter und symbolischer, je mehr es aus dem Bilde heraustritt.« (An Daniel, 27. Juli 1802; HS I, 223.) So enthält dieses Bild in seiner ineinander verschränkten Allegorik ein Sinnbild der Liebesfülle. Die dicht verwobene Bildgestalt läßt sich in Worten kaum ausschöpfen, nur im Schauen nachvollziehen. –

Zu dem Briefblatt (Abb. 17) gehört ein anderes, das, ebenfalls auf schwarzes Glanzpapier geklebt, eine andere Bildidee skizzenhaft, ebenfalls in Feder über Bleistift, festhält: »Triumph des Amor« (Abb. 20). Der Anstoß zu diesem Bild reicht bis in Runges ersten Hamburger Aufenthalt, bis ins Jahr 1797 zurück. Auch hier ist eine literarische Vorlage, ein Gedicht von Johann

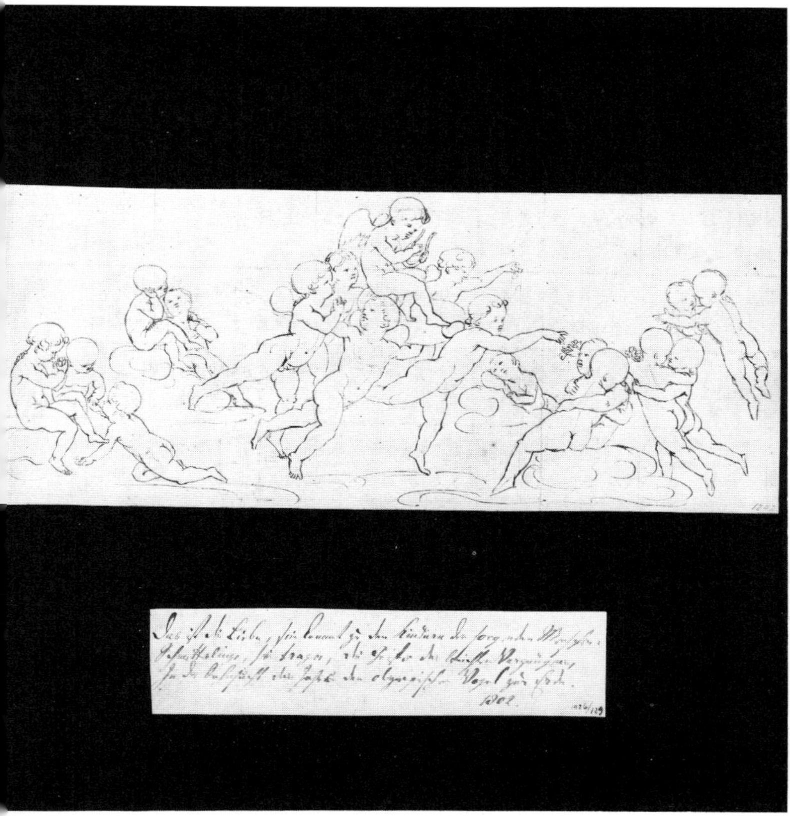

20 Entwurf zum »Triumph des Amor«. 1801

Gottfried Herder, der zündende Funke gewesen, der der Bildidee Namen und Inhalt gegeben hat:

> Liebe, dich trägt ein Wagen, von Schmetterlingen gezogen,
> Und du regierest sie sanft, spielend die Leier dazu.
> Gütiger Gott, laß nie, laß nie die Fessel sie fühlen.
> Unter melodischem Klang fliegen sie willig und froh.

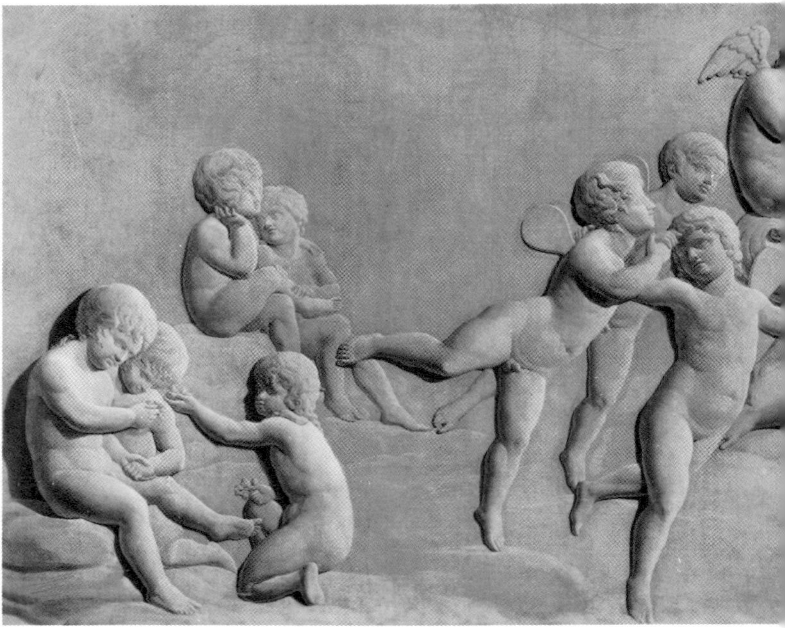

21 Triumph des Amor. 1802

Ausgehend von dieser Strophe Herders, hat Runge dann in Kopenhagen im Jahre 1800 eine Reihe von Einzelstudien und Kompositionen entworfen, deren letzte Variante wir abbilden (Abb. 16).

Aber die eigentliche Erfüllung findet die Bildgestalt erst in Dresden 1801, erst durch die Liebe zu Pauline, also in der gleichen Zeitspanne, in der Runge die »Lehrstunde der Nachtigall« konzipierte. Der Weg führte von einer Illustration der Verse Herders weg und hin zur tiefsinnigen Liebesallegorie, die die Wirkungen der Liebe unter den Menschen in Kindergestalten verbildlicht.

Unter der leichten, auf das gleiche schwarze Papier geklebten Federskizze (Abb. 20) ist ein weißes Blatt mit Versen montiert. Die Verse in Daniel Runges Handschrift geben nicht Herders

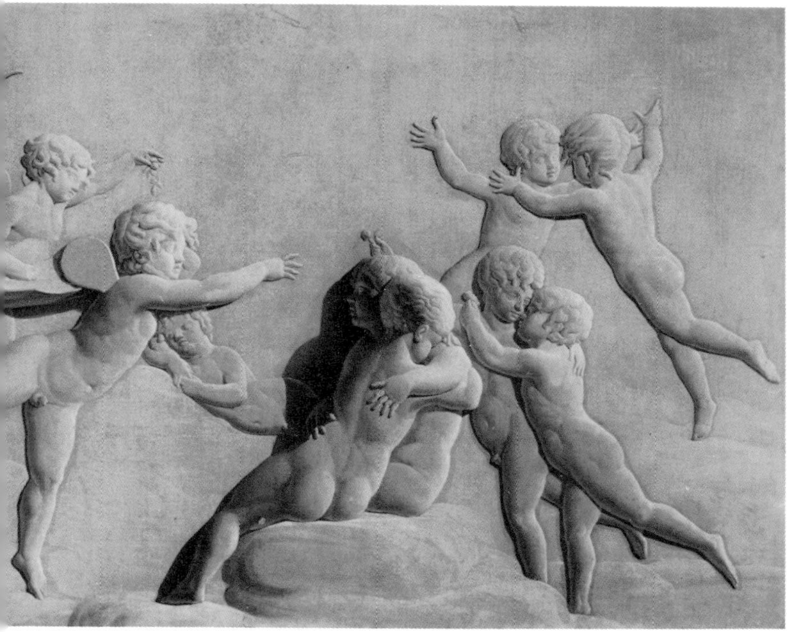

Gedicht wieder, sondern eines, das von Philipp Otto Runge selbst stammt:

> Das ist die Liebe, sie kommt zu den Kindern der
> sorgenden Menschen:
> Schmetterlinge, sie tragen, die Geister der leichten
> Vergnügen,
> In der Sehnsucht der Jahre den olympischen Vogel
> zur Erde.

Die endgültige Fassung ist ein großformatiges Grisaillebild (Abb. 21). Runge begann die Arbeit an diesem Bild, das er als Supraporte, als Bildschmuck über der großen Haupttür des Wolgaster Tanzsaales vorgesehen hatte, im Herbst des Jahres 1801. Dem

Dichter Ludwig Tieck zeigte er Anfang Dezember die auf die Leinwand gezeichnete Komposition. Im März 1802 war sie vollendet und wurde in der Dresdner Kunstausstellung gezeigt.

Runge selbst hat nicht nur einen poetischen Kommentar zum Bilde verfaßt und dem Bruder am 12. September zusammen mit der Federskizze (Abb. 20) geschickt, sondern dem Freunde Böhndel die Bedeutung der einzelnen Figuren und Figurengruppen in dem Brief vom 7. November 1801, dem das Blatt mit der »Lehrstunde der Nachtigall« (Abb. 17) beilag, eingehend dargelegt (vgl. hier und im folgenden HS I, 218).

Die »Lehrstunde der Nachtigall« (Abb. 18) ist ein persönliches Bild, sein Thema ist die Liebe als Lehrmeisterin, so wie Runge seine Liebe zu Pauline erfährt. Der »Triumph des Amor« (Abb. 21) jedoch objektiviert das persönliche Erlebnis, denn er zeigt, daß es sich bei Runges Liebe nicht um einen außergewöhnlichen Einzelfall handelt, sondern um etwas, das alle betrifft. Die Macht der Liebe ist das Thema, um welches sich »das ganze menschliche Leben bewegt«. Und um begreiflich zu machen, daß die Liebe wirklich das Zentrum aller Menschen ist (oder doch sein sollte!), ordnet er die »Totalform« kreisförmig an: In der Mitte ist Amor mit den fünf Horen, den »geflügelten Stunden«, eine Gruppe, die pyramidenartig in der Amorgestalt gipfelt. Die anderen Zweier- und Dreiergruppen schließen sich darum. Das ruhende Kind weiß noch nichts von Liebe, wie träumend blickt es auf Amor und seine Gefährten. Aber auf Jüngling und Jungfrau trifft die Liebe mit unaufhaltsamer Gewalt, und unter ihrem Bann vollzieht sich in und mit ihnen die »Stunde der Liebe«. Von den beiden Gruppen links hat sich die Liebe nicht nur abgewandt, sie entfernt sich von ihnen: Die Eltern sind ganz versunken in der Fürsorge um ihr Kind, sie blicken nicht auf; das Kind hebt die niedergefallenen Blumen empor und verweist damit auf die linke Bildseite, wo der Amor-Zug naht und das andere Kind ruht. Die Alten im Hintergrund aber sehen »mit Sehnsucht dem Zuge« nach, ihr »Leben ist dahin«. Nicht nur in der Komposition, die um die Mitte kreist, hat Runge das umfassende Thema dargestellt, sondern auch in den Kindergestalten selbst, die die Lebensalter der Menschen symbolisieren, hat er gezeigt, daß sich um die Liebe »das ganze menschliche Leben bewegt«.

Am Beginn dieses Kapitels steht ein Zitat aus einem Brief des Künstlers an den Bruder. Es spricht das Hochgefühl des Betrachters aus vor dem Kunstwerk, das stillhält und sich vom Betrachter empfinden und wenden läßt, wohin er es haben will. Das Kunstwerk ist offen für jeden, der sich in es vertieft, alles kann der Betrachter in es hineinlegen und alles aus ihm herausziehen. Es scheint, als beruhten Runges Bildkonzeptionen selbst auf dieser Erfahrung.

Diesem Hochgefühl steht das Erlebnis von der Macht der Liebe entgegen. Das Zitat hat nämlich einen zweiten Teil: »Nun hatte ich denn Pauline lange nicht gesehen ... ja da war's doch ganz anders, da kann man nicht so hinein legen, oder es bewegen, wohin man will, es nimmt einen selbst und bringt einen wohin es will, es ist wunderlich; gleichsam wie ein Kunstwerk vom Künstler aus einem andern Planeten.« (HS I, 132) Die Liebe, die ihren Ursprung nicht im irdischen Bereich hat, kehrt alle Verhältnisse um: der Liebende muß sich unterwerfen, und die Liebe treibt ihn, den Verzauberten, wohin sie will, ein Kunstwerk von einem Künstler, der nicht von dieser Welt ist.

4 Schwierigkeiten

> »Ich kann auch mit dem, was ich meine zu ergründen, vorerst nicht öffentlich heraustreten, weil die Menschen etwas Halbfertiges nie verstehen können; auf jeden Fall bin ich darauf gefaßt, daß mich Viele nie verstehen werden, – das muß man sich schon gefallen lassen.« (HS II, 180)
>
> Ph. O. Runge, November/Dezember 1802

Während der Arbeit an der ersten Gemälde-Fassung der »Lehrstunde der Nachtigall« und an dem Gemälde »Triumph des Amor« in Dresden hat Runge seinen Freunden und Bekannten immer wieder zu erklären versucht, was seine Kinderfiguren, seine Blumen, was Rahmung und Bildgestalt bedeuten sollten. Er machte dabei eine für sein Leben und Denken grundlegende Erfahrung. Es stellte sich nämlich heraus, daß nur ganz wenige – wie der Dichter Ludwig Tieck – erkennen konnten, worum es Runge eigentlich ging: »Ich mußte ihm [Tieck] nochmals entwickeln, was ich damit [mit dem »Triumph des Amor«] wolle. Er meinte nun: so werde es wohl selten jemand ganz verstehen; wer aber Sinn dafür hätte, würde, da doch eine innere Konsequenz darin und nichts überflüssig wäre, durch dasselbe immer einen Leitfaden zu schönen Träumen, die er sich selbst herausdächte, daran haben, und das sei am Ende d i e Kunst, die jetzt entstände und entstehen müsse.« (2. Februar 1802; HS II, 116) Der Dichter erkannte das Ungewöhnliche dieser Bilder und sah voraus, daß deren Neuartigkeit die Wirkung auf ein breiteres Publikum erschweren würde. Da er Runges Erläuterungen vielleicht für allzu subjektiv hielt, tröstete er ihn mit dem Hinweis, das Gemälde gebe demjenigen, der »Sinn dafür hätte«, die Möglichkeit, beim Betrachten eigene »schöne Träume«, also eigene Assoziationsketten in einer vom Künstler angegebenen Richtung selbständig zu entwickeln.

Andere äußerten mit brutaler Offenheit Ablehnung. Ein Maler-Kollege, dem Runge die »Lehrstunde der Nachtigall« erklärte, urteilte: »Die Idee wäre recht hübsch, allein, sie erfordere einen so großen Aufwand von Kräften, Nachdenken und Arbeit, um sie auszuführen, und am Ende sei es doch so bloß ein Spiel; ich sollte die Mühe, die ich mir damit gäbe, lieber auf etwas Besseres verwenden; wenn ich es auch nach meinem Sinn ausführte, würde es doch am Ende niemand verstehen.« (27. Juli 1802; HS II, 141) Und am 10. Juli 1803 schreibt Runge an Daniel: »Ich sehe es jetzt eben schon recht, wie ich verstanden werde: Man sagt mir nach, und zwar sehr stark, daß ich verrückt bin, daß ich und Tieck uns einmal in Ziebingen besoffen hätten und in dem Zustande hätten wir eine neue Kunst gemacht, bei welcher wir nun beschäftigt wären, sie auszuführen.« (HS II, 223)

Solche Vorwürfe werden mit dieser Schärfe nun zum erstenmal erhoben. Schwierigkeiten mit Auftraggebern, Käufern und Betrachtern haben in den Jahrhunderten davor Künstler immer wieder gehabt. Diese galten aber zumeist einzelnen Werken oder Aufträgen oder hatten ihre Gründe in Personen oder wirtschaftlichen Bedingungen. Bei Runge setzte grundsätzliche Ablehnung ein, und nicht nur bei ihm, sondern auch bei anderen Künstlern seiner Zeit, bei Asmus Jakob Carstens, bei Caspar David Friedrich oder bei den Romantikern der jüngeren Generation, den Lukasbrüdern um Friedrich Overbeck und Franz Pforr. Den Ton dieser Vorwürfe und die Ausdrücke, die sie verwenden, kennen wir aus unserer unmittelbaren Gegenwart. Seit Carstens, Runge und Friedrich zieht sich diese heftige Ablehnung von Künstlern und Kunstwerken durch die europäische Kunstgeschichte. Das hat zu dauernden Auseinandersetzungen geführt, ja zu Anfeindungen, zur Verfemung ganzer Kunstrichtungen, und bei den Künstlern zu Trotzreaktionen, zu Verzweiflung und Tod, zu Hochmut und oft völliger Vereinsamung. Wir müssen uns eingestehen, daß es nicht nur kunstferne Unbelehrbare waren und sind, die bestimmte Richtungen und Künstler im 19. und 20. Jahrhundert abgelehnt oder sogar verächtlich gemacht haben, sondern daß oft Künstler den Künstler bekämpfen, Kritiker den Kritiker, Kunstkenner den Kunstkenner. Man darf behaupten: Es gibt heute niemanden, der in der Lage wäre, Kunst der Gegenwart nur mit Zustimmung zu betrachten. Wir alle haben unsere Vorbehalte, unsere Emotionen, unsere raschen, harten Urteile.

Der mit der Krise der Künste um 1800 in Gang gesetzte Prozeß ist bis heute nicht abgeschlossen. Trotz vieler Versuche, trotz mancher Modelle und als Lösung dieser Gegensätze propagierter Neuordnungen des Verhältnisses von Künstler und Gesellschaft, ist es bisher zu keiner Bereinigung dieses Konfliktes gekommen. Denn nach wie vor glaubt die Gesellschaft, auf Kunst letzten Endes verzichten zu können, nach wie vor wird Kunst als Dekoration und zur Absicherung bestehender Verhältnisse benutzt, nach wie vor befriedigt sie keine handfesten Zwecke – im Zeitalter der Medien weniger denn je –, und nach wie vor steht der sich selbst bestimmende Künstler allein.

Das schockierte Publikum von damals ist das schockierte Publikum von heute. Runge gehörte zu den Künstlern, die diesen Umbruch nicht nur gespürt, sondern ihn bewußt erlebt, ja mitvollzogen haben. Er hat erkannt, daß die älteren Traditionen nicht mehr trugen, weil eine allgemeine Übereinkunft über die Grundlagen, über Sinn und Zweck der Kunst nicht mehr bestand.

Er war sich auch seiner Isolierung bewußt: »Ich stehe weit mehr allein, als du glaubst, und muß mich selbst gegen Manche meiner Haut wehren, von denen du es gar nicht einmal annimmst«, schrieb er an Daniel am 11. Mai 1803 (HS II, 214). Keine Kunsttradition konnte über dieses Grundgefühl des Allein-Stehens hinwegtäuschen: »Ich sehe den Zusammenhang ein, den die alte Kunst mit der alten Welt hatte, und ich weiß es gewiß, daß jetzt eine ganz neue Kunst entstehen muß.« (HS II, 179) – Die alten Bildtraditionen machten ja gerade deren Unwiederholbarkeit deutlich. Es galt also einen neuen, selbständigen Ansatz zu finden, von dem aus sich eine »ganz neue Kunst« schaffen ließ, deren Zeitgemäßheit sich gerade aus einer zeitlosen, ewigen Substanz ergeben sollte: »Diesem Elende [der ganzen heutigen Kunst] nun abzuhelfen, und mein ganzes Leben daran zu setzen, um zu erforschen, ob wir auf unsre geoffenbarte Religion nicht eine Kunst bauen können, das ist mein Plan.« (HS II, 179)

22 Die Freuden der Jagd. 1808/1809 ▷

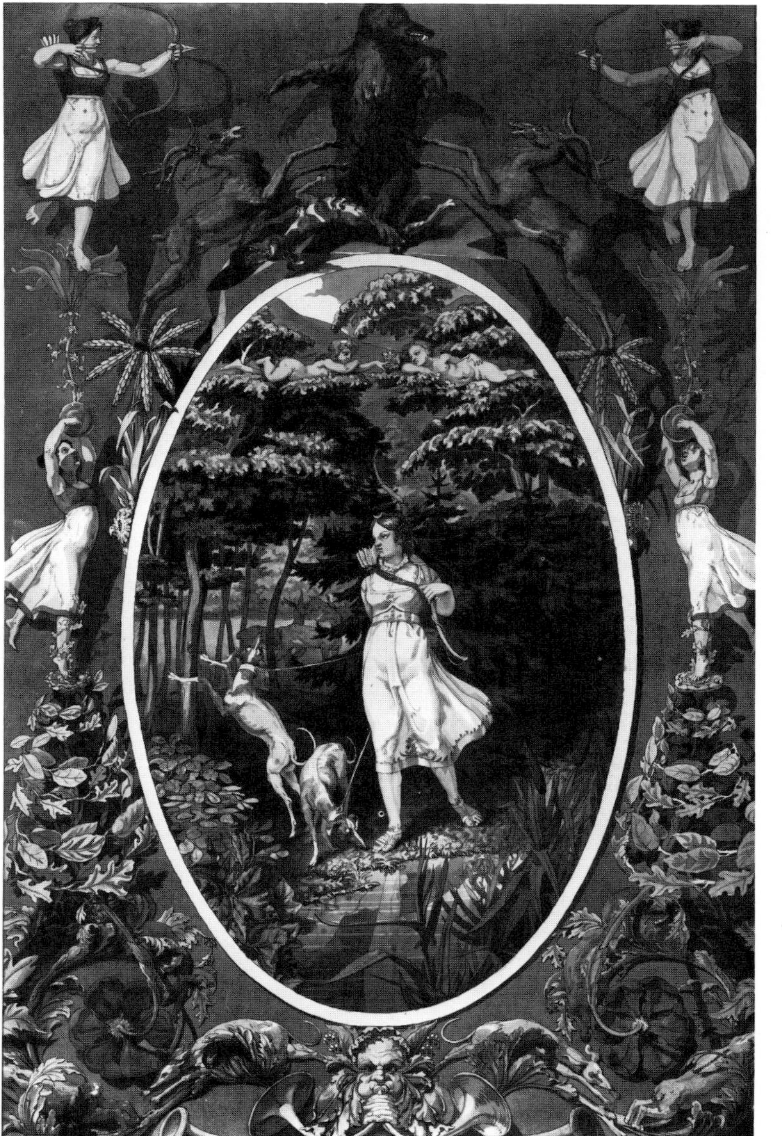

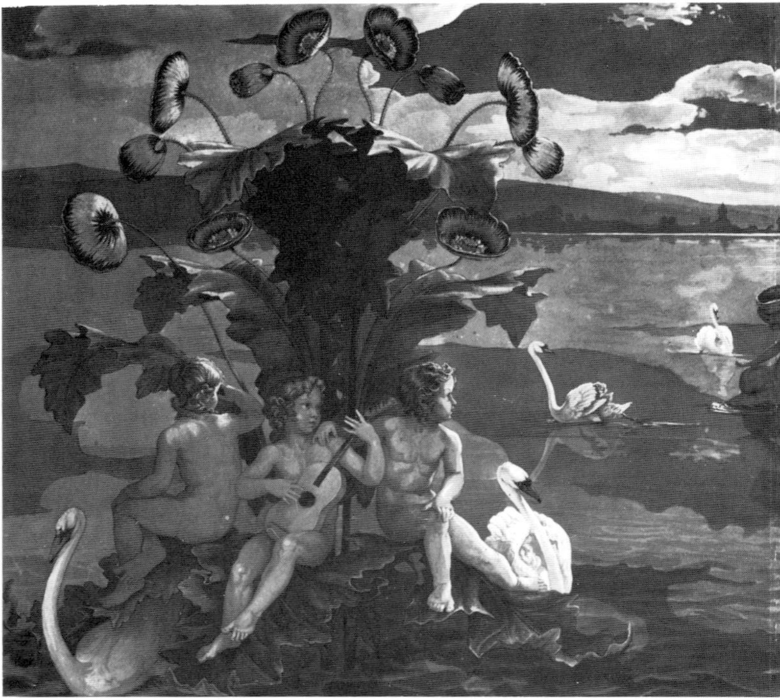

23 Arions Meerfahrt. 1809

Runge versuchte also als Grundlage seiner Kunst die religiöse Basis wiederzugewinnen, nicht in engem kirchlichen Sinne, sondern mit bekenntnishafter Radikalität, die einerseits auf das Alte und das Neue Testament zurückgeht, andererseits von der Glaubenserfahrung vom Zusammenhang der Welt in Gott durchdrungen ist. – Wir haben schon davon gesprochen und werden noch des öfteren auf diesen Ausgangspunkt Runges zu sprechen kommen müssen.

Die Schwierigkeiten mit Runge gehören nicht der Vergangenheit an, sie treten auf, sobald wir uns mit Runges Kunst befassen. Sie gleichen im Grunde jenen, die wir mit der Kunst heute haben.

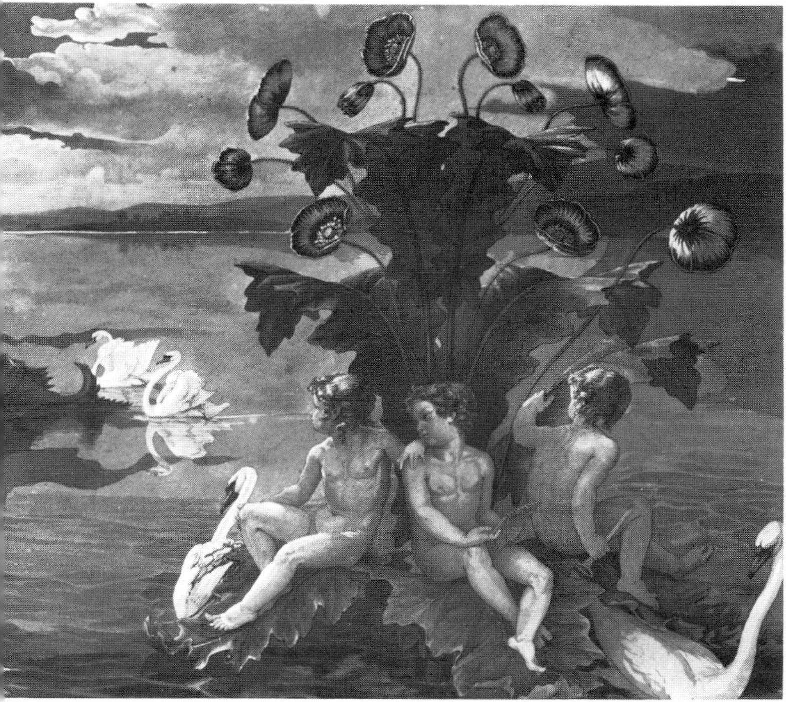

Erscheint uns dieser Künstler nicht als einer, dessen Denken dem Machen weit voraus ist? Ist er nicht ein Theoretiker und tiefsinniger poetischer Kunstphilosoph, der nicht die rechten Mittel gefunden hat, seine Imaginationen in angemessener Weise in Gemälden und Zeichnungen umzusetzen? Beim ersten Blick auf den »Triumph des Amor« (Abb. 21) und auf die »Lehrstunde der Nachtigall« (Abb. 18) stellt sich doch Enttäuschung ein, denn gemessen an der theoretischen Konzeption erscheint der formale Wortschatz des Künstlers ernüchternd konventionell: nackte Kinder, die die Tradition der pausbäckigen Barockputten fortführen, Frauenfiguren, die in ihrem zeitbedingten klassizistischen Habitus stilgebunden sind, Blumen und Pflanzen, die zwar eine ungewöhnliche innere Zuneigung und Einfühlung des Künstlers bezeugen, die aber oft nur als Ornament, als freilich überaus lebensvolles Ornament verwendet werden in zumeist streng symmetrischer Zuordnung. Der Rahmen zum Nachtigallen-Bild erinnert zum Beispiel an die unzähligen ovalen Ornamentrahmen auf den Kupferstichbildnissen des niederländischen 17. Jahrhunderts. Der Bildentwurf »Die Freuden der Jagd« (Abb. 22) zu einer Zimmerverzierung oder das Aquarell »Arions Meerfahrt« (Abb. 23), eine Studie für den Vorhang eines Operntheaters, erscheinen uns leicht als Dekorationsstücke, die in den Figuren konventionellen Klassizismus, in der fast barocken Rahmung oder in den ausfächernden Mohnpflanzen eine eigenartige, im Ornament gezügelte vegetative Phantasie aufdecken.

Runge hat nicht voraussetzungslos seine neuen Bildvorstellungen vergegenwärtigt. Kein Künstler kann das. Runge hat die Bildvorstellungen, die er in seiner Zeit vorfand, benutzt, um seine Botschaft mitzuteilen. Im »Triumph des Amor« (Abb. 21) ist es die persönliche Erfahrung von Liebesverzweiflung und Liebeserfüllung, der Runge die Form einer Allegorie gegeben hat. Diese Form ist traditionell, aber Runge ging – wie wir gesehen haben – rigoros subjektiv mit dieser Form um: Er füllte sie zum Bersten mit einem neuen, aus dem eigenen Erleben, der eigenen Empfindung frei entwickelten Gehalt. Er überspannte den mythologischen Hinweis, den die Szene enthielt, und verdoppelte gleichsam die Allegorie. In der »Lehrstunde der Nachtigall« (Abb. 18) ist Runges Konzept deutlicher entwickelt. Die Konzentration auf zwei Figuren, die die antiken Formen und Stilerinnerungen zwar anklingen lassen, aber in der Waldlandschaft eine neue, tiefere Bedeutung erhalten, die mit dem traditionellen Sinngehalt der Allegorie nicht mehr ganz erfaßt werden kann, machte es auch dem Zeitgenossen leichter, in den neuen Inhalt einzudringen.

Ein Schlüsselbild der Dresdner Jahre ist »Die Mutter an der Quelle« (Abb. 24), die Runge 1802 konzipierte und während der Arbeit an der 2. Fassung der Nachtigallen-Lehrstunde 1804 in Hamburg vollendete. Der Bildgedanke entwickelte sich aus

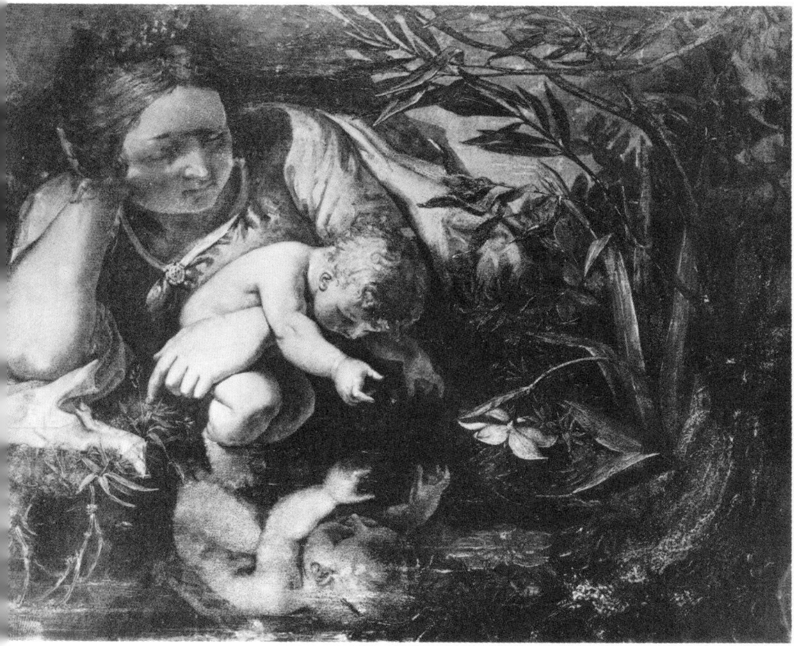

24 Die Mutter an der Quelle. 1804 (verbrannt)

der »Lehrstunde«, vielleicht ausgehend von der Waldlandschaft mit Quelle. Es ist ein Bild dichtgedrängter Fülle. Die liegende Frau hat ihren Kopf in die Hand gestützt und scheint wie verwunschen mit geschlossenen Augen zu träumen. Lose umfängt ihr linker Arm das Kind, das sich zur Quelle hinüberbeugt, in die seine Füße eingetaucht sind. Es sieht sein Spiegelbild im Wasser und möchte es mit ausgestreckten Armen greifen. Mächtig regt sich das Pflanzendunkel, das aus den Ufern aufgewachsen ist. Nur die Blume öffnet ihren Kelch und neigt sich dem Wasser zu, aus dem ihr das eigene Bild entgegenblickt.

Ohne vom Sinn des Ganzen zu wissen, empfinden wir die schwere, geschlossene Gestalt der Mutter, die im Schoß der Erde zu ruhen scheint, ein Gewächs der Natur, vielleicht die Personifizierung der Erde selbst. Das Kind ist in sich selbst versunken, aber sein Zugreifen deutet auf einen Prozeß, der sich mit ihm begibt: Es ist dabei, sich zu erkennen, sich aus diesem ungestörten Gleichklang von Natur und Mutter zu lösen. Die Bildgestalt bilden in sich verschränkte Ovale: Bildrand, Quelle, Ufer und im Bogen zur Mutter hinüberreichendes Schilf schließen Mutter und Kind ein. Auch Mutter und Kind selbst beschreiben ein liegendes Oval, in welches das Kind und sein Spiegelbild eine dritte Rundform einbringen. Mittelpunkt dieser kreisenden Bewegungen ist der Kopf des Kindes, aber das große Haupt der Mutter setzt dem ein Gegengewicht, denn es scheint wie ein Planet auf das Kind herab. Das Bild ist ganz nah vor uns, das Wasser fließt auf uns zu, und es ist doch völlig in sich geschlossen, entrückt wie ein Traumgesicht, das uns sehr bedrängt und doch einer anderen Sphäre gehört.

Die erste Bildidee hat Runge im Herbst 1802 gefaßt: »Das Bild soll eine Quelle werden im weitesten Sinne des Wortes: auch die Quelle aller Bilder, die ich je machen werde, die Quelle der neuen Kunst, die ich meine, auch eine Quelle an und für sich.« (An Daniel, Dresden am 27. November 1802; HS I, 19) Aus der dann folgenden Beschreibung geht hervor, daß Runge an eine große, umfassende Darstellung dachte, deren Konzeption später zum Teil in der »Zeiten«-Folge aufgegangen ist.

In der »Mutter an der Quelle« sind die allegorischen Verweise dicht ineinander verwoben. Mutter und Quelle gehören zusammen, aus ihnen entspringt das Leben, das Kind und das Wasser. Wasser und Kind fügen sich spiegelbildlich ineinander, sind Geschöpfe eines elementaren Ursprungs, in dem Runge, dem Mystiker Jakob Böhme folgend, den Schöpfergott erkennt. So sind Kind und Wasser auch noch nicht ganz voneinander getrennt.

Ein übergeordneter Sinn dieses Bildes sei angedeutet: Das Kind ist noch unschuldig, »so wie ein Kind im Paradiese lebt und sich selbst unbekannt selig ist« (an Pauline, April 1803; HS II, 209). Es gleicht der Blume, die sich über das Wasser beugt. »Es kommt aber, wie es anfängt zu lernen, die Sünde in ihm: das ist die Erbsünde, die nun einmal in der Welt ist, denn durch die Wissenschaft sind Körper und Seele getrennt worden«, fährt Runge fort. Das könnte man auf das Bild der Quelle beziehen:

Wenn das Kind mit seinen Händen den Wasserspiegel zerstört hat – weil es wissen will, wie dieses Bild zustande kam –, verliert es den Zusammenhang mit dem Paradies, es trennt sich die Seele von ihrem Körper wie das Kind von der Mutter. Aber die Liebe vermag den alten Zusammenhang wieder herzustellen: »Wie man sich aber in der Schule zersplittert in tausend wissenswürdige Dinge, so geschieht wieder die Verbindung in uns durch die Liebe: das ist die alte Sehnsucht zur Kindheit, zu uns selbst, zum Paradiese, zu Gott, – diese ist, meine ich, die Sehnsucht, das Ich und das Du zu verbinden, daß es einst wieder werde, wie es gewesen ist in Gott ... So ist unsere Liebe zueinander die Liebe zu uns selbst, und, je näher wir uns werden kennen lernen, je dünner die Wand zwischen uns sein wird durch die Liebe, je mehr werden wir uns zur völligen Vereinigung sehnen, das ist zum Tode.« – Aus der Entfremdung vom Körper, das heißt, vom irdischen Ursprung, führt die Liebe zurück zum Ganzen. – Folgt man diesen Sätzen über die Liebe und sieht dabei das Bild der »Mutter an der Quelle«, so kommt einem eine weitere Bedeutung in den Sinn. Stellt das Bild, das während der »Lehrstunde der Nachtigall« und während der ersten Liebe zu Pauline Bassenge erfunden wurde, in dem Kind und seinem Spiegelbild, die »Sehnsucht, das Ich und Du zu verbinden« dar? Beschirmt von der Mutter – wer dächte bei dieser Frauengestalt nicht an eine Maria mit Kind? – streben das Kind und sein Spiegelbild, das Ich und das Du zueinander, denn die »Liebe zueinander ist die Liebe zu uns selbst«, und je näher die Liebenden einander kommen, je dünner der Spiegel des Wassers wird, der sie trennt, je größer wächst die Sehnsucht nach totaler Vereinigung, die nur im Tod, im Eintauchen in den ewigen Lebensquell möglich ist.

Runge war es klar, daß man die Menschen an diese Kunst erst gewöhnen müsse. »Auch muß man erst sehen, wie die Welt das aufzunehmen im Stande ist. Daß man die Idee ausspricht, kann zu nichts dienen, diese muß durch nachfolgende Bilder ... immer nur wieder in Anregung gebracht und erklärt werden.« (HS I, 21) Das muß vorsichtig geschehen, in Gesprächen vor den Bildern selbst. Es muß bei Dummköpfen geschwiegen werden, aber denen, die der Botschaft offen sind, denen ist er verpflichtet: »Ich kann ... es nicht so deutlich sagen, wie ich es wohl weiß, daß eine schöne und wohl bessere Kunst vor uns liegt, die wir finden werden, und worauf hin alle meine Kräfte steuern. Erreiche ich es, so werde ich durch mein Leben zu bahnen suchen, daß auch Andre das Land finden.« (18. Dezember 1802; HS II, 183)

Weil ihm, Runge, diese Aufgabe zugefallen ist, für sich und andere die Kunst neu zu orientieren, muß diese Kunst auch kämpferisch und mit List durchgesetzt werden: »... die Zimmerverzierungen [mit denen Runge seinen Unterhalt verdienen will] sind ja bloß die Leimruten, womit ich sie [die Leute] ... fangen will, daß sie nur erst glauben, es wären bloß die Zimmerverzierungen, hernach aber davon nicht wieder loskommen können. Wer die größten Kugeln gleich verschießt, der kommt zu kurz; aber wenn der Feind meint, man habe sich verschossen, und es kommt dann immer noch eine größere Force [Kraft], so wird er doch zuletzt matt und ergibt sich. Wir müssen so etwas von allen Seiten anfassen, und wenn sie glauben, auf der einen Seite davonlaufen zu wollen, ihnen dort immer wieder in einer anderen Gestalt entgegenkommen.« (13. Februar 1803; HS II, 200 f.)

Es kennzeichnet das krisenreiche, gestörte Verhältnis von Künstler und Publikum, daß Runge hier einen Schlachtplan entwickelt hat, um das Publikum für seine Kunst zu gewinnen. Er entwarf geradezu ein Feindbild: Das Publikum sah er als verschlossene Festung, die beschossen und erobert werden mußte. Auch dieses Ringen um Anerkennung gehörte für ihn zur Verpflichtung des Künstlers. Im Streit um die neue Kunst gibt es keine Neutralität. Und so überwand er seine Depressionen, seine Verzweiflung, das Gefühl grenzenlosen Ausgesetztseins, indem er immer wieder für die Verbreitung seiner Kunstkonzeption alle Kräfte einsetzte.

Wie nun kann die Öffentlichkeit erkennen, daß der Künstler ihr eine neue Botschaft mitzuteilen hat? Runge rechnete auf keine Hilfe: »Ich bin nicht darum besorgt, daß ich nicht sollte mit der Zeit, nicht allein für mich zu etwas Tüchtigem gedeihen, sondern auch auf Andre in eben dem Sinne wirken können. Es liegt eine Blindheit jetzt über den Kunstverständigen, die man bei näherer Kenntnis immer unbegreiflicher findet; sie wollen etwas machen, nicht damit es Vergnügen erwecke, daß es genossen werde, sondern damit sich darüber räsonnieren läßt. Das ist, wie das Wetteifern der Englischen Metall-Knopfmacher um Wohlfeilheit, das ich in Hamburg erlebt habe, wo sie zuletzt Knöpfe ohne Öhr machten, auf daß damit gehandelt würde, nicht daß sie auch getragen werden könnten.« (HS II, 144 f.)

In dieser Situation, in der Kunstkritik um ihrer selbst willen betrieben wird, nicht um Erkenntnis zu fördern, muß der Künstler seiner selbst sicher sein; denn der Kunst läßt sich nicht durch Regeln oder konventionelle Maßstäbe beikommen. Am 25. September 1803 schrieb er dem Bruder Daniel: »Die Bescheidenheit ist eine ganz gute Sache und geziemt einem jeden; da aber, wo sie nicht hingehört, werde ich sie nicht gebrauchen, denn sonst unterwürfe ich einer ungebührlichen Beurteilung nicht *mich*, sondern *eine Sache*, die von keinem Menschen darf rezensiert oder beurteilt werden, und da gehört es hin, daß einer, der's weiß, was er will, sich an keine Verhältnisse kehrt ...« (HS II, 243)

Dem Zeichenmeister Quistorp, der Runges »Zeiten« nicht verstehen konnte, obgleich sie seine »ganze Seele beschäftigt« hatten (HS II, 235), antwortete Runge: »Wodurch haben Sie gemerkt, daß Sie von etwas Ahnung bekamen, daß Sie so hinreißen und Tage lang in Gemütsbewegung versetzen konnte? War es denn wirklich durch die Bilder, die Sie nur in Konturen und wenig sahen, und durch meine Worte, deren Sie nur wenig und unzusammenhängend wegen der Kürze der Zeit hören konnten? Und nun, warum überließen Sie sich dem Gefühl nicht, fingen vielleicht zu früh an, zu urteilen und scharfsinnig zu vergleichen? Dies letztere, weiß ich wohl, war, weil Sie zu kurz gehört oder gesehen hatten.« (HS II, 236)

Der Betrachter soll zuerst schauen und empfinden, dann erst klassifizieren, ordnen, erklären, vergleichen, kritisieren. Denn: »Ohne denselben Grund des Gefühls zu haben, ist kein Kunstwerk, ist keine Musik zu verstehen; wer nur auf Hörensagen fortbaut, der baut auf einen Grund, den er nicht kennt.« (HS II, 179) Mit diesen Sätzen, die Runge Ende des Jahres 1802 an seine Geliebte schrieb, hat er allen Bemühungen, Kunst, seine Kunst zu verstehen, eine endgültige Antwort erteilt. Nur der versteht ein Kunstwerk, der sich mit der Empfindung und mit dem Erkenntnisstand des Künstlers identifiziert. Von dem Standpunkt des Künstlers aus kann er dann urteilen. Wir müssen uns über die rücksichtslose Abfuhr klar werden, die derjenige von Runge und vom Künstler überhaupt erhält, der nicht bereit dazu ist. So klingt es gelassen, weil es sich offenbar um Unabänderliches, fast Gesetzmäßiges handelt, wenn Runge am 27. November 1802 schreibt: »Wer mich versteht, ist mir willkommen, und bei den Andern hilft's nicht, daß man davon spricht.« Denn: »Wer etwas nicht sehen will, sieht's doch nicht und würde es ihm tausendmal vorgemalt.« (HS II, 170, 157)

5 Leben II

»Ich stehe fest auf meinem Wege, ich weiß was ich will; das Falsche soll mich nie verleiten durch seinen Glanz, und sollte ich auch nur eine kleine Stufe erreichen, so soll es wenigstens auf dem rechten Wege geschehen.« (HS II, 105)

Ph. O. Runge, 18. Dezember 1801

Dresden 1801–1804: Eindrücke und Begegnungen

Lebensgang: »Sie kamen [Runge und der Maler Eiffe] am 20. Juni in Dresden an; in eben dem Jahre, da am 25. Mai Friedrich von Hardenberg (Novalis) in Weißenfels von der Welt genommen war. – Runge ließ, ohne sich einem förmlichen Unterricht zu unterwerfen, seinen Sinn in den so reich dargebotenen Schätzen schwelgen.« (HS II, 456)

Runge verlor in Dresden keine Zeit. Gleich nach seiner Ankunft besorgte er sich die Erlaubnis, in der berühmten Gemäldegalerie zu arbeiten, ebenso die Genehmigung, in der Antikensammlung, vor den Gipsabgüssen griechischer und römischer Plastiken und in der Akademie selbst Studien zu treiben. Denn noch in Wolgast hatte er sein Ausbildungsprogramm festgelegt: »In Dresden werde ich ... diesen Sommer viel nach den Antiken zeichnen.« (HS II, 68)

Er setzte also seine in Kopenhagen betriebenen Studien intensiv fort. Er zeichnete die Dresdner Kopie der Mediceischen Venus, die für die Aurora-Figur seines »Morgen« (Abb. 25) vorbildlich geworden ist, und den Gipsabguß der antiken Figur eines »Öleingießenden Petworth« (Abb. 26), die für die Achill-Figur seines »Achill und Skamandros« (Abb. 28) als Studienmaterial gedient hat. Er eignete sich mit Arbeiten dieser Art die Grundlagen des klassizistischen Stils an, blieb aber nach den Kopenhagener Erfahrungen in Distanz zur Akademie und wurde nicht Schüler eines der Professoren.

Andere, bleibende Eindrücke vermittelten ihm Werke der Gemäldegalerie. An erster Stelle ist hier Raffaels »Sixtinische Madonna« zu nennen, die ihn »bis ins Innerste seiner Seele er-

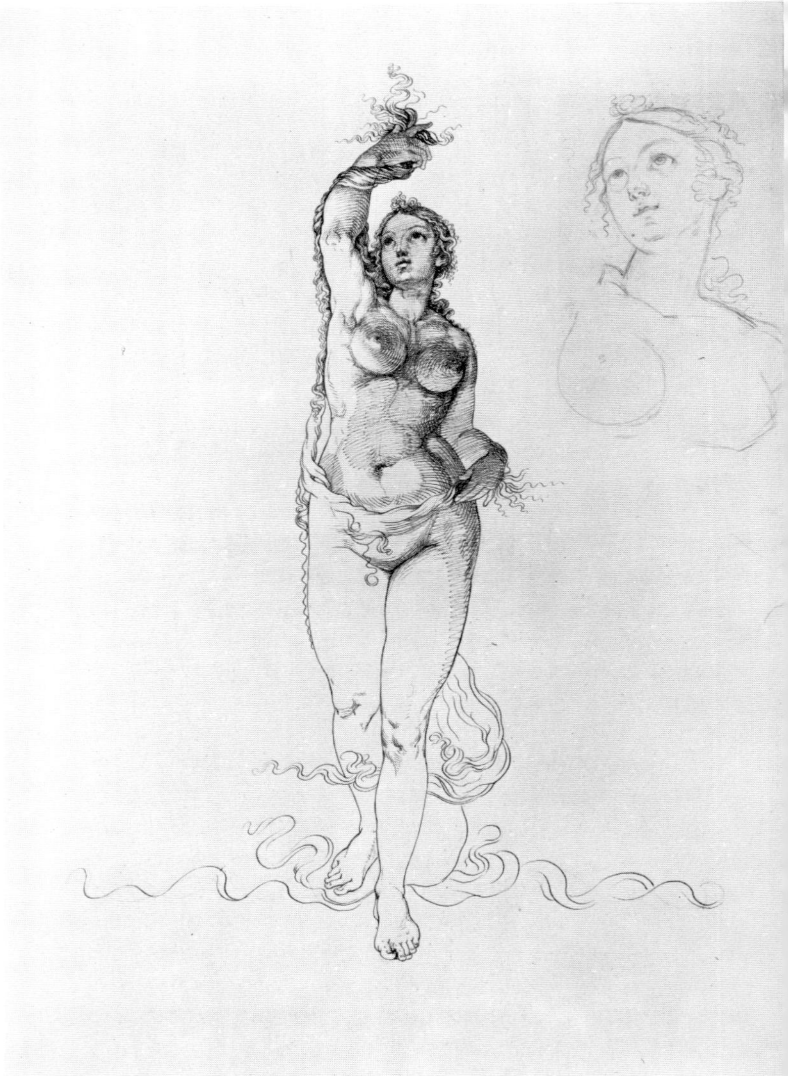

25 Aurora. Um 1808

26 Öleingießender Petworth von vorn. 1801 ▷

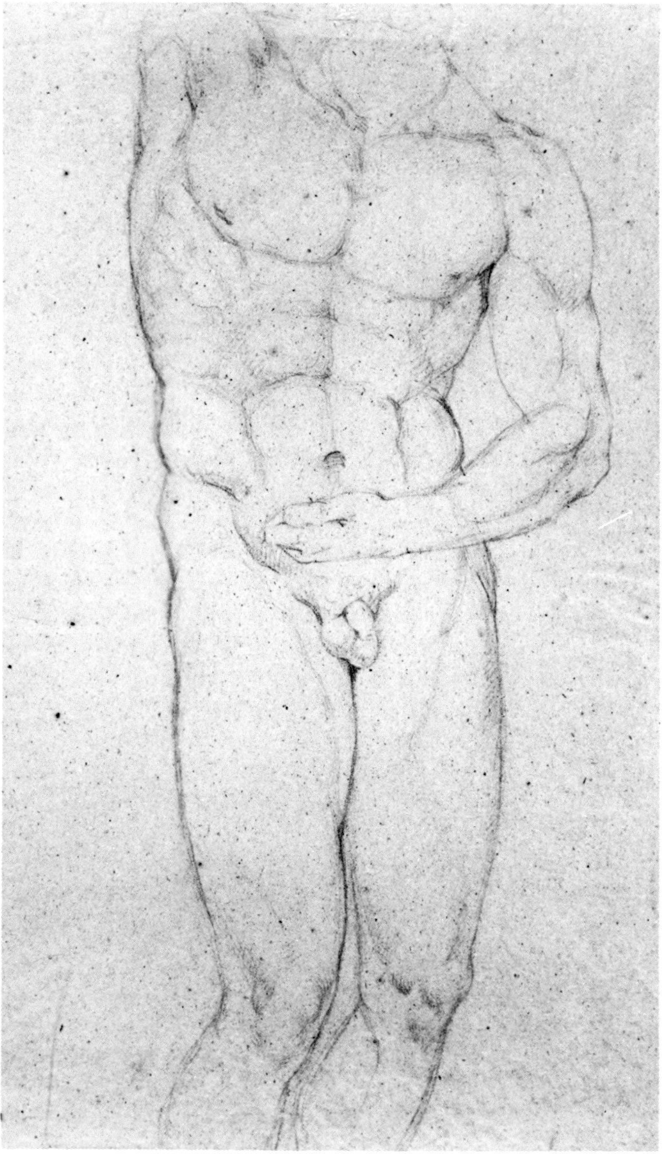

schüttert hat« (HS II, 75). Runge hat dieses Raffael-Erlebnis während seines Dresdner Aufenthaltes vertieft. Er kopierte nach Raffaels »Transfiguration«, der »Verklärung Christi« der Vatikanischen Bibliothek, die er aus Stichvorlagen kennenlernte, ebenso nach den Grotesken-Rahmungen der Fresken in den Loggien des Vatikans, die für seinen Arabeskenstil die Initialzündung gegeben haben. Correggios »Magdalena« und das Gemälde Pompeo G. Batonis gleichen Themas – beide hingen in der Dresdner Galerie – haben sich auf »Die Mutter an der Quelle« (Abb. 24) und auf das andere Quelle-Bild, auf »Quelle und Dichter« (Abb. 27) ausgewirkt. Der Kunst Rembrandts, auf dessen Werk Runge schon durch Hardorff in Hamburg hingewiesen worden war, begegnete er hier in Dresden wieder. Er sah in der Galerie das »Selbstbildnis mit Saskia«, die Darstellungen aus der antiken Mythologie und der Bibel, dazu die großartigen Bildnisse des Niederländers. Runges Malerei hat später aus der Hell-Dunkel-Manier Rembrandts Nutzen gezogen; man vergleiche dazu »Petrus auf dem Meer« (Abb. 52; Ausschnitt Farbtafel 5).

Hinzu kam das weite Gebiet der durch die Kupferstiche der Akademiesammlung reproduzierten Bildwerke der Renaissance, des Barock, des 18. Jahrhunderts. Genannt seien nur Runges Kopien nach Domenichinos Caecilien-Fresken in S. Luigi dei Francesi in Rom, die ihm wiederum in Stichen vorlagen.

Sehr bald hatte Runge einen Kreis von zumeist älteren Künstlern kennengelernt, von denen er Hilfen und Anregungen empfing. Der alte, verehrte Bildniskünstler Anton Graff nahm ihn väterlich auf und hat seine ersten größeren Arbeiten mit Kritik und Anerkennung begleitet. Sicher haben auch die frühen Malereien des jungen Hamburgers (»Triumph des Amor« und die 1. Fassung der »Lehrstunde der Nachtigall«) vom Rat des erfahrenen Porträtisten profitiert. Graff war seit 1766 Professor an der Akademie. Er blieb der einzige akademische Lehrer, zu dem Runge enge Verbindung hielt.

In Dresden traf er auch den in Hamburg geborenen Maler Johann Joachim Faber – der sich seit vier Jahren in Dresden aufhielt, um dann, 1802, an die Akademie in Wien zu gehen – und den Historien- und Bildnismaler Carl Friedrich Demiani, den er

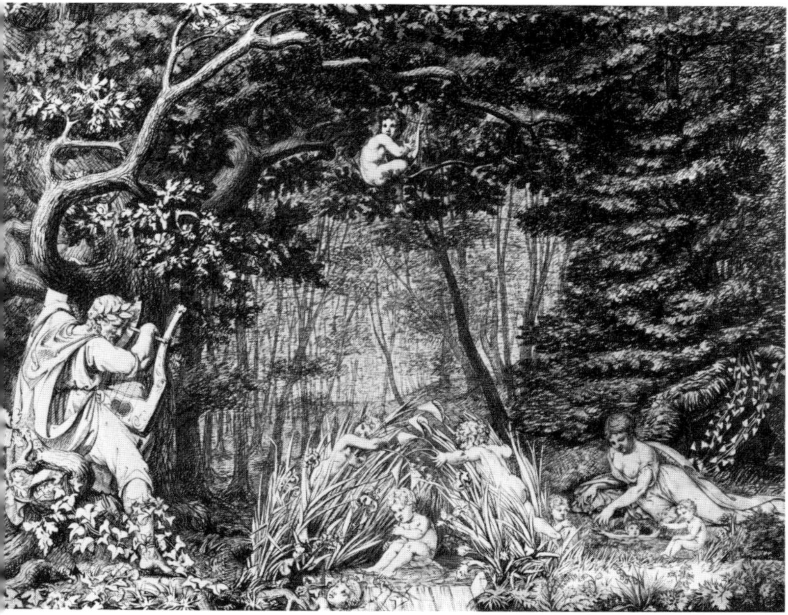

27 Quelle und Dichter. 1805

durch Hardorff in Hamburg kennengelernt hatte. Demiani hat Runge beraten, als dieser begann, seine ersten Ölbilder (Abb. 18 und 21) zu malen.

Intensiv ist das Verhältnis zu Ferdinand Hartmann in den ersten beiden Jahren in Dresden gewesen. Hartmann hatte bei dem Klassizisten Philipp Friedrich von Hetsch in Stuttgart studiert, war dann in Rom gewesen, wo er mit Asmus Jakob Carstens und dessen Freund und späteren Nachlaßverwalter Carl Ludwig Fernow in nähere Beziehung trat, und war seit 1801 in Dresden ansässig. Später, 1810, wurde der angesehene Künstler Akademieprofessor, 1825 Direktor dieses Instituts. Vermutlich wurde Runge durch Friederike Brun an Hartmann gewiesen, den sie gut aus Rom kannte.

Zuerst war der gründlich geschulte und technisch versierte Hartmann der Anregende. Vor allem bei der Arbeit am »Achill und Skamandros« (Abb. 28) hat er, der 1799 den Preis der Weimarer Kunstfreunde erhalten hatte, den zwei Jahre jüngeren Hamburger beraten. Runge schrieb am 7. August 1801 nach Haus: »Hartmann kennt ihr von der ersten Aufgabe in den Propyläen her; dieser ist nun so mein Führer, ja ich kann es wohl sagen, mehr als je einer gewesen ist.« (HS II, 77) Beide haben sich dann gegenseitig darin bestärkt, die ästhetischen Grundsätze Goethes und seines Weimarer Kreises abzulehnen. Aber im Jahre 1802, als Runge sein künstlerisches Programm klar in seinen Grundzügen festlegte, geriet Hartmann in den Bannkreis der Rungeschen Überlegungen. Diese Umkehrung des Verhältnisses zwischen den beiden Künstlern spiegelt sich in Runges Briefen. Am 14. Dezember 1802: »Hartmann hat nun etwas gemacht, worüber ihm sehr an m e i n e r Meinung gelegen war, so daß er ordentlich gerührt ward und mich bat, ich möchte doch einmal recht ausführlich mit ihm darüber sprechen. Auch sagte er mir nach, daß er durch mich recht wieder Lust zur Kunst bekommen hätte; er kann das zwar nicht wohl verstehen, was ich meine, kann es aber, wie er sich ausdrückt, doch nicht lassen, so einen Teufelskerl zu schätzen.« (HS II, 172)

Runge hatte dem Künstler einen neuen Themenkreis und eine neue Bildform erschlossen: die romantische Arabeske. Es spricht für die Reife, die Runge in Dresden erworben hat, daß sich sein berechtigter Stolz, nun von einem anerkannten Künstler als Anreger und Helfer geschätzt zu werden, mit Selbstironie mischt. Hartmann hatte sich durch Runge eine Alternative zur klassizistischen Antiken-Hörigkeit eröffnet. Freilich bemerkte Runge wohl, daß der andere den konsequenten neuen Ansatz nicht begriff und die Anregungen nur auf stilistischer Stufe übernahm, ohne den Inhalt mit zu überdenken. Dieser Widerspruch in Hartmanns Gefolgschaft trat mit der Zeit immer deutlicher zutage. Er hatte eine Zeichnung »Eros und Anteros« im Stil Runges entworfen, die in Dresden nicht viel Anklang fand. Selbstbewußt berichtete Runge am 5. Januar 1803: »Nun sehe ich es deutlich, es liegt nur am Vortrag, den hat er nicht. Wenn ich nun dahin komme, meine Entwürfe zu zeigen [Runge arbeitete an den Zeichnungen zu den »Zeiten«], so tut es mir leid um Hartmann ... Ich stehe sehr gut mit ihm; auch ist seine Idee gar hübsch, nur ist sie ihm zu sauer geworden und daher nicht simpel genug.« (HS II, 193) – Runge bemängelte nicht nur die zeichnerische Ausarbeitung, den »Vortrag«, sondern auch das Fehlen eines elementaren Grundgedankens in Hartmanns Komposition, welche die Arabeske ihrer allegorischen Bedeutung entkleidet und das Spielerische, Ornamentale zum Oberflächlichen, Neckischen entwertet hatte. Doch blieb Hartmann der hilfsbereite Freund: Als Runges erstes Gemälde, die »Lehrstunde der Nachtigall« (1. Fassung), im Januar 1803 von der Staffelei fiel und dabei stark beschädigt wurde, erbot sich Hartmann, das Bild zu restaurieren.

Seit August 1801 wurde Runge durch die Freundschaft mit dem Komponisten Ludwig Berger in eine andere Kunstgattung eingeführt, die ihm bislang schon empfindungsmäßig vertraut war, in die Musik. Durch ihn wurde der norddeutsche Protestant auch mit dem Katholizismus konfrontiert. Damit erschloß sich ihm eine neue Welt, denn die Musik hörte er vor allem in den Kirchen Dresdens, wo er der Messe des öfteren beiwohnte, so daß seine Verwandten und Freunde es mit der Angst bekamen, weil sie fürchteten, er könne katholisch werden.

Im Jahre 1802, in welchem die Liebe zu Pauline Bassenge Runges Dasein erschütterte, berichtete er von einem Besuch eines protestantischen Gottesdienstes, der mit dem Choral »O Lamm Gottes unschuldig ...« schloß. Runge, von einem Besuch im Hause Bassenge deprimiert, schrieb: »Ich glaubte in meinem Leben zum erstenmal den Gesang zu hören, so schön verständlich schien er mir. Seitdem bin ich ganz ruhig geworden ...« (HS II, 120) Das erinnert an den Satz in einem Brief der Kopenhagener Zeit: »... die Musik kann einen noch wieder in Ordnung bringen.« (HS II, 38)

Die Freundschaft mit dem Musiker hat Runges Verständnis für den Zusammenhang der Künste wachsen lassen. Es ist bezeichnend, daß er bei den Erklärungen seiner Bilder immer wieder Begriffe aus der Musik verwendete. Bildthemen wie die »Lehrstunde der Nachtigall« (Abb. 17), »Quelle und Dichter« (Abb. 27), »Arions Meerfahrt« (Abb. 23) und die Illustrationen zum Gesang des Ossian versuchen ja, Musik in die Sprache des Bildes zu übersetzen. Überspitzt kann man sagen, daß die meisten Arbeiten des Künstlers etwas mit Musik zu tun haben, ob Runge nun Ludwig Tiecks *Minnelieder* illustrierte oder in seinen »Zeiten«-Darstellungen musizierenden Kindern einen bedeutenden Rang in der Allegorik seiner Bilder einräumte. In Runges Vorstellung von dem gleichen Fundament aller Künste, die er Clemens Brentano, dem Dichter, am 27. Dezember 1809 entwickelte (Feilchenfeldt, 7/8), sammeln sich alle diese Gedanken.

Goethe und die Weimarer Preisaufgabe

Lebensgang: »Zur ersten Ausübung in seiner Kunst führte ihn [Runge] ganz natürlich die damals neueste Preisaufgabe aus Weimar: Achilles im Kampf mit den Flußgöttern, wozu er, wenigstens auf ein Urteil, das ihn leiten könne, hoffend, zu konkurrieren beschloß, allein wesentlich nur nach Belehrung strebend ...« (HS II, 457)

Die Anregung, sich an den Goetheschen Preisaufgaben zu beteiligen, kam aus Daniels Hamburger Freundeskreis. Runge hatte ja schon in Kopenhagen Studien zur Preisaufgabe des Jahres 1800 versucht. Jetzt in Dresden stellte er sich der Aufgabe mit allen ihm zur Verfügung stehenden Kräften. Einerseits erwartete er von dem Urteil des Dichters Klärung seiner künstlerischen Ziele, andererseits war er fest entschlossen, den Eltern und den Brüdern zu beweisen, was in ihm steckte.

Sechsmal hat Runge die Komposition gezeichnet, dazu Studien und Skizzen, um die Schwierigkeiten der Aufgabe zu meistern. Die letzte Fassung (Abb. 28) schickte er am 23. August 1801 mit einem Begleitschreiben an Goethe: »Sie glauben gar nicht, wieviel ich Ihnen schon schuldig bin, und nun werde ich es noch weit mehr werden. Ich hätte es mir gar nicht getraut, Ihnen diese Zeichnung zu schicken, wenn Herr Hartmann mir nicht zugeredet hätte, Sie müssen freilich mit dem guten Willen fürlieb nehmen, und auch den kriegen Sie nicht, denn ich wollte was ganz anderes machen, dünkt mich nun. Wie sehr wünsche ich, bei dieser Gelegenheit von Ihnen und Ihren Freunden über

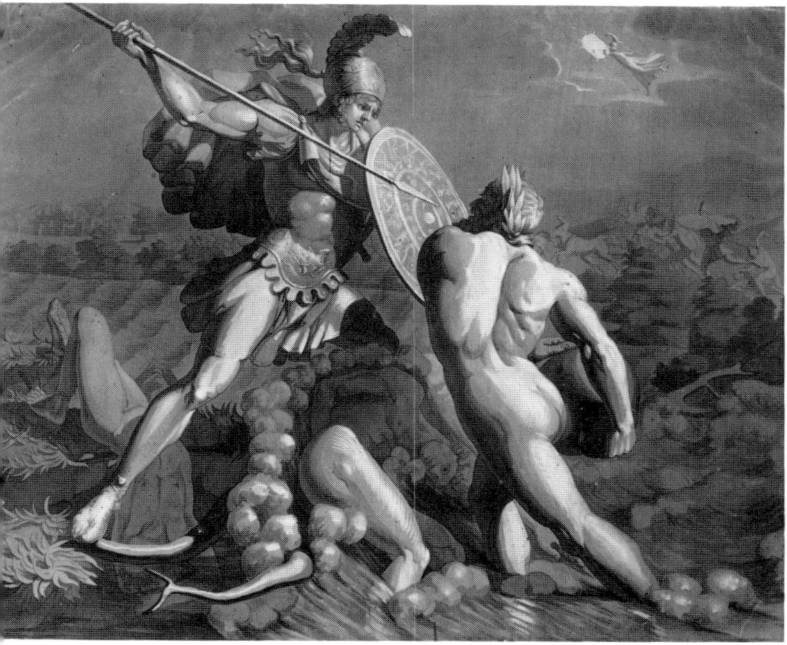

28 Achill und Skamandros. 1801

mich und was mir am meisten fehlt belehrt zu werden« – so beginnt Runge seinen Brief an den verehrten Mann mit rührender Offenheit, die auch die eigenen Zweifel am Geschaffenen nicht verschweigt (Scheidig, 217).

Zusammen mit dem Maler und Kunsthistoriker Heinrich Meyer hatte Goethe von 1799 bis 1805 alljährlich eine Preisaufgabe gestellt, deren Bedingungen in den *Propyläen* veröffentlicht wurden. Dieser Wettbewerb erregte deshalb Aufsehen, weil er unter Goethes Patronat stand und die Begründung der Urteile zugesagt wurde. Es war der Versuch, der Kunst nicht allein Aufgaben zu stellen, sondern damit zugleich Wege aufzuzeigen, die zur richtigen, wahren Kunst führen sollten. Runges Begehren lief wohl besonders darauf hinaus, eine solche begründete Meinung über seine Arbeit zu erhalten.

Runge geriet während der Arbeit an diesem im 21. Gesang der *Ilias* geschilderten Ereignis in einen Zwiespalt. Zuerst faßte er den Kampf des Helden Achill mit dem Flußgott Skamandros, der sich – empört über die Verunreinigung seiner Fluten durch die von Achill erschlagenen Trojaner – gegen den Krieger erhebt und ihn mit Hilfe seines Nebenflusses Simois mit seinen Wogen verfolgt, »historisch« auf, das heißt, als tatsächliches Ereignis: Mit dem Ruder in der Faust greift der Gott den Frevler an. Dann jedoch gab er dem Skamandros auf Rat Hartmanns die Urne in die Hände und ließ Achill seinen Speer erheben. Runge nahm also das Ergebnis des Kampfes vorweg, nämlich den Sieg Achills, das heißt, er »symbolisierte«. Gerade das wurde denn auch von Heinrich Meyer in seiner Beurteilung, die im Januar 1802 erschien, gerügt: »Noch mehr ist es dem Sinn der Aufgabe zuwider, wenn, so wie in der gegenwärtigen Zeichnung geschieht, der Held nur mit einem der Flußgötter zu schaffen hat [Simois fehlt ja bei Runge] und denselben noch dazu mit offenbarem Vorteil bekämpft, wodurch vollends alles verworren und bedeutungslos wird. An Lebhaftigkeit des Ausdrucks und der Bewegung fehlt es im übrigen diesem Werk nicht. Auch haben die Figuren keine auffallenden Mißverhältnisse, und jede ist in Ansehung der Form im allgemeinen so ziemlich nach dem ihr zukommenden Charakter gehalten. Man kann auch, wenn keine sehr rigoristische Forderungen gemacht werden, mit der Beleuchtung ein wenig zufrieden sein. Allein die Zeichnung ist nicht gut zu heißen, sie ist unrichtig und manieriert. Wir raten dem Verfasser ein ernstes Studium des Altertums und der Natur im Sinne der Alten. Am nötigsten aber ist ihm die Betrachtung der Werke großer Meister aller Zeiten in Hinsicht auf den Gang ihrer Gedanken.« (Scheidig, 234)

Eine solche oberlehrerhafte, besserwisserische Beurteilung hatte Runge sicher nicht erwartet, als er diese seine erste sorgfältig ausgeführte und ganz durchdachte Zeichnung an Goethe schickte. Die vernichtende Kritik hätte ihn schwer verletzen müssen, wenn Runge nicht bald nach der Absendung seines »Achill und Skamandros« seine neue, zukunftsweisende Position bezogen hätte. Insofern bezeichnet diese Zeichnung den

Umbruch in Runges Denken und Schaffen. Als er Anfang des Jahres 1802 die Kritik las, war es ihm klar, daß er diesen Ballast des Klassizismus mit seiner trockenen Regelhaftigkeit, seiner totalen Abhängigkeit von der antiken Literatur und Kunst abwerfen mußte, wenn er eine zeitgemäße, lebenskräftige und wahrhaftige Kunst schaffen wollte. Mit dem »Triumph des Amor« (Abb. 20) und der »Lehrstunde der Nachtigall« (Abb. 17) hatte er sich schon endgültig vom Historisieren abgewandt, er stellte schon hier keine mythologischen, historischen oder in der Literatur geschilderten Ereignisse dar, sondern versuchte poetische, im Gedicht formulierte Gedanken und eigene Empfindungen in der Allegorie zu vergegenwärtigen, in einer radikalen Allegorie, die sich nicht mit Personifizierungen von Vorstellungen zufriedengab.

Schon am 6. Oktober 1801 hatte Runge in einem Brief an den Bruder mit der Meinung der akademischen Klassizisten abgerechnet, daß Kunst lehrbar sei. Die Werke des Anton Raphael Mengs, der mit seiner These von der Erlernbarkeit der Kunst den Akademien die theoretische Grundlage gegeben hatte, ließen Runge kalt: »... dies liegt nicht an der Aufgabe, sondern an der strengen Ausführung der Regeln.« (HS II, 88) – Auch Giovanni Battista Casanova, der bis zu seinem Tod, bis 1795, die Dresdner Akademie im Mengsschen Sinne geprägt hatte, erschien Runge nun als Schädling: »Wie ich diese Beschuldigung beweise? – Seht einmal alle seine Schüler an, ob er nicht in allen ihr Talent und in den Besten sogar ein großes Genie ermordet hat? Denn das weiß ich aus ihrem eignen Munde, daß sie alle damit haben anfangen müssen, daß sie komponiert haben; das heißt bei ihnen, sie haben verschiedene Figuren recht hübsch zusammensetzen müssen, so daß aus dieser Zusammensetzung am Ende eine bekannte Begebenheit kenntlich geworden ist ...« (HS II, 89)

Nicht die erlernbaren Fertigkeiten und Verfahren sind entscheidend und nicht die Wahl des richtigen Gegenstandes oder Themas. Zuerst muß nach Runge eine Konzeption da sein, die dem Hauptgedanken alle Nebengedanken und alle Teile des Bildes zuordnet. Die Technik und die handwerkliche Geschicklichkeit sind zweitrangig: »Mein Wille ist es, wo möglich zu bewirken, daß man lieber Fehler in der Ausführung übersieht, als in dem Gedanken.« (HS II, 90) – Heinrich Meyers Kritik ging also gerade von der akademischen Ästhetik aus, die Runge schon ein für allemal als falsch und schädlich für die Kunst abgetan hatte. Aber Runges Kritik wurde im Laufe der Monate grundsätzlicher: »Der Achill und Skamander, samt den Sachen, wie das nach und nach zur Vollendung gebracht werden soll, ist doch am Ende ein vergeblicher Wunsch; wir sind keine Griechen mehr, können das Ganze schon nicht mehr so fühlen, wenn wir ihre vollendeten Kunstwerke sehen, viel weniger selbst solche hervorbringen, und warum uns bemühen, etwas Mittelmäßiges zu liefern? ... die Leute jagen nach Sujets, als wenn die Kunst darin stäke, oder als wenn sie nichts Lebendiges in sich hätten. Muß denn so etwas von außen kommen? haben nicht alle Künstler, die noch ein schönes Kunstwerk hervorbrachten, erst ein Gefühl gehabt? haben sie sich zu dem Gefühl nicht das passende Sujet gewählt?« (HS I, 6)

Runges Ansicht ist für die historisierenden und stilkopierenden Strömungen und Tendenzen nicht nur seiner Zeit, sondern des ganzen 19. Jahrhunderts revolutionär. Zum erstenmal tritt mit ihm ein Künstler auf, der sich freimacht von den Fesseln historischer Kunstleistungen, indem er sich auf einen subjektiven Standpunkt stellt, sich auf seine Empfindung beruft, sich zu seinen Glaubensüberzeugungen bekennt, sich auf seine eigenen Überlegungen verläßt. Mit Runge beginnt die Selbstbestimmung des Künstlers, die der Kunst bis heute alle fruchtbaren Impulse gegeben hat. Durch Runges Überzeugung wird überhaupt jede sich auf die kunsthistorische Vergangenheit dogmatisch beziehende Kunst als schwächlich, leer und verlogen bloßgestellt.

Am 9. März 1802 hat Runge dem Bruder Daniel seine Kunstkonzeption dargelegt, die diesen neuen Ansatz zusammenfaßt.

Liebe

Lebensgang: »... in dem letzteren Brief winkte er ... auf das innere Ereignis in ihm, das er ... erst am 12. September mit der ganzen Kraft seines Gemütes vortrug. Nämlich, daß eine junge weibliche Gestalt sein Herz mit der tiefsten Wirkung eingenommen habe. Er bezog diesen Eindruck, der zum unauslöschlichsten in ihm gedieh, sogleich auf die ganze Aussicht für sein Leben und Streben ...« (HS II, 458)

Die Epoche der Romantik ist reich an mächtig ausgreifenden Liebesbeziehungen. Das hat in einer übergeordneten gesellschaftlichen Veränderung seinen Grund: Die Frau erhält einen neuen Status. Tendenzen kündigen sich an, die durch die Aufklärung des 18. Jahrhunderts aufgerührt wurden und erste Anzeichen von Emanzipation enthalten. Frauen verließen ihre Männer, lebten jahrelang von ihren Männern getrennt oder überhaupt allein, Frauen waren berühmte Briefschreiberinnen, verfaßten Bücher und Gedichte, führten Salons, in denen sich die geistige Elite versammelte, Frauen setzten sich über den Sittenkodex hinweg und waren in den geistigen und politischen Auseinandersetzungen oft das eigentliche, vorwärtstreibende Element. Einige Namen und Tatsachen seien in Erinnerung gerufen: Die Schriftstellerin Madame de Staël führte den bekanntesten Salon der Zeit, in dem sich die Hauptakteure der europäischen Romantik trafen. Goethes Beziehung zu Marianne von Willemer, Friedrich Schlegels Liebe zu Dorothea Veit haben ebenso Geschichte gemacht wie Caroline Michaelis, deren zweiter Mann August Wilhelm Schlegel, deren dritter dessen Freund Friedrich Wilhelm Schelling waren. Frauen wie Caroline von Humboldt, Henriette Hertz, Rahel Levin (verheiratete Varnhagen), Bettina von Arnim, die Schwester von Clemens Brentano – sie alle haben diese Epoche in einer Weise mitgestaltet, die in den Jahrhunderten vorher nicht denkbar gewesen war. Das Bürgertum forderte auch für die Frauen neue Freiheiten und Rechte, und die Frauen lebten mit einem bis dahin in Deutschland nicht gekannten Selbstbewußtsein. Dies alles galt jedoch ausschließlich für die Schicht des gebildeten Bürgertums und für den Adel, soweit er sich aufgeklärt und weltmännisch gab.

Runge begegnete im Juli 1801 der 15jährigen Pauline Bassenge. In den ersten Wochen ihrer Bekanntschaft zeichnete er das Bildnis, »wie ich Dich zuerst auf dem Ball sah« (Abb. 19). Pauline stammte aus einer französischen Hugenottenfamilie, ihr Vater war Handschuhfabrikant. Der Zuschnitt des Hauses war großbürgerlich. Das Bildnis zeigt das Mädchen mit kräftigem Hals und vollem Busen – sie war offenbar mit 15 Jahren eine fertige junge Frau, nicht eine ätherische kindliche Erscheinung. –

Aus Runges Briefen wird erkennbar, wie tief ihn die Liebe ergriff. Aber schon in den ersten Äußerungen des Liebenden tritt eine Besonderheit hervor: Zwar durchlebte der Künstler Verzweiflung und Hoffnung, Glück und Leiden, zwar ließ ihn seine Liebe die Höhen und Abstürze der menschlichen Existenz bis zum Grund erfahren – dennoch: In Runge ist eine Kraft, die mit unglaublicher Konsequenz diese Liebe von Anfang an in den Rahmen der bürgerlichen Möglichkeiten realistisch einordnet, andererseits sein Denken und Handeln als Künstler diszipliniert, zur Klarheit treibt, ja umfassend neu orientiert. In den fast zwei Jahren, in denen er um die Geliebte und die Zustimmung der Eltern kämpft, fallen alle Unselbständigkeit, Kindlichkeit, alle Unsicherheiten von ihm ab. Als er im April 1803 endlich die Einwilligung des Vaters erhielt, war er nicht nur ein selbstbewußter Mann geworden, sondern war sich seines künstlerischen Ziels gewiß. Seine ersten Gemälde waren gemalt, die »Zeiten« waren konzipiert, die Vorzeichnungen für die Kupferstiche in Arbeit, die »Mutter an der Quelle« (Abb. 24) entworfen – Runge hatte in diesen beiden Jahren in einem mächtigen Sprung sein revolutionäres Kunstkonzept geschaffen!

Als Novalis (Runge lernte dessen Werk durch Tieck kennen) 1794 die zwölf Jahre alte Sophie von Kühn zum erstenmal sah, entschied diese Begegnung über sein ganzes zukünftiges Leben und Schaffen. Durch Sophie wurde er zur Konzentration erzogen, durch ihre Krankheit, durch ihren Tod geschah seine religiöse Wendung, die dann seine späten großen Dichtungen mit christlich-inbrünstigem Klang erfüllt.

Für Runge trifft das mit dieser Absolutheit nicht zu. Die einerseits ganz bewußte, andererseits tief in seiner Seele wurzelnde existenzielle Ökonomie, die alle seine Bilder, Worte und Gefühle fast organisch aus einem Grund sich entfalten läßt, gibt weder seiner Liebesleidenschaft noch seinem Denken, seinem Glauben oder Empfinden eine elementare führende Gewalt in seiner Entwicklung. Aus der Zeit der verzehrenden Ungewißheit über das künftige Schicksal seiner Liebe stammen die Sätze, die Runge am 17. Februar 1802 schrieb: »Es wird mir mit jedem Tage deutlicher, daß alles, was ich lerne und erfahre, alles in mir Einen Schritt gehen muß; daß ich nicht in der Kunst fortgehen kann, ohne zugleich in meinem Vertrauen auf Gott, in dem Glauben an mich selbst, und in der Liebe zu dir und allem, was ich in der Welt liebe, weiter zu schreiten. Ich weiß es gewiß, liebster Daniel, daß das große Unglück, welches mir jetzt begegnen könnte, der Verlust des Mädchens, das ich einzig nur lieben kann, mich doch nicht von dem festen Wege meines Lebens abbringen könnte; das Unglück schreckt mich nicht, ich muß jetzt auf den Grund kommen, ob mein Glück mir Stand hält: ich will schon Stand halten.« (HS II, 117)

Selbst der Verlust der Geliebten kann Runge nicht aus seiner Bestimmung als Künstler herausbrechen. Das »Bestreben, mit mir selbst in Harmonie zu kommen« (HS II, 95), ist und bleibt für Runge die Erfüllung seines Daseins. Aus dieser Harmonie steigt alles andere auf, die Kunst, die Liebe, der Glaube, die Kraft. Innerhalb dieser hat die Liebe ihren zentralen Ort: »Wenn ich mich hier mit Vernunftgründen trösten will, das ist aus der verkehrten Quelle. Es ist zwar noch etwas anderes im Menschen, das ihn wohl trösten kann, der Friede Gottes, höher als alle unsre Vernunft, und es ist gewiß, daß er uns am Ende über alles hinwegsetzen kann, was uns begegnet, – aber es ist noch ein Lebendiges in der Welt, das uns reizt, so lange wir das volle Leben empfinden, das ist die süße Liebe, die Quelle alles Lebendigen in der Welt, aus ihr strömt es alles, und was wir Lebendiges in der Welt schaffen und wirken.« (HS II, 137) –

Man denkt, liest man diese Sätze, unwillkürlich an das Gemälde »Mutter an der Quelle« (Abb. 24).

Immer hat man bei Runge das Empfinden, er erlebte seine Liebe nicht als sinnliche Leidenschaft, nicht absolut individuell, als einzigartiges Ereignis, das nur ihn allein angeht und von ihm ausschließlich schicksalhaft Besitz ergriffen hat, sondern er erlebt alles dies immer im Zusammenhang mit dem Ganzen einer Weltordnung, die von ihrem Ursprung her in Harmonie mit sich selbst ist.

Wie sehr sticht das ab gegen eine andere Liebesbeziehung, die sich gleichzeitig und in Runges Nähe begab, die Beziehung zwischen Clemens Brentano und der Schriftstellerin Sophie Mereau, die am Ende des Jahres 1798 begann und 1803, in dem Jahre, als Runge seine Pauline vom Vater empfing, zur Lösung getrieben wurde: im Mai fanden Clemens und Sophie endlich zusammen, im November wurden sie getraut. Die Leidenschaft, mit der die geschiedene Frau und der Dichter Qual und Erfüllung ihrer Liebe auskosteten, steht in krassem Gegensatz zu Runges Liebeserlebnis. Brentano ergriff diese Liebe rauschhaft, glühend vor Verlangen. Er suchte Erlösung in der Geliebten wie sie in ihm. Das ist von einer ausbrechenden, fast rasenden Intensität, die alles andere versinken läßt: »... Du wirst mir hingegeben in den Armen ruhen, und Deine Augen, Deine Lippen werden mir sagen, daß Du mich liebst, mich unaussprechlich liebst, wohl mir, daß mir die Erde luftig wird, in Dir Du reiner lieber Liebesbecher wird Erde, Himmel, Gott, und Kunst zum Wein, der mich in jedem Tropfen auf tausend Punkten des Genusses berauscht, dann lebe wohl du Tod, Gedanke der Vernichtung ...«, schreibt Brentano am 24. Oktober 1803 an die Mereau in Weimar (Amelung, 57). – Von Runges Empfinden, von seiner Liebe her klingt dies fremd, aufrührerisch, ungehorsam, sinnlich, und total ichbezogen. Von hier aus wird Runges Verarbeitung seines Liebeserlebnisses in ihrer Eigenart besonders deutlich. Keiner in seiner Zeit vermochte es wie er, sein persönliches Schicksal in eine übergeordnete, umfassende Anschauung des Weltganzen einzuordnen.

Am 13. April 1803 verlobten sich Runge und Pauline Bassenge. Das Paar fuhr zusammen mit der Mutter der Verlobten am 7. August nach Wolgast zu Runges Eltern. Vermutlich hat

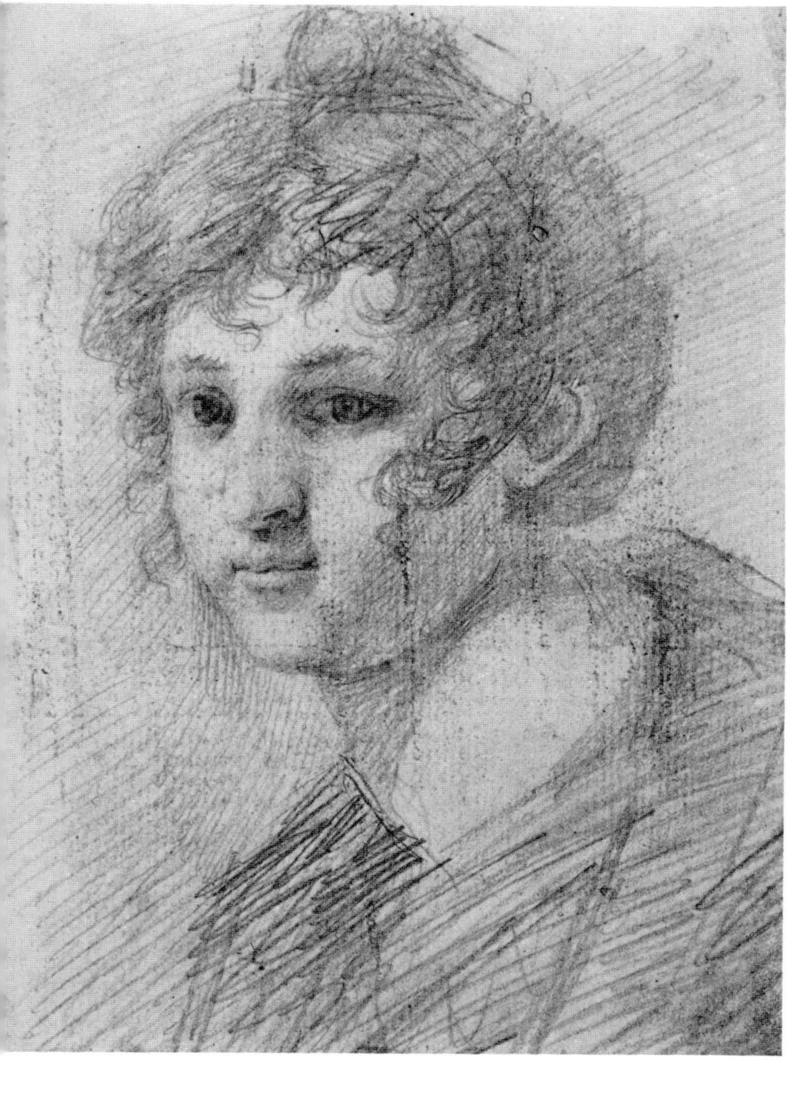

29 Bildnis Pauline. 1803

der Künstler die Bildniszeichnung seiner Braut (Abb. 29) den Eltern vorausgeschickt, damit sie sich ein Bild von der Geliebten machen könnten.

Das Bildnis fällt aus dem zeichnerischen Werk Runges deshalb etwas heraus, weil es in einem ungewohnt lockeren, raschen Strich hingeschrieben ist, der sonst bei Runges Bildnissen nicht vorkommt. Das Blatt ist wohl skizzenhaft-spontan entstanden. Dies aber macht gerade den Reiz der Darstellung aus, denn dem Künstler, der immer langsam arbeitete, ging es von Jahr zu Jahr mehr um die Ausmerzung alles Schnellen, Zufälligen in seiner Arbeit. Sein Verantwortungsbewußtsein ließ das nicht zu. Es gibt die vorsichtige dünne Kompositionsskizze, die Bildideen mit suchendem Strich sehr oft auch nur auf den Rückseiten ausgeführter Zeichnungen festhält. Man darf aber davon ausgehen, daß diese Blätter in der Regel vom Künstler weggeworfen worden sind, denn als Einzelblätter haben sich derartige Arbeiten verhältnismäßig wenig erhalten.

Die Spontaneität kommt dem Bildnis von Pauline zugute: Sorgfältigere, dichtere Striche bilden das Gesicht, das Haar gedrückte Strichknäuel, die Schultern breite Schraffuren, die den Halsausschnitt mit scharfen Schrägen begrenzen. Diese im Augenblick entwickelte Zeichenweise ließe sich schwer zeitlich einordnen, denn sie ist ohne Stil-Zwang. Man möchte sie eher in die Mitte des 19. Jahrhunderts setzen, wüßte man nicht, wer sie geschaffen hat, weil sie in ihrer skizzenhaften Anlage und ihrem Realismus Kriterien der zukünftigen Entwicklung freimütig in Beschlag genommen hat. Sicherlich ist dieses Bildnis das lebendigste, vielleicht richtigste der Dargestellten.

Um sein künftiges Familienleben vorzubereiten, reiste Runge am 9. November 1803 allein nach Hamburg. Er reiste über Weimar, wo er sich einige Tage aufhielt und zweimal mit Goethe zusammentraf, der ihn stark beeindruckte, ihn, der doch die Preisaufgaben der Weimarer so heftig abgelehnt hatte und sicherlich mit starken Vorbehalten dem Dichter entgegentrat: »Er ist ein starker und hartnäckiger Mann, gegen den ich wie ein Kind stehe ...«, schrieb Runge seiner Braut (HS II, 245).

Am 16. Dezember meldete er der Verlobten, er habe in Hamburg eine Wohnung gefunden. Dann kehrte er am 24. März nach Dresden zurück, wo die Hochzeit am 3. April 1804 gefeiert wurde. Die jungen Eheleute reisten 14 Tage später über Berlin – wo Runge Tieck besuchte – nach Wolgast, dann nach Hamburg, wo sie am 13. Mai eintrafen.

Nun begann das Leben in Hamburg unter der Obhut des Bruders Daniel Runge, der auch für das materielle Auskommen des Paares sorgte. Am 30. April 1805 wurde der erste Sohn, Otto Sigismund Runge, geboren (vgl. Farbtafel 6), am 25. Juni 1807 die Tochter Maria Dorothea und am 10. April 1809 der Sohn Gustav Ludwig Bernhard.

Es überrascht nicht, daß Runge seinen Ehestand illusionslos sah. Kurz vor Weihnachten 1803 schrieb Runge seiner Braut nach Dresden: »Es ist groß Unrecht, wenn in unserer Zeit bei einer Trauung der Fluch Gottes ausgelassen wird, denn der gehört nun einmal dazu; wir sind nun einmal nicht im Paradiese, und ich denke nur daran, tapfer dem zu begegnen, was über mich ausgesprochen ist: ›Im Schweiße deines Angesichts sollst du dein Brot essen‹, und: ›Verflucht sei der Acker um deinetwillen, Dornen und Disteln soll er dir tragen‹; so wirst auch du deinem Teil nicht entgehen. Liebes Kind, wir sind in der Welt und müssen hindurch.« (HS II, 250) Es wird nicht viele Verlobte geben, die ihre Bräute in dieser Weise auf die gemeinsame Ehe vorbereiten.

Nach der Heirat hat Runge nur noch wenig über seine Frau, seine Ehe und seine Kinder mitgeteilt. Das lag schon daran, daß sein Bruder in unmittelbarer Nähe lebte, so daß gewiß das meiste Persönliche im Gespräch geklärt wurde. Ein tief deprimierter Brief vom Juni 1804 (HS II, 270) deutet darauf hin, daß es anfangs Schwierigkeiten im Zusammenleben gab. Dann aber scheint er eine ruhige und gute Ehe geführt zu haben. Das »Bildnis Pauline im grünen Kleid« (Abb. 30) hat Runge im Juni 1804, in den ersten Ehewochen, begonnen und in demselben Jahr vollendet. Es ist das erste große Gemälde der geliebten Frau. Man hat darauf hingewiesen, daß Runge sich mit diesem Bildnis an Leonardo da Vincis weltberühmtes »Mona

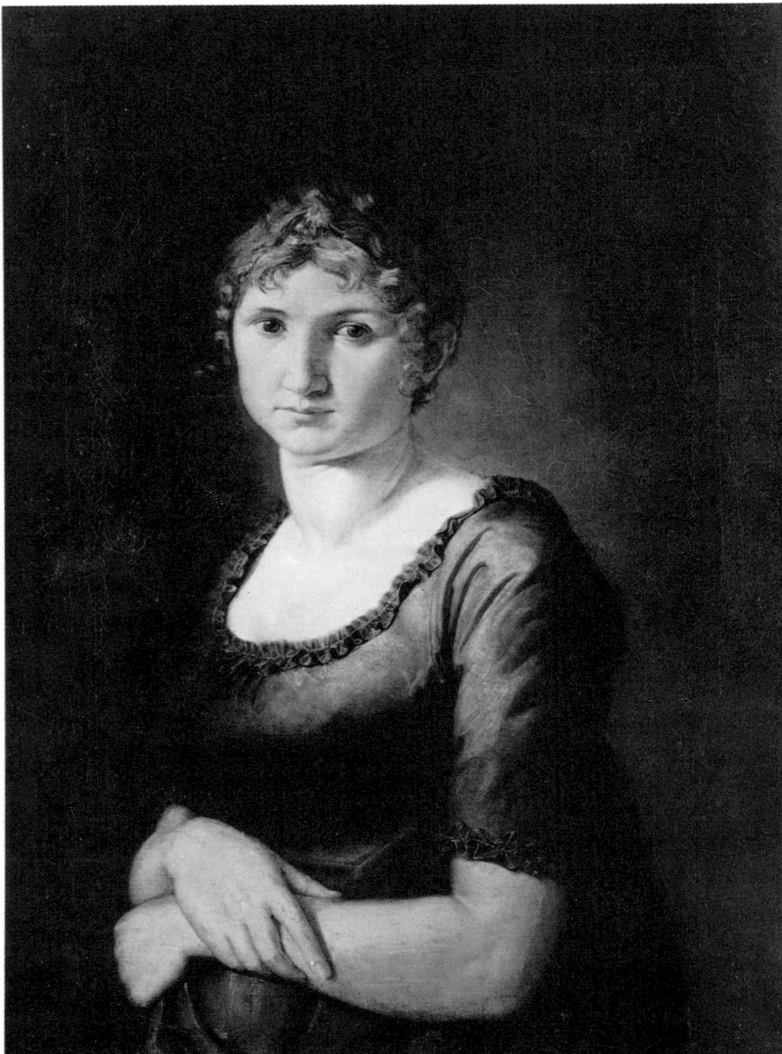

30 Bildnis Pauline im grünen Kleid. 1804

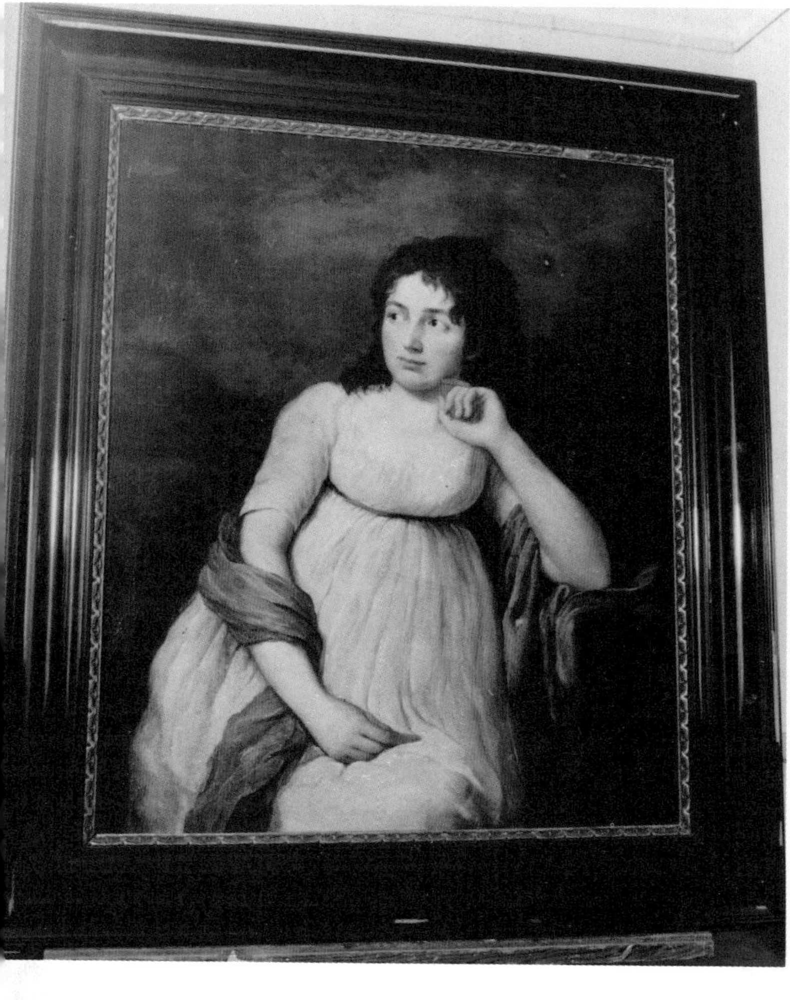

31 Bildnis Pauline im weißen Kleid. 1805

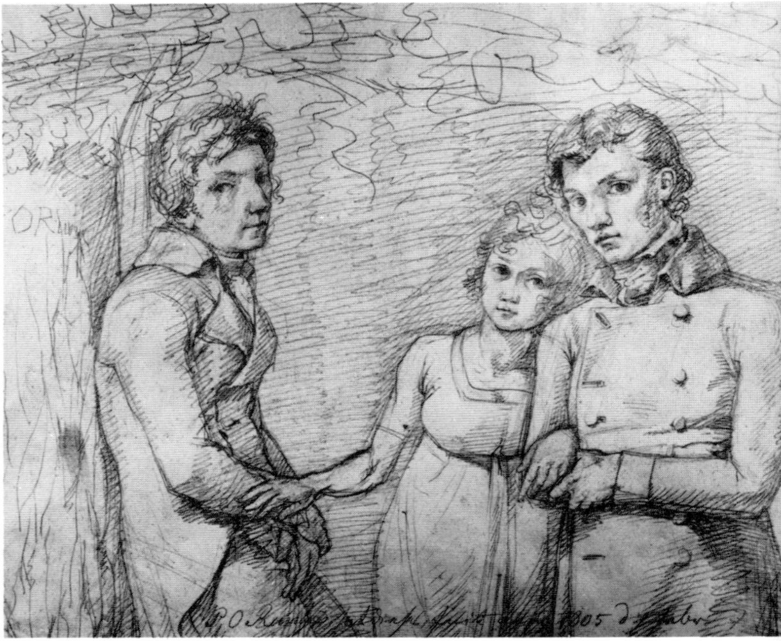

32 Wir Drei. Zeichnung. 1805

Lisa«-Bildnis angeschlossen hat. Damit wollte er das Bildnis seiner Frau steigern, ihm einen anderen, höheren Bezugsraum sichern, denn so vermessen war er nicht, als Künstler mit dem Renaissance-Genie konkurrieren zu wollen. Das Bild ist von strenger Kühle. Pauline erscheint als reife, fast ältliche Frau. Das liegt an der Betonung des zeichnerischen Gerüsts in diesem Bild. Die zusammengelegten Hände geben der Gestalt etwas Zusammengefaßtes, Abgeschlossenes und Aufgerichtetes. Die kräftige Durchbildung des Körpers erinnert an eine plastische Halbfigur vor ruhigem dunklen Grund, die Arme und Hände wirken wie der Sockel, aus dem sie aufwächst. Das alles trägt monumentale Züge in das Bild, dazu gehört die Wendung des Kopfes ins Frontale, die Ruhe des Blicks, die silhouettenartigen

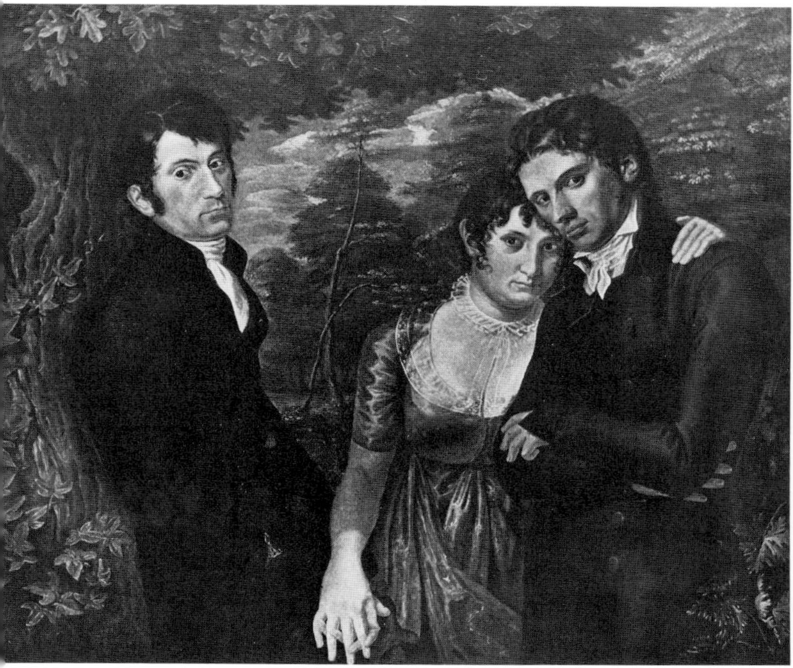

33 Wir Drei. 1805 (verbrannt)

Konturen des Kopfes und Körpers. Das Bildnis ist von großer Direktheit und menschlicher Wahrhaftigkeit.

Das ein Jahr später angesetzte »Bildnis Pauline im weißen Kleid« (Abb. 31) erfüllt unsere Erwartung schon eher, weil Runge hier seine Frau jugendlich und mit sanftem Liebreiz dargestellt hat. Jörg Traeger hat das Bildnis erst kürzlich mit guten Gründen als Runges Werk erkannt. Es wirkt konventionell, gemessen an dem »Bildnis Pauline im grünen Kleid« (Abb. 30), weil es sich eng an die spätbarocke Porträtauffassung anlehnt, wie Runge sie am Werk Anton Graffs eingehend studieren konnte. Auch hier ist eine Anlehnung offensichtlich: Die Dargestellte wiederholt seitenverkehrt Haltung und Auffassung der Frau des Malers Graff auf seinem großen Familienbildnis,

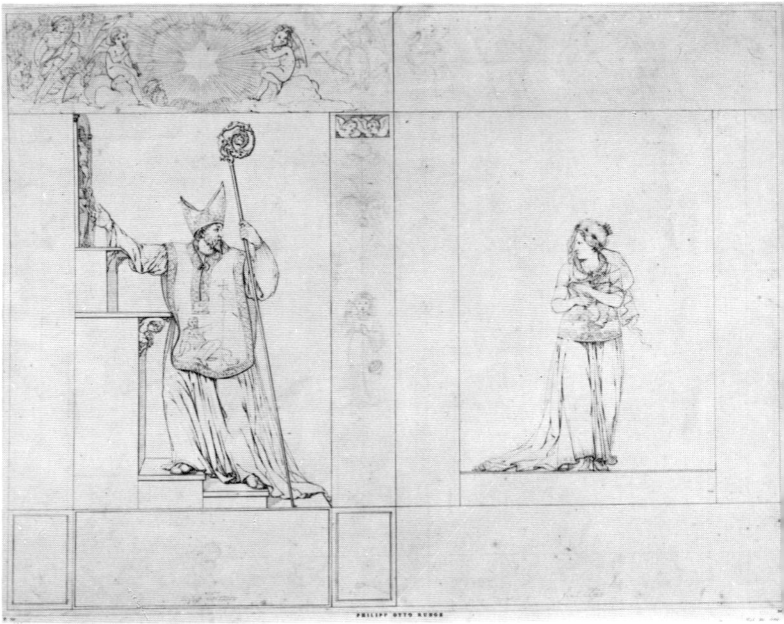

34 Die Heymonskinder: Erzbischof Turpin und Frau Aja. 1804

das der Meister 1773/74 malte und das sich heute im Kunstmuseum Winterthur befindet. Auch hier ist diese Anlehnung gewiß sehr bewußt geschehen: Runge stellte seine Frau wahrscheinlich als Schwangere gleichsam als Teil eines eigenen Familienbildnisses dar. Ob er tatsächlich daran gedacht hat, später einmal sich selbst mit Frau und Sohn zu malen? Man möchte es vermuten.

Auffällig ist jedenfalls die Nähe dieses »Bildnisses Pauline im weißen Kleid« zur Vorstudie seines Gemäldes »Wir Drei« (Abb. 32), das etwa gleichzeitig entstanden ist. Hier wie dort ist Pauline mädchenhaft-gelöst wiedergegeben, besonders die beiden Gesichter auf Bildnis und Zeichnung haben den gleichen freundlich-offenen Ausdruck. Das Gemälde »Wir Drei« (Abb. 33) steigert dann die Pauline-Gestalt, macht sie gleichsam erwachsen und ordnet sie so den beiden Brüdern als gleichberechtigt zu.

In den folgenden Jahren hat Runge seine Frau noch zweimal gemalt und damit zum Ausdruck gebracht, wie viel ihm das gemeinsame Leben mit Pauline bis zu seinem Tod bedeutet hat (vgl. Farbtafel 9, 11).

Ludwig Tieck

Lebensgang: »Und gleichergestalt übte der Gedankenaustausch mit Tieck jetzt wechselseitig auf beide Freunde einen mächtigen Einfluß, denn in dem Maße, wie die mehrere Erfahrenheit und große Innigkeit in den geistigen Ansichten des Freundes ein Licht nach dem andern in Runge aufblinken ließ, das für seine innere Bewegung leitend wurde, wirkte auch die unerschütterliche Festigkeit des Gemütsglaubens bei dem letzteren kräftigend auf die Seelenrichtungen des Dichters, und so mußten wohl beide für einander immer anziehender und sich gegenseitig sehr wert werden.« (HS II, 460)

Daniel hat in seinem liebenswerten, etwas verschrobenen Stil nicht übertrieben. Nächst der Liebe zu Pauline Bassenge ist die Freundschaft mit dem Dichter Ludwig Tieck für Runge das entscheidende Ereignis der Dresdner Jahre gewesen.

Der Dichter befand sich in den Jahren nach 1800 in einer Phase der Unstetigkeit. Unruhig reiste er umher. 1801 bis 1802 lebte er mit seiner Frau, die er 1798 geheiratet hatte, in Dresden, dann auf dem Gut eines Freundes in Ziebingen bei Frankfurt an der Oder, wo ihn Runge besucht hat. 1803 war Tieck in Berlin, das Jahr 1804 verbrachte er zum größten Teil in München und Rom, dann war er in der Schweiz, endlich, seit 1806 wieder für mehr als ein Jahrzehnt in Ziebingen. Erst 1819 begann mit der Übersiedelung nach Dresden ein beruhigter und äußerlich geordneter Lebensabschnitt.

Diese Unruhe Tiecks hatte mehrere Gründe. Der erste war ein ganz persönlicher: die unglückliche Ehe mit der Hamburger Pastorentochter Alberti. Während seines ersten Aufenthaltes in Ziebingen lernte er Henriette von Finckenstein kennen; die Liebe zu dieser Frau verschärfte seine familiären Konflikte. Als Dichter hatte Tieck mit seinem Roman *Franz Sternbalds Wan-*

derungen (1798) das Modebuch der romantischen Bewegung geschrieben. Der Erfolg seines Dramas *Genoveva* (1800) reichte nicht an den *Sternbald* heran. Sein nächstes großes Werk erschien 1804, das Drama *Octavian,* das einen Höhepunkt seines dramatischen Schaffens und der romantischen Bühnendichtung überhaupt darstellt. Im *Octavian* werden, wie in der in demselben Jahr erschienenen Märchenerzählung *Der Runenberg,* die Tieck 1802 geschrieben hat, die romantischen Motive ins Grelle, Kontrastreiche gesteigert. Die literarische Romantik trat in ihre fruchtbarste und reifste Epoche ein, die etwa das Jahrzehnt von 1800 bis 1810 umfaßt hat. Tieck befand sich also in einer hochgespannten Stimmung. Überdies widmete er sich nach seiner *Don Quixote*-Übersetzung (erschienen 1799–1801) dem Studium der Literatur des deutschen Mittelalters. 1803 gab er die *Minnelieder aus dem schwäbischen Zeitalter* heraus, zu denen Runge die fünf heiteren Vignetten geschaffen hat. Er hat in Ziebingen im März 1803 Runge und seinem dortigen Kreis auch das *Nibelungenlied* vorgelesen und plante eine Edition dieses Heldenliedes.

Ein anderer triftiger Grund für die Unruhe des Dichters lag in der Zeit. Napoleons Stern stand über diesen Jahren. Die europäischen Staaten, das zerstückelte Deutschland wurden unter immer stärkere Drohungen gestellt, die sich 1806 in Jena und Auerstedt mit dem Sieg Napoleons über Preußen wie ein Blitz entluden. Tiecks kritischen, hellwachen Geist mußte das stärker umtreiben als andere. Gerade im Gegensatz zu Runge, der erst 1806 durch das unmittelbare Erlebnis des Einmarsches der Franzosen in Preußen und Pommern von den Zeitereignissen ergriffen wurde, hat Tieck die politischen Veränderungen bewußt erlebt. In beiden aber war die Überzeugung fest verwurzelt, das Ende einer Epoche und den Beginn einer anderen Zeit mitzuerleben.

Tieck, der heute fast Vergessene, gehörte zu den geistreichsten, vielseitigsten und lebhaftesten Köpfen der romantischen Bewegung in Deutschland. Er war zu seiner Zeit eine in Europa geachtete literarische Potenz. Seine Fähigkeiten, Vergessenes aufzuspüren, Anregungen zu geben, seine Übersetzungen der europäischen Weltliteratur ins Deutsche (Shakespeare!), nicht zuletzt seine Lesungen, die jahrzehntelang die Intellektuellen aus Adel und Bürgertum zu seinen Füßen versammelten, geben ihm den Rang eines der genialsten Vermittler und Beweger der deutschen Geistesgeschichte. Runge konnte niemanden aus dem Kreis der Romantik treffen, der besser in der Lage gewesen wäre, ihm die romantische Philosophie und Dichtung bekannt zu machen. Alles, was Runge nicht im Kreis der Hamburger Freunde gelernt hatte, konnte er in der Nähe Tiecks leicht in dem ihm eigenen Medium, im Gespräch, erfahren. Hinzu kamen Tiecks unerschöpfliche persönliche Verbindungen.

Es ist selbstverständlich, daß Tieck bei dieser Beziehung ebenfalls gewonnen hat. Gerade in den Jahren des vertrauteren Umgangs mit Runge war der Dichter stark vom Katholizismus berührt. In Glaubensdingen, in der Sicherheit seiner Anschauungen, in der Wahrhaftigkeit seines Denkens und Tuns gab Runge ein Beispiel, das auf Tieck tief gewirkt haben muß. Runges bohrendes, unablässiges Fragen, seine existenzielle Suche nach Antwort hatte sicherlich auf den blitzenden, raschen Geist des Dichters klärenden und kräftigenden Einfluß.

Runge lernte Tieck im November 1801 kennen, als sich seine Anschauungen schon in ihren Hauptlinien abgezeichnet hatten. Der Brief (6. Oktober) mit der Absage an die akademische Lehrmethode und an den Klassizismus war geschrieben, in dem sich auch schon das Grundgefühl des Malers ausgesprochen hat, in einer Endzeit zur Begründung der wahren Kunst berufen zu sein: »Es kommt in dieser Zeit mehr wie seit Jahrhunderten zur Sprache, daß die wahre Kunst das einzige sei, was gesucht werden sollte ...« (HS II, 87) Damit hängt ein starkes Sendungsbewußtsein zusammen, dessen sich Runge ebenfalls zu diesem Zeitpunkt ganz bewußt ist: »Sollte es nun nicht ein würdiges Bestreben sein, nicht allein für sich zu erlangen, sicher zu ergründen, was die erste unerläßliche Bedingung sei, von welcher ein Kunstwerk ausgehen müsse, sondern es auch der Mitwelt, nicht bloß durch Raisonnement [durch kritische Beurteilung], sondern auch durch die Tat selbst klar und deutlich vor Augen legen zu können? Es kann keine Frage sein, ob dieser

Plan (der keine Grenzen hat) groß und würdig genug wäre. Wie er auszuführen, wie ich glaube, daß es erreichbar wäre, der jetzigen verkehrt laufenden Flut sich wie ein Damm entgegen zu setzen, ohne zu unterliegen, das hört jetzt ...« (HS II, 88) Runge ist sich seiner Verpflichtung schon bewußt. Seit diesen Sätzen ist er bis zu seinem Tode davon überzeugt gewesen, mit seinem theoretischen, mit seinem gemalten und gezeichneten Werk einen Damm der »jetzigen verkehrt laufenden Flut entgegen zu setzen«.

Im Gespräch mit Tieck ging es Runge um Vertiefung und Absicherung seiner Ansichten. Vor allem hatte er jetzt eine Instanz gewonnen, die seine Werke nicht nur vom eingegrenzten Horizont eines Malerkollegen aus beurteilen, sondern von einem umfassenden, geistigen und wissenden Standort aus das Ausgreifende der Bildwerke ermessen konnte. So zeigte der Maler schon am Beginn der Bekanntschaft dem Dichter den »Triumph des Amor« (Abb. 21) und erläuterte ihm die »poetischen Gedanken« des Zeichnungsentwurfs, worauf Tieck »ganz gerührt ward und eine Stunde davor sitzen blieb« (HS II, 100).

Am 18. Dezember 1802, nach einem Jahr Freundschaft mit dem Dichter, kann Runge wie selbstverständlich schreiben: »durch unsern Zusammenhang ist er [Tieck] zu meiner großen Freude weit ruhiger und entschlossener in sich geworden, keine Kunst ergründen und begreifen zu lernen, die nicht in Gott und unsrer geoffenbarten Religion kann gegründet sein.« (HS II, 182) Sicherlich wurde die religiöse Einstellung im Verlauf der Zeit zu einem entscheidenden Punkt, der den beiden Freunden ihre Verschiedenheit bewußt machte. Tieck war religiös, aber jede Ausschließlichkeit war ihm fremd, dazu war er viel zu gebildet und viel zu interessiert an allem, wo er poetische Substanz vermutete. Runge dagegen ging bei allem, was er tat und dachte, von dem religiösen Grundgefühl von Geborgenheit und Erlösung aus. (Wichtig ist in diesem Zusammenhang Runges Brief vom 23. März 1803! – HS I, 36–38.) Tieck ging mit der Zeit, suchte sie in Querschnitten zu öffnen und durchsichtiger zu machen, Runge stand über den Zeitläufen, gleichsam von außen wirkte er in sie hinein, indem er immer den einen Punkt anvisierte: die

Auferstehung nach dem Tode. Dieser eschatologische Glaube leitete alle seine Überlegungen. Erst aus dieser Position heraus war es ihm ja möglich, seinen Zyklus der »Zeiten« als Symbol der immerwährenden Erlösungstat Gottes, die die ganze Schöpfung umfaßt, darzustellen. In diesem Sinne wird man auch die Briefsätze, die Runge schrieb, als er Tieck nach seiner Hochzeit im Mai 1804 in Berlin zum letztenmal sah, zu deuten haben: »Ich kann wohl sagen, daß ich noch nie so sehr mit ihm übereingestimmt habe, wie diesesmal, und dennoch habe ich jetzt eine Ahnung davon bekommen, worin wir eigentlich wesentlich verschieden sind.« (HS II, 497)

Im Zusammenhang mit einer Erwähnung Tiecks, den Runge gegen die Schwester in Schutz nimmt, schreibt er sein Glaubensbekenntnis: »Die Religion ist nicht die Kunst; die Religion ist die höchste Gabe Gottes, sie kann nur von der Kunst herrlicher und verständlicher ausgesprochen werden.« (3. September 1802; HS II, 148) – Tieck hätte diesen Satz so nicht unterschrieben, weil ihm diese Auslegung der Kunst zu eng und zu absolut gewesen wäre.

Höhepunkt der Übereinstimmung mit Tieck war der Besuch Runges in Ziebingen im Februar/März 1803, wo er fast vier Wochen lebte. Man diskutierte über die »Zeiten«, und beide beschlossen, gemeinsam über die vier Bilder »etwas zu schreiben« (was dann aber nicht geschehen ist). Zu diesem Zeitpunkt waren alle vier Darstellungen fertig entworfen, denn Runge beschrieb sie dem Bruder am 30. Januar 1803 (HS II, 198). Runge hat Tiecks Reaktion geschildert: »Wie ich in Ziebingen Tieck meine Zeichnungen zeigte, war er ganz bestürzt; er schwieg, stille, wohl eine Stunde, dann meinte er, es könne nie anders, nie deutlicher ausgesprochen werden, was er immer mit der neuen Kunst gemeint habe; es hatte ihn aus der Fassung gesetzt, daß das, was er sich doch nie als Gestalt gedacht, wovon er nur den Zusammenhang geahnt, jetzt als Gestalt ihn immer von dem ersten zum letzten herumriß; wie nicht eine Idee ausgesprochen, sondern der Zusammenhang der Mathematik, Musik, und Farben hier sichtbar in großen Blumen, Figuren und Linien hingeschrieben stehe. Ich kann es nicht so wieder sagen, wie es abgebrochen herauskam ...« (23. März 1803; HS I, 36) Auch für Tieck enthielten diese Tage unvergeßliche Stunden. Sein Brief vom 24. Februar 1804, der die Anrede »mein geliebter Freund« doch wohl nicht als romantische Floskel verwendet, zeigt, wie tief sich der Dichter in Runges Wesen eingefühlt hatte und wie fest der Eindruck der vier »Zeiten«-Darstellungen in ihm wurzelte: »Dabei müssen Sie auch nie vergessen, daß Ihr Bestreben durchaus neu ist, daß dieses Streben ein neuer Fortschritt der Kunst ist: alle echte Kunst, sei sie welche sie wolle, ist nur Armierung unseres Geistes, ein Fernrohr unserer innern Sinne, durch welches wir neue Sterne am Firmament unseres Gemütes entdecken wollen: das geheimste Wunder in uns, welches wir nicht aussprechen, nicht denken und nicht fühlen können, diese innerste Liebe sucht ja eben in wehmütiger liebender Ängstlichkeit und zitterndem Entzücken nach den magisch-symbolischen Zeichen der Kunst, stellt sie anders und will sie neu gebrauchen; darum können wir das nicht nennen, was uns antreibt, so oder so zu verfahren, wenn wir wahrhaft etwas Neues wollen, wir sollen es auch nicht, denn der Tiefsinn verleitet uns leicht dahin, daß wir uns selber mißverstehen ...« (HS II, 263)

Diese klugen Bemerkungen Tiecks, mit denen er eine Warnung an Runge einkleidet, seine Bildwerke, vor allem die »Zeiten« nicht ständig selbst anderen erläutern zu wollen, weil das im Grunde nur deren Mißverständlichkeit begünstige, gehörte eigentlich als Motto über jedes Buch, das sich mit Runge beschäftigt.

Tieck hat die Konstruktionszeichnungen (vgl. Abb. 35 und 36), die die Ausführung der vier »Zeiten« im Herbst 1803 vorbereiteten, wohl nicht gekannt. Dennoch mag es kein Zufall sein, daß die Literaturwissenschaft nicht nur den inneren Zusammenhang der Tieckschen Dichtungen und ihrer Motive miteinander als charakteristisch für diese bezeichnet, nicht nur die zyklische Schaffensweise Tiecks gerade nach 1804 festgestellt hat – z. B. im Märchenspiel *Fortunat* (1815), das Tieck, wie er 1817 schreibt, »seit 1800 im Kopfe« hatte –, sondern auch bestimmte Maßverhältnisse in seinen Werken erkannte, so im

1840 in Dresden vollendeten Roman *Vittoria Accorombona,* der nach mathematischen Zahlenverhältnissen angelegt ist, Tiecks letztem und reifstem Buch.

Die beiden Zeichnungen zu den Heymonskindern, die Runge 1804 gezeichnet hat, gingen gewiß nicht auf Tiecks *Geschichte von den Heymonskindern* zurück, die er 1796 geschrieben hatte und die August Wilhelm Schlegel eine »Heldenkomödie« genannt hat, sondern auf die Sage selbst. Aber vermutlich war die Wahl des Stoffes von Tieck angeregt und geschah in Erinnerung an den Freund (Abb. 34).

Am 29. März 1805 (HS I, 244) erläuterte Runge dem Dichter, der in Rom weilte, seine Zeichnung »Quelle und Dichter« (Abb. 27), als wolle er das frühere vertraute Gespräch wieder aufnehmen. 1807, im August, schrieb er ihm in einem dringlichen Ton über die Tageszeiten, die Farbenlehre und die Ossian-Zeichnungen, der erkennen läßt, wie sehr er den Freund der Dresdner Jahre als Gesprächs-Gegenüber vermißte: »Lieber Freund, mit großer Sehnsucht suche ich von Tage zu Tage immer mehr, mit Ihnen einmal wieder zusammen zu kommen ... Ich habe Ihnen sehr viel zu sagen und weiß den Anfang nicht zu finden ...« (HS II, 349)

Dann ruhte die Verbindung, wirkte in Runge jedoch weiter fort; im März 1809 findet sich in einem Brief an Henrik Steffens die Bemerkung: »... wie gerne sähe ich Tieck und Mehrere einmal ...« (HS I, 174) Tiecks Brief nach Runges Tod, am 5. Juni 1812 geschrieben und an den Bruder Daniel gerichtet, enthält einen Satz, der abschließend diese Freundschaft würdigt: »Wie teuer mir unser abgeschiedener Geliebter war, wissen Sie nur zum Teil, weil ich mich zu wenig in meiner Liebe zu meinen Freunden äußere.« (HS II, 437)

6 Die »Zeiten«

»Von mir möchte ich sagen, daß es mir von Kind auf unmöglich gewesen, äußerlich etwas zu lernen, wovon ich nicht innerlich wußte, deswegen hab' ich in der Schule nichts gelernt; ebenso auch: innerlich etwas zu ahnen und zu verstehen, was sich nicht äußerlich als Gestalt ausgesprochen hätte: in mir ist es erst ruhig, wenn ich die Gestalt meiner Ahnung äußerlich sehe; das ist dann etwas, das ich nicht tue, sondern wo ich nur das Instrument der Zeit bin.« (HS I, 38)

Ph. O. Runge, 23. März 1803

Die ersten Entwürfe

Die Beschäftigung mit den Arabesken im Rahmen der »Lehrstunde der Nachtigall« (Abb. 18) im Sommer des Jahres 1802 enthält den formalen Keim zu den »Zeiten«. Zuerst nur auf das Nachtigall-Gemälde bezogen, wurde der Arabeskenstil mit dem Rahmen für »Die Freuden des Weins« (Traeger Nr. 250), den Runge Anfang September 1802 zeichnete, zum Gestaltungsprinzip: »Noch habe ich die Entdeckung an mir gemacht, daß ich einen besondern Hang zur Arabeske habe ...« (6. September 1802; HS II, 152) Und zugleich mit dieser Eröffnung ist die Überlegung da, die Arabeske als Gestaltungsprinzip einer »Zimmerverzierung« einzusetzen, »so daß in einem so verzierten Zimmer eine gewisse Ruhe und Liebe herrschte? und kurz, ich kann mir fast nichts Schöneres denken, als einmal ein ganzes Haus so auszieren zu können.«

Von dieser Grundidee, durch Arabesken-Bilder im Zusammenhang mit der Architektur einen Raum zu schaffen, den man Erlebnis-Raum nennen kann, werden die kommenden acht Jahre bestimmt. Die Konsequenz, mit der Runge diesen Gedanken ergriffen und unbeirrt durchgesetzt hat, ist einzigartig insofern, als sich hier die legitime Monomanie des modernen Künstlers entdeckt. Runge hat das selbst erkannt und in einem bis heute uneingeschränkt gültigen Satz niedergeschrieben: »Es ist unmöglich, daß in einer Zeit, wo so wenig zu machen möglich ist, wie in unserer, und wo die Gewalt der Ideen so groß ist, es nicht ungleich größere Wirkung tun sollte, wenn wir ein Werk durch unser Leben durcharbeiteten, welches mit einer Klarheit und Fülle neue und befriedigende Ansichten über die Naturkräfte verbreitete, als wenn wir viele Bilder zu machen uns bestrebten, besonders nur, um die Praktik in unsere Gewalt zu bekommen.« (26. Juni 1807; HS I, 77)

Alles, was er seit diesem September 1802 geschaffen, steht verhüllt oder unverhüllt mit dieser Grundidee in Verbindung. Den Zusammenhang, den Runge immer forderte, stellte er selbst in Werk und Leben her.

Für den Beginn der »Zeiten«-Folge ist ein Brief von Bedeutung, der am 10. Oktober 1802 geschrieben wurde; Runge spricht da von seiner Liebe zu Pauline Bassenge: »... diese innere Glut ist dann wie der heiße Sommer in mir, in ihm setze ich mich an die Arbeit und mit ganzem festem Bewußtsein begreife und mache ich, was ich will, und wie es sein muß; dieses sind die Früchte, die dann im farbigen Herbste reifen und ich falle in den Frost des Winters zurück, bis wieder die tiefe Sehnsucht des Frühlings mich ergreift und jede Erinnerung und alle Blumen von neuem weckt. – Es dient zu nichts, daß man viel darüber spricht, wie man etwas machen kann; wer das Erste in sich und in der Welt versteht, der sagt das Zweite durch ein Hervorgebrachtes aus sich. –« (HS II, 156)

Der Künstler, dessen Imaginationskraft durch die Liebe wie ein Feuer entfacht ist, begreift sein Schaffen am Wechsel der Jahreszeiten als Teil der göttlichen Schöpfung. Wie die Zeiten des Jahres Werden, Ernte, Reife und Vergehen in gottgegebenem Kreislauf einander folgen lassen, so unterliegt auch des Künstlers schöpferisches Handeln einem Kreislauf von Blüte, Frucht, Reife und Leere. In dieser Briefstelle ist, wie ich meine, der Grundgedanke der »Zeiten« enthalten, der Mensch spiegelt sich in der Natur, die Natur im Menschen, und im Lauf des Tages, des Jahres, der Zeiten offenbart sich der göttliche Ordnungswille, der eine Erlösungszusage enthält: Nichts wird aus dieser Ordnung fallen. Die Idee zu den vier »Zeiten«-Bildern entspringt der Liebe, wie der »Triumph des Amor«, wie »Die Lehrstunde der Nachtigall«.

Runge begann die Arbeit an den »Zeiten« Ende Dezember des Jahres 1802. Am 13. Januar 1803 waren die vier Darstellungen entworfen, am 16. Januar waren zwei fertig. Am 30. Januar beschrieb er in seinem Brief die Zeichnungen »Morgen«, »Abend« und »Nacht«, am 22. Februar das vierte Blatt, den »Tag«. Damit war die erste Entstehungsphase abgeschlossen, in der vermutlich zwei verschiedene Versionen der Folge entstanden sind, dazu einige Einzelstudien (vgl. Traeger, Kat. Nr. 265–276).

Während der Arbeit an dieser ersten Gruppe von Zeichnungen hielt Runge an der Grundidee fest, die Arabesken-Entwürfe als Zimmerverzierungen zu verwenden, doch war es ihm klar, daß dieser Gedanke einer Modifizierung bedurfte. Die geschlossenen, voll allegorischer, hieroglyphischer Anspielungen und einander steigernder Bedeutungsverweise steckenden vier »Zeiten«-Bilder waren so nicht unmittelbar als Zimmerverzierungen für Bürgerwohnungen verwendbar. Sie konnten aber durchaus als Kernentwürfe dienen, aus denen sich Teile als Arabesken-Ornamente ausgliedern und weiterspinnen ließen. Runge hat das später ausgebeutet: Dem Sammler Dr. Schildener in Greifswald bot er an, er könne »einige Auszüge aus den größeren Kompositionen ... in größerem Format ausführen, wo ich denn die Charaktere besser gegeneinander zu stellen im Stande sein würde ... Ich würde Ihnen z. B. eine Gruppe herausziehen können, wo der gestirnte Himmel und der ruhige Mond durch eine Reihe von Gestalten ausgesprochen ist (in meiner Nacht), wo ich mir die Gradation oder Folge von Entfernung und Annäherung in der Gebärdung der Figuren ausgeführt immer sehr schön vorgestellt habe; ich würde es so schließen, daß es auch ein Bild für sich allein sein könnte.« (HS I, 195) – Das Gemälde »Der Tag« (Farbtafel 1), das aus der entsprechenden Radierung die Mittelgruppe herausgezogen hat, ist ein Beispiel für diese Art des Vorgehens: Die Mittelgruppe mit der Caritas-Mutter ist im Sinne der mittelalterlichen Tafelmalerei durch den Goldgrund gesteigert, ein »Bild für sich allein«, das in der Tat die Gruppe in ein anderes, ausschließlicheres Bedeutungsfeld hebt. Auch die Studien zu Gemälden und zu dem großen »Morgen« (Farbtafel 14, 15), die zumeist sorgfältig und bildmäßig durchgearbeitet sind, kann man sich durchaus als solche »Auszüge« vorstellen, die »für sich allein« bestehen können. Nicht nur Runges Arbeitsökonomie hat ihn zu diesen Teilstudien veranlaßt, sondern der Wille, ein Gemälde, zumal die »Zeiten«-Bilder, auch im Detail geradezu durchzuwalken, um die Essenz der Verhältnisse der Figuren untereinander, die »Gradation« ihrer Entsprechungen, die »Entfernung und Annäherung« der einzelnen Bildelemente ganz zu erfassen und möglichst durchschaubar zu machen. Das führt zu einem immer erneuten Innewerden des großen Zusammenhangs in der Gesamtkomposition.

Damit war auch das Vorhaben verbunden, nach Rückkehr in Hamburg – möglichst zusammen mit Hardorff – eine Art Werkstatt zu gründen: »Wenn ich nun die Sachen so komponierte, könnte ich andern braven Künstlern noch einen Dienst damit leisten, wenn sie sie [die Zimmerverzierungen] auszuführen bekämen, wenn es ihnen nur auf schickliche Weise untern Fuß gegeben würde; auch mit den Maler-Amtsmeistern läßt sich dergleichen schon machen.« (19. Dezember 1802; HS II, 187) Damit könnten er und andere Künstler und Malermeister in Hamburg ihr Brot verdienen.

Auch diesen Gedanken hat Runge bis zu seinem Lebensende nicht aufgegeben, vielmehr erweitert im Hinblick auf seine wandgroßen »Zeiten«-Bilder. Am 24. Januar 1810 schreibt er an den Freund Klinkowström: »Könnte ich es auf irgendeine Weise, die mir als Wunsch nur bekannt ist, dahin bringen, etwa 10 junge Leute von verschiedener Art ihre Studien zu betreiben anzuleiten! Ich glaube, daß sich sehr viel Schönes und Gutes hervorbringen ließe. Wenn man die verschiedenen Arbeiten in der Verzierungskunst an drei verschiedene Talente austeilte, und selbst erst die Idee hergegeben hätte, müßte man sehr viel schaffen können. Es gehört nach meiner Einsicht aber durchaus eine vereinigte praktische Arbeit dazu. Der erste Arbeiter müßte die Verhältnisse und Perspektive recht verstehen und eine geistvolle Ansicht davon haben; der zweite die Formen der Blumen und

Gestalten in ihrer freiesten Bewegung wie in ihrem ruhigsten Zustande studiert haben; der dritte die Verhältnisse der Farben und die Handhabung derselben recht verstehen. Nimm nun im Kleinen und im Großen immer diese Folge an: erst Architektur, dann Plastik, dann Malerei; was ließe sich, im Ganzen wie im Einzelnen angewandt, mit solchen Leuten machen, wenn man so junge Gemüter in eine Idee vereinigen könnte! Und warum sollte es nicht möglich sein, und was kann es anders heißen, daß Raffael fünfzig junge Leute für sich durch ganz Italien und Sizilien hat reisen lassen? Wenn ich nur wüßte, wie man diese Einsicht dem Publikum beibrächte! getan muß es werden, sonst geschieht nichts.« (HS I, 179 f.) – Runge hat hier eine Vorstellung der Nazarener vorweggenommen, die nach dem Vorbild Raffaels die Erneuerung der Kunst von der Fresko-Malerei an öffentlichen Bauten – Kirchen, Rathäusern – erwarteten, die wie die Bauhütten des Mittelalters und die Werkstätten der Renaissance unter dem Ingenium eines Meisters von Schülern und Werkstattgenossen ausgeführt werden sollten. Unter der Führung von Peter Cornelius malten die Lukasbrüder seit 1816 in Rom für den preußischen Gesandten ein Zimmer seiner Villa mit Wandbildern aus; 1819 begann dann Cornelius mit seinen Schülern die Arbeit an den Fresko-Darstellungen in der Münchner Glyptothek und hat damit für die Monumentalmalerei in Deutschland die Initialzündung gegeben.

Für Runge waren die »Zeiten«, die Wandmalerei, die Werkstatt und die Erneuerung der Kunst in einer verwirrten Zeit eng miteinander verbunden. Alles dies wuchs aus dem gleichen schöpferischen Willen, aus dem gleichen Lebensgefühl.

Die Radierungen

Unmittelbar an die erste Arbeitsphase der »Zeiten« schloß sich die zweite an, die zu den vier Radierungen geführt hat. Dieser zweite Abschnitt setzte damit ein, daß Runge im Format der

35 Der Morgen. Konstruktionszeichnung. 1803 ▷

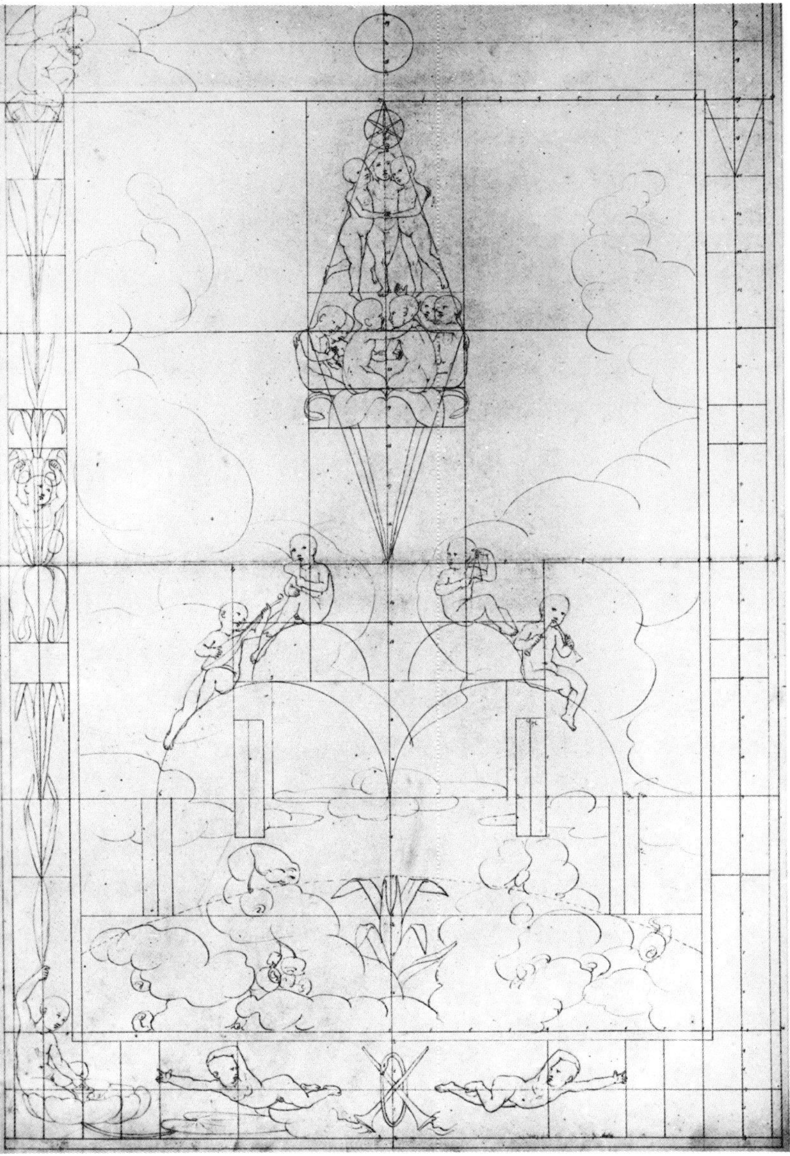

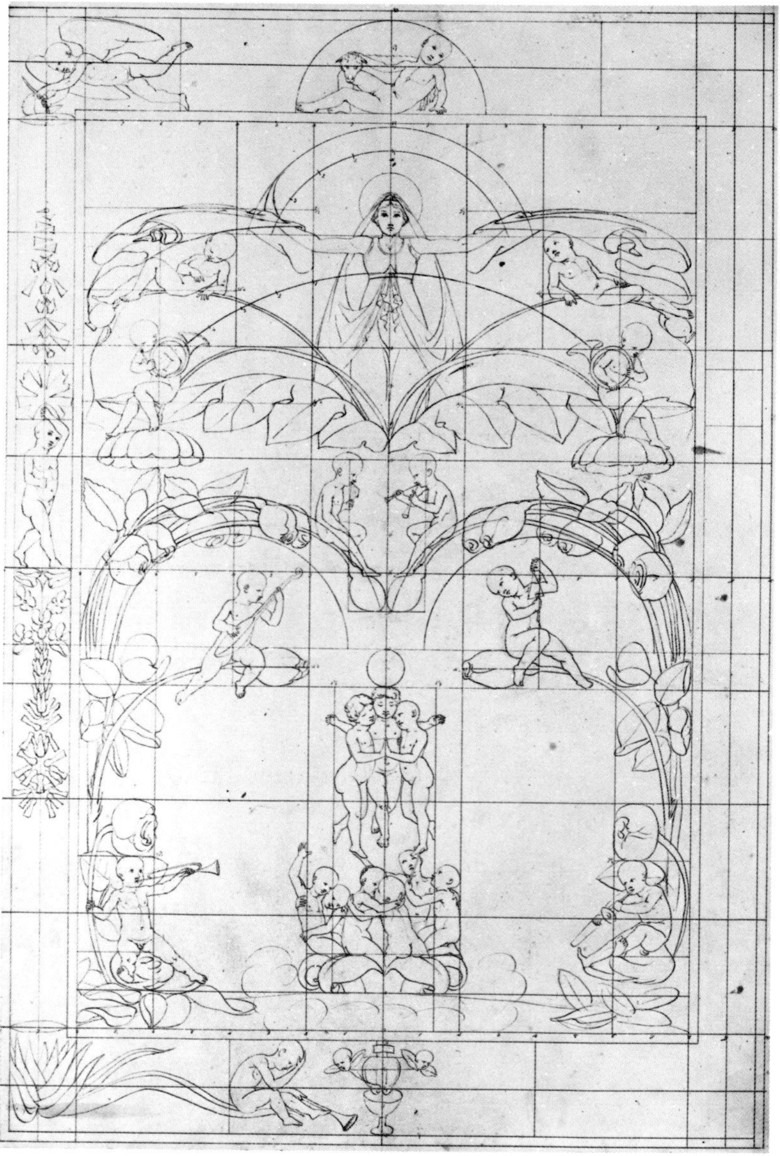

geplanten Drucke vier Konstruktionszeichnungen anfertigte. Die Arbeiten begannen nach der Verlobung mit Pauline, um den 20. April 1803; am 30. Juli waren sowohl die vorbereitenden »symmetrischen Einteilungen« als auch die vier Vorzeichnungen für die Radierungen (Abb. 37–40) gezeichnet.

Die Konstruktionszeichnungen (Abb. 35, 36) sind insofern interessant, als sie zeigen, daß Runge bei den »Zeiten«-Darstellungen von einer abstrakten, mathematischen Bildstruktur ausgegangen ist. Hier liegt gleichsam das Baugerüst vor. Im Grunde muß jede Deutung der »Zeiten« von diesem Gerüst ausgehen. Dennoch darf man diese Konstruktionen nicht überbewerten, denn sie enthalten ja noch nicht die eigentliche Gestalt. Runge selbst ist es im Nachhinein ein wenig unheimlich gewesen bei der Erkenntnis, daß er seine »Zeiten«-Folge auf so klare, symmetrische Maßverhältnisse gegründet hatte (die ja aber an mystische Maß-Magie erinnern): »Ich bin diese Zeit recht altvernünftig und überlegt, es ängstet mich ordentlich, daß ich so einen klaren Überblick machen kann über manches, und das denn auch so geht, und daß ich so verständig meine Zeichnungen mit Zirkel und Lineal betrachten und ausmessen kann, – es wird aber auch schon vorübergehen.« (25. September 1803; HS II, 242)

Sollte das Universum so leicht durchschaubar zu machen sein? Sollte sich der innere Zusammenhang aller Dinge der Natur, der Menschen und des Glaubens so einfach nachrechnen lassen? Runge wird es »ängstlich« zumute: Ist er hier zu weit gegangen oder in ein rationalistisches Muster zurückgefallen? Wenn man die Konstruktionen mit den Vorzeichnungen zu den Radierungen vergleicht, merkt man, wie das abstrakte System ins Organische, Lebendige zurückübersetzt wird; das teilen selbst noch die Drucke mit.

Aber immer wieder hat er Teile eines Bildes oder das Bildganze selbst konstruktiv durchmessen, um alle Verhältnisse auf einen zwingenden Modus zu bringen. Die Studien »Kresse« (Abb. 41) und die »Kornblume« (Abb. 42) sind Beispiele, die in weiterer Beziehung zum großen Bild des »Morgen« (Farb-

◁ 36 Der Abend. Konstruktionszeichnung. 1803

tafel 14) stehen. Sie zeigen, wie Runge es versteht, die Pflanze nicht in ein Koordinatensystem geometrischer Maßverhältnisse einzuzwängen, sondern diese geometrischen Figuren aus der organischen Form der Pflanzen zu gewinnen, indem er sie gleichsam herausdestilliert.

Die Radierungen, die in einer kleinen Auflage von 25 Abzügen je Platte nach vielen Schwierigkeiten mit den langsam arbeitenden Technikern endlich im Mai 1805 gedruckt waren, haben Runges Schaffen in Deutschland bekannt gemacht. Offenbar war die Nachfrage so groß, daß Daniel und Philipp Otto Runge zusammen mit Perthes in dessen Verlag 1807 eine zweite Auflage von vermutlich je 250 Exemplaren drucken ließen. Jetzt erschienen auch Kommentare. Weiteste Beachtung fanden die Erläuterungen von Josef Görres, die 1808 in den Heidelbergischen Jahrbüchern erschienen. Görres gibt hier eine Begriffsbestimmung: Er nennt den Arabeskenstil der »Zeiten« »Hieroglyphik der Kunst, plastische Symbolik!« (HS II, 523).

An Erläuterungen und Spekulationen war von Anfang an kein Mangel; die »Zeiten«-Bilder fordern sie geradezu heraus, und es ist kein Zweifel, daß Runge dies gewollt hat.

Einige allgemeine Hinweise möchten das Verständnis erleichtern: Die vier Darstellungen (Abb. 37–40) gliedern sich jeweils in Hauptbild und Rahmen. Im Hauptbild wird das Thema in einer allgemeinen Hieroglyphe gestaltet; im »Morgen« ist es die Lilie, die aus Nebelwolken über der Krümmung der Erdkugel aufsteigt; im »Tag« ist es die Caritas-Figur, die Mutter Erde mit ihren Kindern, eine Madonna in muschelförmiger Kornlaube, die über der lebenspendenden Quelle thront; im »Abend« versinkt die Lilienblüte unten in den Wolken hinter der Erdkrümmung, die Venusgestalt breitet die Arme und ihren Sternenmantel aus, sie sinkt mit den Rosen herab, bis zu den Knien in einer Mohnpflanze stehend, die ihre Blätter, Blüten und Früchte nach beiden Seiten ausbreitet; in der »Nacht« steht die Sonnenblume in der Mitte, darüber wachsen die Nachtblumen auf, Jasmin, Flieder, Nachtviolen, Eisenhut, auch Blumen

37 Die vier Zeiten: Der Morgen ▷

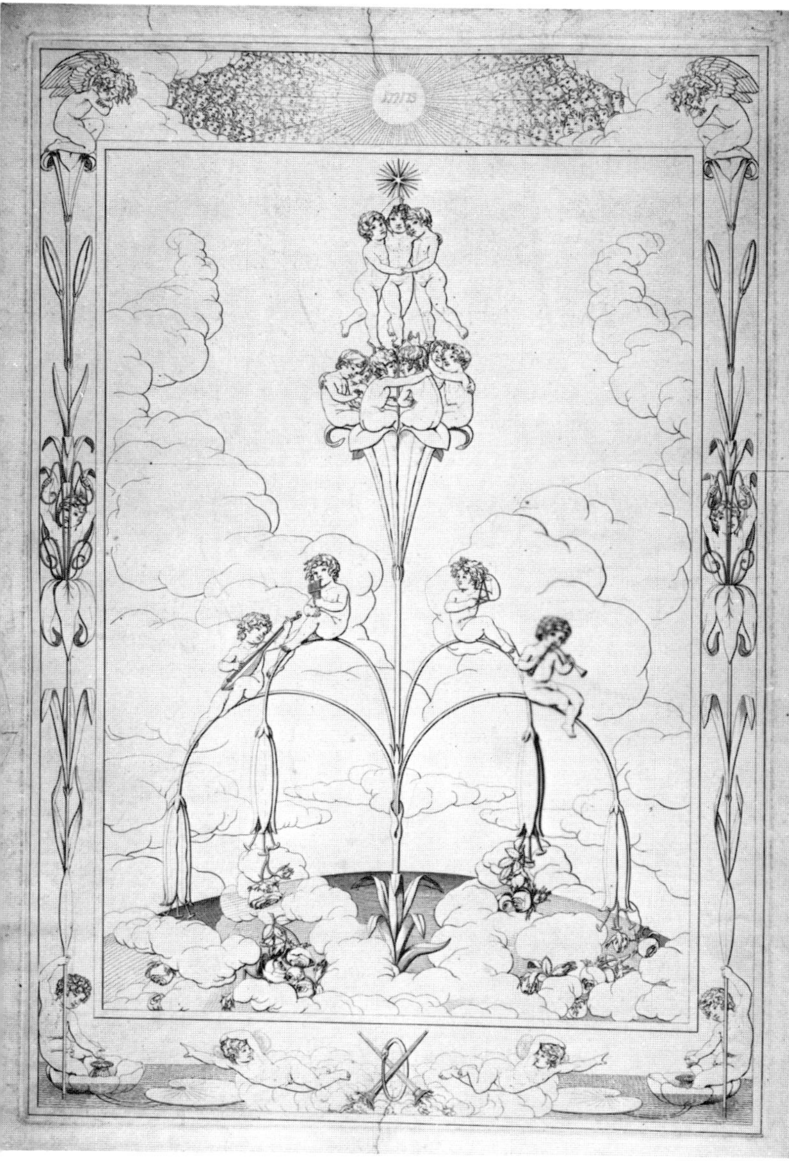

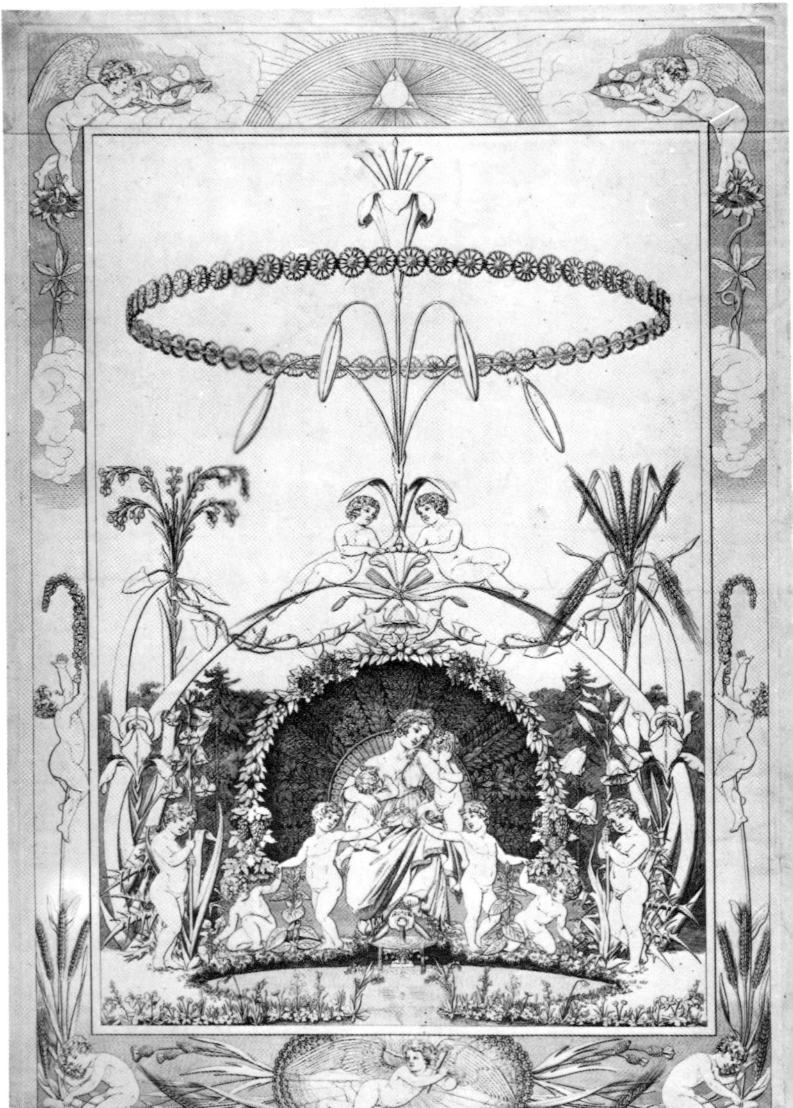

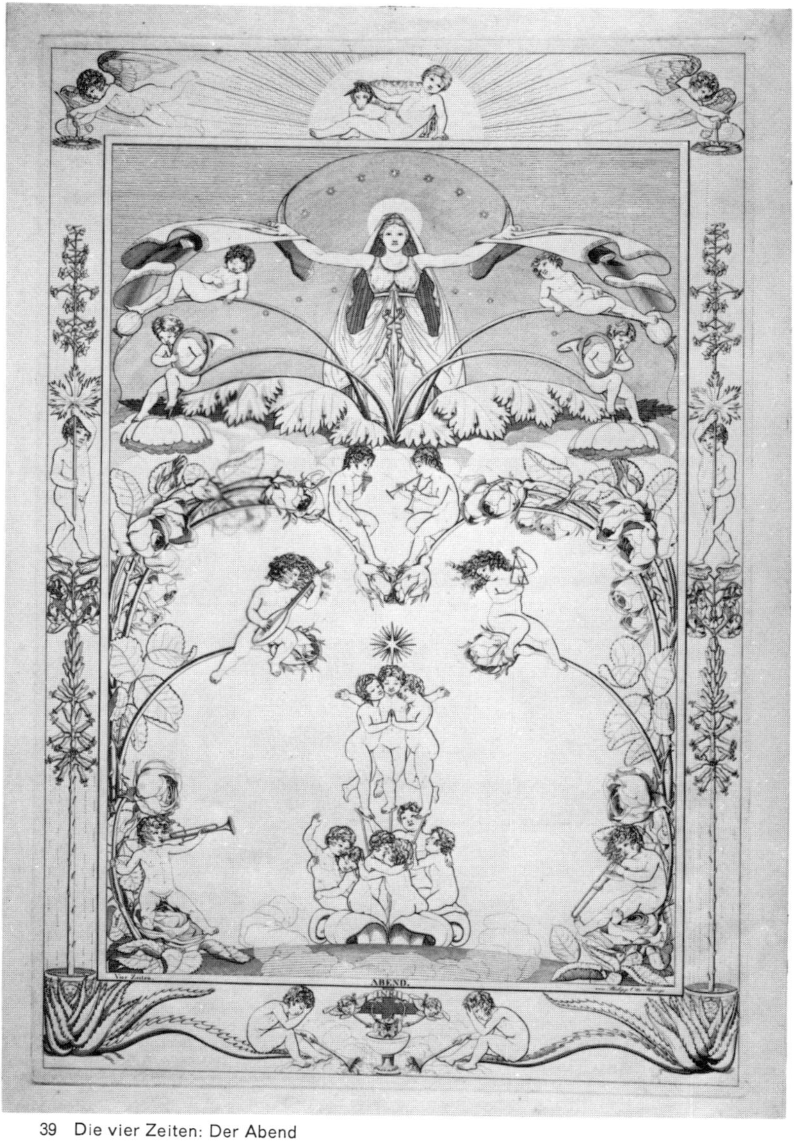

39 Die vier Zeiten: Der Abend

◁ 38 Die vier Zeiten: Der Tag

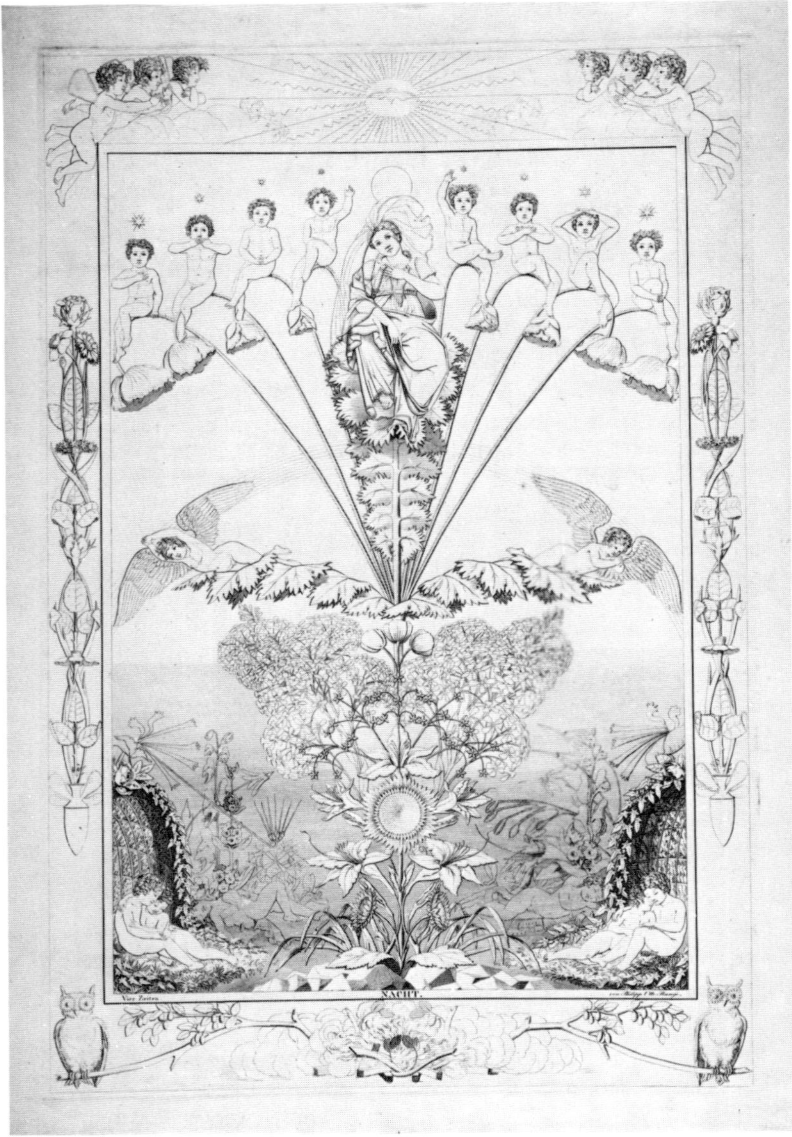

40 Die vier Zeiten: Die Nacht

der Träume und Halluzinationen wie Fingerhut, Aloe, sonderbare Blumen wie Storchenschnabel und Distel, in der Mitte aber sitzt – in einem Fächer von Mohnblüten auf langen Stengeln – die Gestalt der Nacht als Symbol des Todes, wie ein richtender Christus auf dem Regenbogen.

Die Rahmen interpretieren das Hauptbild christlich: Im »Morgen« ist die Entstehung der männlichen und weiblichen Seele dargestellt und ihr Aufstieg zur Herrlichkeit Gottes, vor dem sie in Anbetung verharren; im »Tag« wird auf die Vertreibung des Menschenpaares durch den Engel mit dem Schwert Bezug genommen, das Menschenpaar muß »im Schweiße seines Angesichts« seinen Lebensunterhalt erarbeiten, aus eigenen Kräften kann es nicht zu Gott gelangen, nur die Gnade Gottes und der Erlösungstod Christi (die beiden Engel auf den Passionsblumen, die nach den Rosenknospen greifen, die aus dem Symbol der Trinität wachsen) führen sie zu Gott; im »Abend« ist die Passion des Gottessohnes allegorisiert und die Eucharistie, die Danksagung im Abendmahl der Gläubigen, die Kinder mit den Ritterspornpflanzen, die wie Feldzeichen getragen werden, symbolisieren Streiter des Glaubens, die die Gnade Gottes – die Engel mit den Sonnenblumenblüten – beschirmt, in der Mitte das Kind mit dem Lamm, die menschliche Seele, die sich am agnus dei, am Opfertod Christi, festhält; im Rahmen der »Nacht« brennt unten das Feuer, die Eulen sind Todessymbole, Urnen mit Blumengewinden schweben links und rechts empor, oben erscheint die Taube als eschatologisches Symbol, Zeichen für die Wiederkunft Christi, auf jeder Seite beten drei Seelenfiguren die Taube in der Strahlenglorie an.

Schon indem man die Darstellungen beschreibt, interpretiert man sie. Runge hat den Inhalt seiner Darstellungen im August 1807 so zusammengefaßt:

»Der Morgen ist die grenzenlose Erleuchtung des Universums.

Der Tag ist die grenzenlose Gestaltung der Kreatur, die das Universum erfüllt.

Der Abend ist die grenzenlose Vernichtung der Existenz in den Ursprung des Universums.

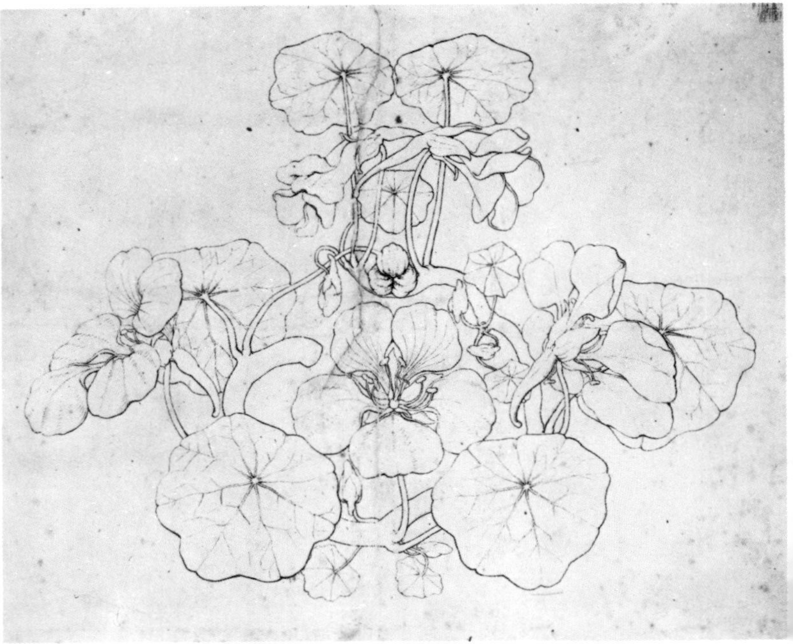

41 Kresse. 1808

Die Nacht ist die grenzenlose Tiefe der Erkenntnis von der unvertilgten Existenz in Gott.« (HS I, 82)

Daniel Runge hat versucht, diese vier Sätze durch Anmerkungen in ihrem Sinngehalt verständlicher zu machen, und damit nur gezeigt, wie hermetisch sie sind, rational nicht völlig zu begreifen. Dies, glaube ich, muß man festhalten: Bis zum letzten Rest erklärbar sind diese vier Darstellungen nicht, sie versammeln in vier ikonenartigen Zeichen eine Lebensdeutung aus der Sicht des christlichen Glaubens. Ich verweise auf das Kapitel *Schwierigkeiten*: Wenn man nicht bereit ist, diese Zeichen auf sich wirken zu lassen, indem man sie als Ganzes im Schauen wahrnimmt, wird man sich eher an ihnen ärgern als von ihnen berührt sein.

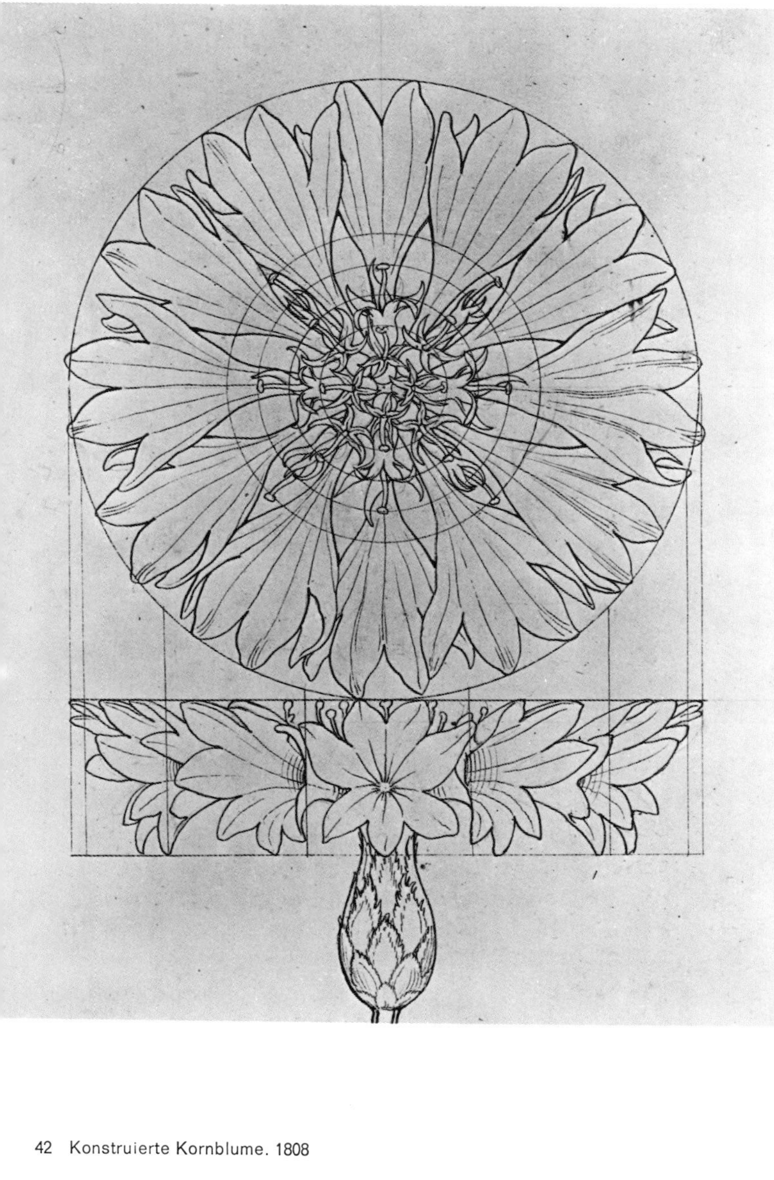

42 Konstruierte Kornblume. 1808

Halten wir fest: Runge hat in den »Zeiten« seine Anschauung vom Zusammenhang aller Erscheinungen der belebten und unbelebten Natur mit dem Kosmos dargestellt, dessen Grenzen in Gott, dem Schöpfer, in Gott, dem Erlöser, und in Gott, dem wiederkehrenden Richter, zusammenfallen. Die Kinder sind einerseits die Seelen der Blumen und Pflanzen, andererseits die allegorischen Zeichen für die Menschen, beide fast untrennbar verbunden, wie denn auch der Mensch, indem er der Natur Namen gibt, diese erst zu sich selbst führt und ihr Dasein erkennbar macht. Runge will in seinen »Zeiten« und in seiner Kunst überhaupt »in der lebendigen Erscheinung der wandelvollen Zeit die Gestaltung seines individuellen Lebens erschauen« (HS II, 186). Diese seine Kunst soll »die Spur und den Keim der Zukunft« enthalten, sie ist nicht rückwärts gewandt, sondern weist in die Zukunft. Obgleich also in Runges »Zeiten« ikonographische Bezüge und Allegorien von der Antike bis zum Klassizismus verarbeitet sind, ergibt nicht nur die eigenwillige Verwendung dieser ikonographischen Traditionen ein Neues, sondern es wird das ganze Bezugssystem des Bildes überhaupt neu erfunden: »Ich kann es nämlich nicht ertragen, daß ich einzelne Einfälle aufzeichne, ohne daß sich unwillkürlich ein Ganzes bilde« – dieser Satz steht in dem Brief, den Runge an den Dichter Achim von Arnim am 31. Mai 1808 schrieb (HS II, 186).

Das neue Landschaftsbild

In den »Zeiten« hat Runge auch eine Forderung verwirklicht, die er noch vor der Arbeit an den vier Bildern im November 1802 erhoben hat, die Forderung nach einer neuen Landschaftsmalerei. Den Grundgedanken spricht er am 7. November deutlich aus: »Wie selbst die Philosophen dahin kommen, daß man alles nur aus sich heraus imaginiert, so sehen wir oder sollen wir sehen in jeder Blume den lebendigen Geist, den der Mensch hineinlegt, und dadurch wird die Landschaft entstehen, denn alle Tiere und die Blumen sind nur halb da, sobald der Mensch nicht das Beste dabei tut; so dringt der Mensch seine eignen Gefühle den Gegenständen um sich her auf, und dadurch erlangt Alles Bedeutung und Sprache.« (HS I, 16) Ausgehend von der biblischen Schöpfungsgeschichte, sieht Runge die Beseelung der Natur als menschlichen Schöpfungsakt. An Ludwig Tieck, der an dieser Anschauung einen erheblichen Anteil hat, schrieb er vier Wochen später: »Die Landschaft bestände nun natürlich in dem umgekehrten Satze, daß die Menschen in allen Blumen und Gewächsen, und in allen Naturerscheinungen, sich und ihre Eigenschaften und Leidenschaften sähen; es wird mir bei allen Blumen und Bäumen vorzüglich deutlich und immer gewisser, wie in jedem ein gewisser menschlicher Geist und Begriff oder Empfindung steckt und es mir so klar, daß das noch vom Paradiese her sein muß; es ist grade so das reinste, was noch in der Welt ist, und worin wir Gott, oder sein Abbild – nämlich das, was Gott zu der Zeit, da er die Menschen schuf, Mensch geheißen hat – erkennen können.« (HS I, 24) Die Natur offenbart Gott und sein Geschöpf, den Menschen, vor dem Sündenfall. Indem wir die Natur beseelen, machen wir uns auf, zum Ursprung, zum paradiesischen Zustand der Reinheit zurückzukehren.

Diese Landschaftsdarstellung steht am Ende der Religionen. Nach Michelangelo und Raffael ist keine Historienmalerei, keine erzählende Darstellung von Glaubensinhalten, geschichtlichen oder mythologischen Ereignissen mehr möglich, die in der katholischen Religion oder in der Antike wurzelten. Der »Geist« des Protestantismus »ist abstrakter, aber um nichts weniger innig gewesen, es wollen sich die Leute [in der Gegenwart] nur an einen Gott halten; geht aber der ihnen verloren, dann ist doch wohl kein ander Mittel, als daß nur der jüngste Tag kommt.« (HS I, 15)

Am Ende der Religionen, im Umbruch der Zeiten kann – nach Runge – Kunst nur noch auf einem Weg geschehen, »und dieser liegt auch schon ziemlich klar da, und vielleicht käme bald die Zeit, wo eine recht schöne Kunst wieder erstehen könnte, d a s i s t i n d e r L a n d s c h a f t«. (HS I, 15) Die »empfundene Komposition« (Traeger) setzte Runge an die Stelle der erfundenen.

Runge geht abstrakter und konsequenter vor als Caspar David Friedrich. Er benutzt nicht das Abbild der wirklichen Landschaft, um es mit einem neuen Symbolgehalt zu erfüllen. Runge will nicht Berge, Hügel, Flüsse, Meeresstrände oder Sonnenuntergänge malen, sondern die elementaren Naturkräfte und ihre Analogien zum Menschen. Runge und Friedrich gingen von einem gemeinsamen Grundgefühl aus, von ähnlichen Überlegungen, ihre Mittel aber sind verschieden.

Wie sich Runge diese neue Landschaftsmalerei, die man vielleicht besser »Naturmalerei« nennen könnte, vorgestellt hat, das hat er in seinen Gemälden – vor allem in »Mutter an der Quelle« (Abb. 24) und in seinen »Zeiten«-Bildern und -Studien gezeigt (Abb. 37–44). Den schöpferischen Vorgang, in dem die Landschaft in Figuren – in die alterslosen, neutralen, reinen Figuren der Kinder – überführt wird, mag eine Briefstelle verdeutlichen: »Es kommen mir bisweilen Stunden, wo mir ist, als sähe ich die Welt sich in ihre Elemente zerteilen, als ob Land und Wasser und Blumen, Wolken, Mond und Felsen Gespräche führten, als sähe ich diese Gestalten lebendig vor mir, und es ist, als wenn ich halb wahnsinnig wäre, aber ich halte geduldig aus, und dann, wenn ich wieder im Freien bin, verstehe ich alles besser. – Es ist dünkt mich, auch gewiß, daß sich gute Geister ordentlich unser annehmen, sonst wäre es auch nicht möglich, das zu übersehen und zu begreifen, was doch so sichtbar und zusammenhangend von Anbeginn sich mir vor Augen stellt.« (18. Dezember 1802; HS II, 182) Die Zeichnung »Lichtlilie« (Abb. 43) und die der »Musika-Engel« (Abb. 44) halten gleichsam diesen Augenblick fest, da sich »diese Gestalten lebendig« aus den »Blumen, Wolken, Mond und Felsen« herauslösen, um miteinander Gespräche zu führen.

Runges Landschaftsbegriff zielte darauf, eine neue Kunst zu begründen, nicht das Fach Landschaftsmalerei zu erneuern. »Landschaft« war gleichsam nur das in die Wirklichkeit der Natur hineinragende sichtbare Feld einer umfassenden Kunstkonzeption, die sich auf die Religion gründete, als gedankliches Mittel die Allegorie, als formales die Arabeske verwandte. Diese neue Kunst kann nur aus einer Quelle entspringen: »Kommt uns aber die Ahnung unseres Zusammenhanges mit dem Universum in unsre Seele durch die heilige Begeisterung von Gott, die wir erfahren, und wird in dieser Seligkeit das lebendige Kind durch unsre persönliche Kraft geboren, so ist in demselben Augenblick die Anbringung der Figuren da.« (HS II, 257)

Wichtig für die Wirkung der »Zeiten« auf den Betrachter ist die bildmäßige Größe der Radierungen (Abb. 37–38); keine Abbildung kann sie vermitteln. Steht man aber vor den Blättern, so haben sie eine eigene Anschauungsmacht, die nicht nur in der gitterartigen, ausgespannten Linienzeichnung beruht, sondern auch in ihrem zyklischen Beieinander, welches jede Einzelinterpretation einer Darstellung verbietet, alle vier Bilder vielmehr zu einem Ganzen zusammenschließt, das man in der Tat vollkommen erst in einem Rotundenraum erleben könnte, indem das Schlußblatt wieder auf den »Morgen« verwiese. Diese Beobachtung gründet sich auf Runge selbst: »Meine vier Bilder, das ganz Große daran und was daraus entstehen kann: kurz, wenn sich das erst entwickelt, es wird eine abstrakte malerische phantastisch-musikalische Dichtung mit Chören, eine Komposition für alle drei Künste zusammen, wofür die Baukunst ein ganz eignes Gebäude aufführen – sollte.« (HS II, 202) Runge selbst hat dieses zyklische Prinzip 1806 von einem ganz persönlichen Standpunkt aus erläutert: »Mir geht es mit mir selbst so: wenn ich mit Sehnsucht an mich denke, d. h. daran, was ich will, so ist es eben auch die Sehnsucht nach dem Frühling. Möchte es wahr sein, daß Sie mich unter dem Frühling zu sehen begehren, und möchte ich einst lebendig und ewig sein können in allen Jahreszeiten und nicht darin erliegen! Mir rauscht das Jahr in seinen vier Abwechselungen: b l ü h e n d , e r z e u g e n d , g e b ä r e n d und v e r n i c h t e n d , wie die Tageszeiten so beständig durch den Sinn, daß meine einzige Sehnsucht nach diesem ewig fortwährenden Wunder sich eben so immer von neuem erzeugt, und nach Künstlerweise sollte dann das letzte immer der Frühling sein, die blühende Zeit, welche gerettet aus der vernichtenden hervorgegangen, und irdischer Weise wieder andre Zeiten erzeugt, – aber leider stehen wir mit der jetzigen

Weltzeit im Herbst, auf welcher die Vernichtung folgt; selig der, welcher daraus auferstehen wird!« (HS II, 202)

Dies schrieb Runge in dem Brief, der Dr. Schildener die vier »Zeiten« ankündigte. Alles ist hier zusammengefaßt: Die »Zeiten« sind letztlich Schöpfungen, die eschatologischen Sinngehalt haben. Sie verkünden die Botschaft von den letzten Dingen, Weltende, Auferstehung, Gericht, Reich Gottes auf Erden.

Die gemalten »Zeiten«

Die dritte Phase der Arbeit an den »Zeiten« begann im Jahre 1808. Auch sie trat nicht spontan auf, sondern war lange geplant. Schon bei Runges Beschreibungen der ersten Zeichnungen »Morgen«, »Tag«, »Abend« und »Nacht« am 30. Januar und 22. Februar 1803 fällt auf, daß Runge die Federzeichnungen in Farben vor sich sah, denn er gibt genaue Farbangaben. Offenbar war also von Anfang an der Zyklus als Gemäldefolge geplant oder doch als farbige Wandbildfolge.

Die Vorzeichnungen zu den Radierungen waren noch nicht ganz vollendet, da begann Runge schon intensiv an die farbige Ausführung zu denken: »Ich komme immer mehr in die Sehnsucht hinein, die vier Bilder doch zu m a l e n, wenn auch nur zuerst als Skizzen. Wunderbar, daß es mich oft selbst in Erstaunen setzt, wieviel doch darin liegt ...« (26. Juni 1803; HS I, 47) Ein halbes Jahr nach Fertigstellung der Vorzeichnungen für die Radierungen arbeitete er während seines Aufenthaltes in Hamburg »am Aufzeichnen meiner Tageszeiten auf die Leinwand, um sie zu malen; es würde aber noch besser gehen, wenn ich nur erst Abdrücke von den Kupferstechern hätte. Die Tage sind nur so kurz. –« (HS II, 251)

Wieder war es Tieck, dem er eine wichtige Stufe in der Entwicklung mitteilte: »Den Sommer über habe ich mehr die Behandlung der Farben studiert, und bin daraus erst völlig zu Ende über die Art der Ausführung der vier Tageszeiten gekommen.« (29. März 1805; HS I, 60) Runge entwickelt in diesem Brief nun ein Farbkonzept für die vier Darstellungen, dessen Kernstück hier mitgeteilt sei: »Wie das Licht der Sonne sich bricht in den drei Farben, und sie wieder in sich verschließt, so wälzt sich unsere Zeit durch ein Kreuz welches sich bildet aus

hell
weiß und schwarz
dunkel

Wenn in dem ersten meiner Bilder also eine Helle sich über das Ganze verbreitet wie der Morgen, die emporblühend sich auflösen würde im Licht, so erscheint im zweiten (dem Tag) die irdische Frucht und Vollendung statt der himmlischen, die Natur geht in Ermattung des Weißes über, statt in die Vollendung des Lichtes. So entsteht die Sehnsucht in der Frucht und löset sich auf in dunkeln Brand; dann sinkt (am Abend) in die dunkle Angst der Welt die Sonne, und die Natur jauchzt auf in dem entzückten Moment, es scheint sich die Verkörperung auflösen zu wollen in den tönenden unendlichen Raum; nach oben kommt die Mattigkeit in der Hoffnung, und es verschließt unten der Kern (das Korn) die Tür des Lebens. Bis in dem letzten (der Nacht) ans Licht kommt, was das Licht vertragen kann, und wo das Samenkorn vergangen ist im Glauben; so trennen sich dann die Geister von den Blumen, und Licht und Ton beschauen sich in einander, einig und getrennt in einem Wesen. – Ich möchte, lieber Tieck, Sie verständen mich, oder ich könnte mich besser ausdrücken. –« (HS I, 61)

Das ist Dichtung, die für uns die Tatsache enthält, daß der Plan, die Tageszeiten zu malen, Runge zur Farbenlehre geführt hat. Bei der Überlegung, die Symbolkraft der »Zeiten«-Bilder in der Malerei zu erhalten, ja sie durch Farbe zu steigern, kam er auf eine Untersuchung des Sinngehalts der Farben selbst. Die Arbeit an den »Zeiten«-Gemälden mußte bis zur Klärung dieser Frage aufgeschoben werden.

1806 schrieb er in dem Brief über die »Zeiten«, den er an Schildener in Greifswald richtete, er habe »noch immer den Vorsatz, sie zu malen« (HS I, 68), und gab nochmals das Konzept für die Farbklänge in den vier Bildern an. Vier Monate später verfaßte Runge dann den Brief an Goethe über seine Farbtheorie, der beweist, daß diese in ihren Grundzügen ausgearbeitet war. Und ein Jahr später versicherte er Quistorp: »Es ist mein erstes und wichtigstes Bestreben, zuvörderst die Tageszeiten, wie ich sie erfunden, mehr durch und durch fertig zu arbeiten, und wie bei ihrer Entstehung meine ganze Ideenwelt sich auszusprechen strebte, so werde ich diese Ideen in der Malerei getreu verfolgen.« (HS I, 76)

Der Künstler begann 1808 mit einer Gruppe von Entwürfen zur Figur der »Aurora«, zu Bildteilen, Kindergestalten und Pflanzen, die alle zur Vorbereitung der kleinen Gemäldefassung des »Morgen« (Abb. 45) dienten, die Anfang Oktober des Jahres 1808 vollendet war. Auch Konstruktionszeichnungen gehörten zu diesen neuen Untersuchungen. Die Aurora-Zeichnung (Abb. 25) ist die Vorzeichnung zur Figur dieses Gemäldes. Doch auch das Gemälde war nur als Vorarbeit für eine größere Darstellung gedacht, die er, unmittelbar nach Vollendung des sogenannten »Kleinen Morgen«, am 28. Oktober 1808 begann. Während des Malens entstanden herrliche, zum Teil großformatige Umrißstudien und ausgeführte, sorgfältige Zeichnungen, die zu den schönsten zeichnerischen Arbeiten des Künstlers überhaupt gehören. Die »Lichtlilie« (Abb. 43) und die »Engel der Musika« (Abb. 44) sind Beleuchtungsstudien, die Runge während des Malens anfertigte: »Alles was sich aus der Helligkeit heraus nach vorne zu hinzieht, werde ich erst grau in grau anlegen, und bei der Übermalung die Farbe hineinspielen. Die ganze Behandlung ist mir sehr klar, und deswegen arbeite ich, während der Grund trocknet, daran, die hinteren ins Licht hineinkommenden Figuren in recht guter Gruppierung und Beleuchtung mit schwarzer und weißer Kreide mir aufzuzeichnen, womit ich nun meist zu Ende bin ...« (HS I, 172)

Runge machte sich also die Lichtführung und die räumliche Zuordnung – eine Schwierigkeit, die ja die Kupferstiche noch nicht kannten – in einer Grau-in-Grau-Malerei klar, die er in

43 Die Lichtlilie. Beleuchtungsstudie zum »Großen Morgen« (vgl. Farbtafel 14, 15). 1809 ▷

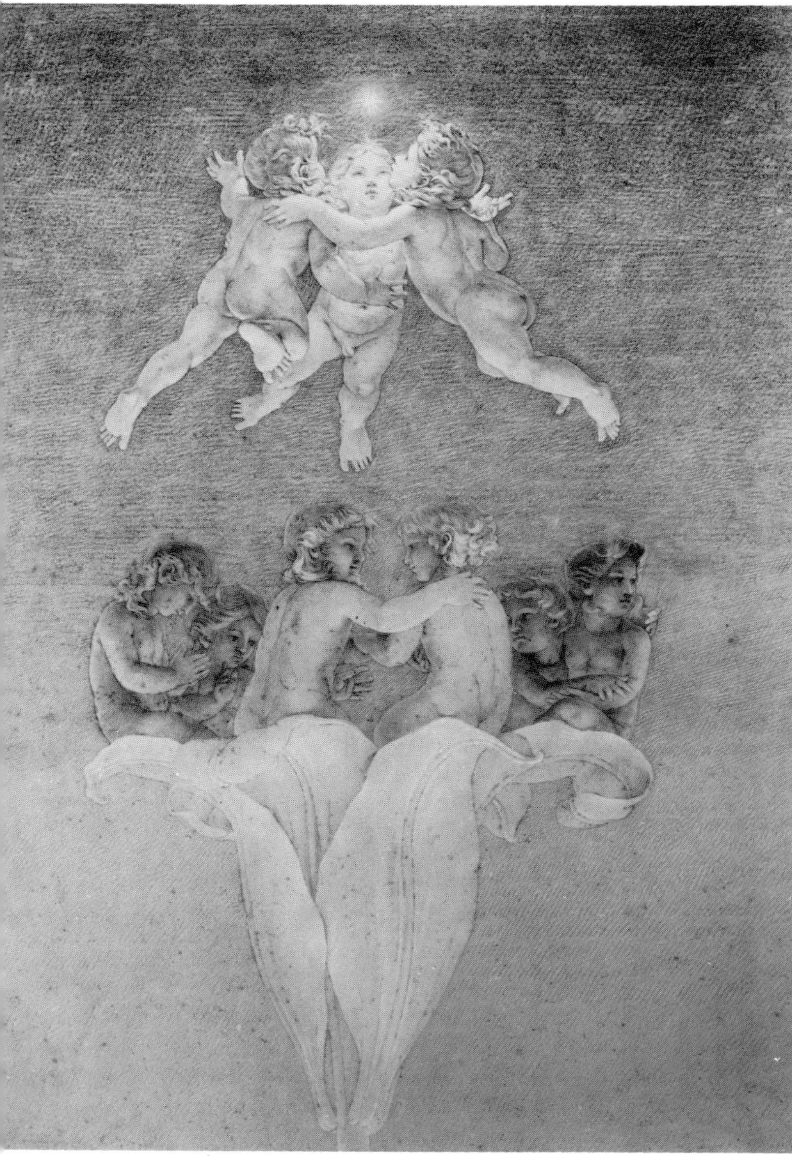

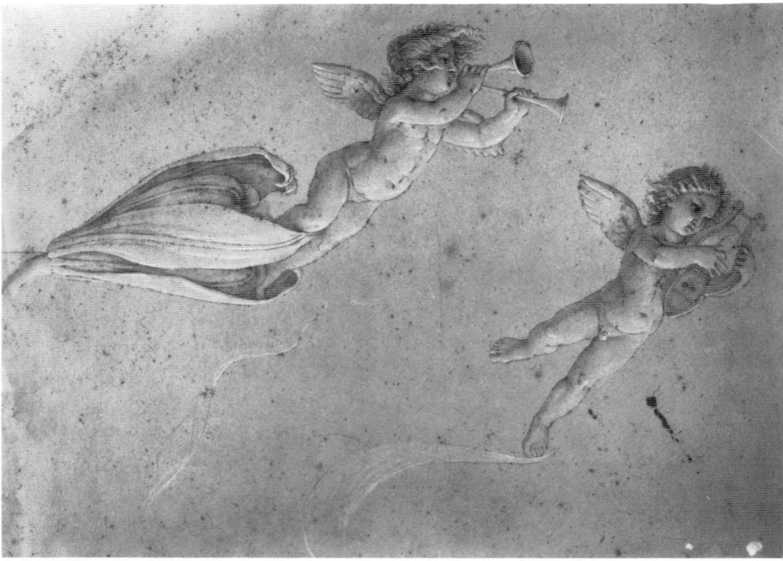

44 Die zwei rechten Engel der Musika. Beleuchtungsstudie zum »Großen Morgen« (vgl. Farbtafel 14). 1809

der Art einer Grundierung auf die große Leinwand brachte. Während der Arbeit sah also der »Große Morgen« (Farbtafel 14) wie ein Grisaille-Bild ganz oder teilweise aus: Die Farbe selbst trug der Maler dann in dünnen Lasuren auf das in Grau durchgearbeitete Bildfeld auf. – Das erinnert an Caspar David Friedrichs Arbeitsweise, der seine Gemälde in der Regel wie große Sepia-Zeichnungen auf der Leinwand genau vorbereitete, ehe er die Farben auftrug.

Wie weit Runges Satz »ich fühle alle einzelnen Studien jetzt aufs neue wie ein einziges Ganzes« (HS I, 172) reichte, das zeigen die Zeichnungen (Abb. 43 und 44), die Runge auf Papier gezeichnet hat, um sie – Pausspuren beweisen das – auf die Leinwand zu übertragen. Das Detail der gemalten »Lichtlilie« (Farbtafel 15) zeigt im Verhältnis zur Zeichnung (Abb. 43) die gleiche feine Durchbildung, die Runge dadurch erreichte, daß er mit dem Pinsel eher zeichnete als malte.

Runge hat das Malen des »Großen Morgen« (Farbtafel 14) als »eine sehr große und schwierige Arbeit« (HS I, 172) bezeichnet. Im großen Format (152 x 113 cm) mußte die ursprünglich auf die Fläche bezogene Arabeskenzeichnung räumlich ausgebildet werden. Plastisch mußten die Figuren und Pflanzen durchgearbeitet, ihre Stellungen in der weiten Landschaft und im ausgespannten Himmel mit malerischen Mitteln bestimmt werden. Runge mußte also ganz von vorn beginnen und konnte die Kupfersticharabesken nur als Anhaltspunkte benutzen. Es ist leicht begreiflich, warum also der Weg lang war, über viele Zwischenstufen führte, zum Atemholen zwang, zum wiederholten Innewerden in angespanntem Zeichnen, schließlich warum dieses großformatige Bild der »Zeiten« unvollendet geblieben ist. Fast wäre das Bild verloren gewesen: Auf dem Totenbett bat Runge den Bruder Daniel, das Bild zu »zerschneiden und zu vernichten« (HS I, 233), doch der Bruder konnte den Sterbenden von diesem Gedanken abbringen. Erst 1890 ist das Gemälde, das den Künstler in den ausgeführten Partien auf der Höhe seines Könnens zeigt, unter den Augen seines Sohnes Philipp Otto zerschnitten worden. Dennoch besitzen wir durch den »Kleinen Morgen« (Abb. 45) eine Vorstellung vom Ganzen, besonders auch, was die Rahmung anbelangt. – Doch auch der »Große Morgen« sollte nur Vorarbeit sein für die wandgroße Endfassung, die Runge in Abmessungen von etwa 8,60 x 6,10 m vorgesehen hatte.

Die entscheidende Veränderung, die mit den Vorarbeiten zu den gemalten Fassungen einsetzte, war die Einführung der Aurora-Figur, die zur Hauptfigur der Bildgestalt wurde, und des Kindes, das ihr zu Füßen liegt (Abb. 46).

Der »Morgen« wurde durch Farbe, Raum und Plastizität nun nicht mehr als hieroglyphische Arabeske gestaltet, sondern als leibhaftiges Geschehen: Die Göttin, die Runge auch Venus nennt, schwebt aus dem Himmel herab, der sie wie eine Lichtaureole umfängt. Die Arabeske wird zum wirklichen Landschaftsraum, die Bildgestalt zum Symbol. Damit hatte Runge selbst seine Forderung nach der Landschaft als der integrierenden zentralen Aufgabe der Kunst erfüllt.

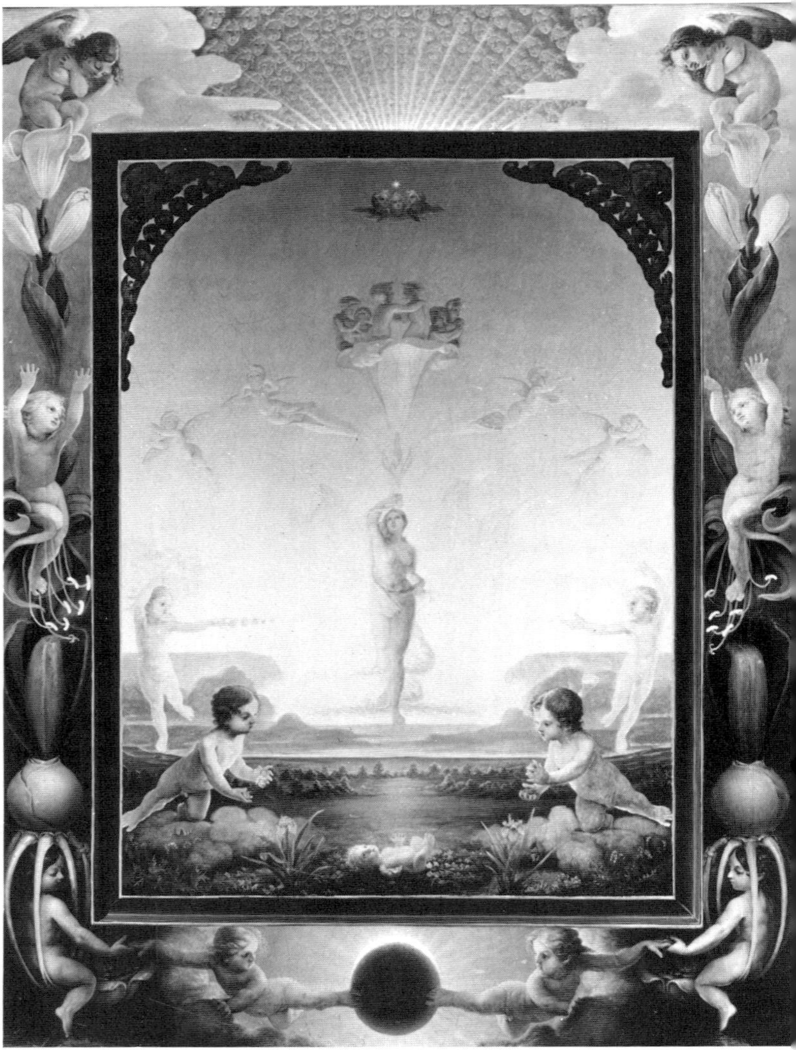

45 Der Kleine Morgen. 1808

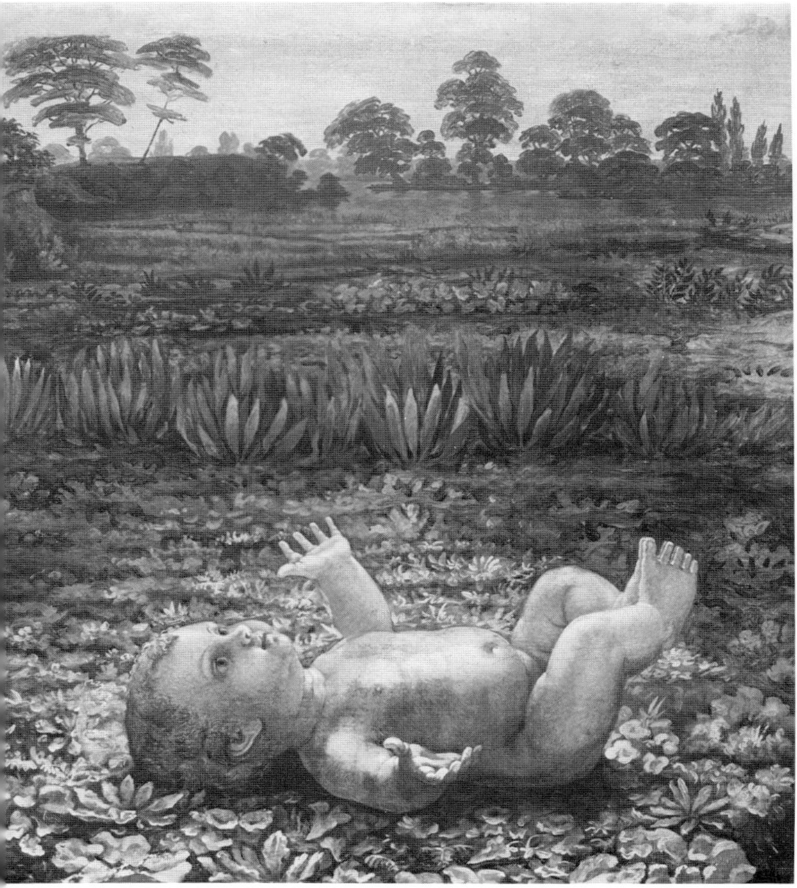

46 Der Große Morgen (Ausschnitt: Das Kind; vgl. Farbtafel 14). 1809

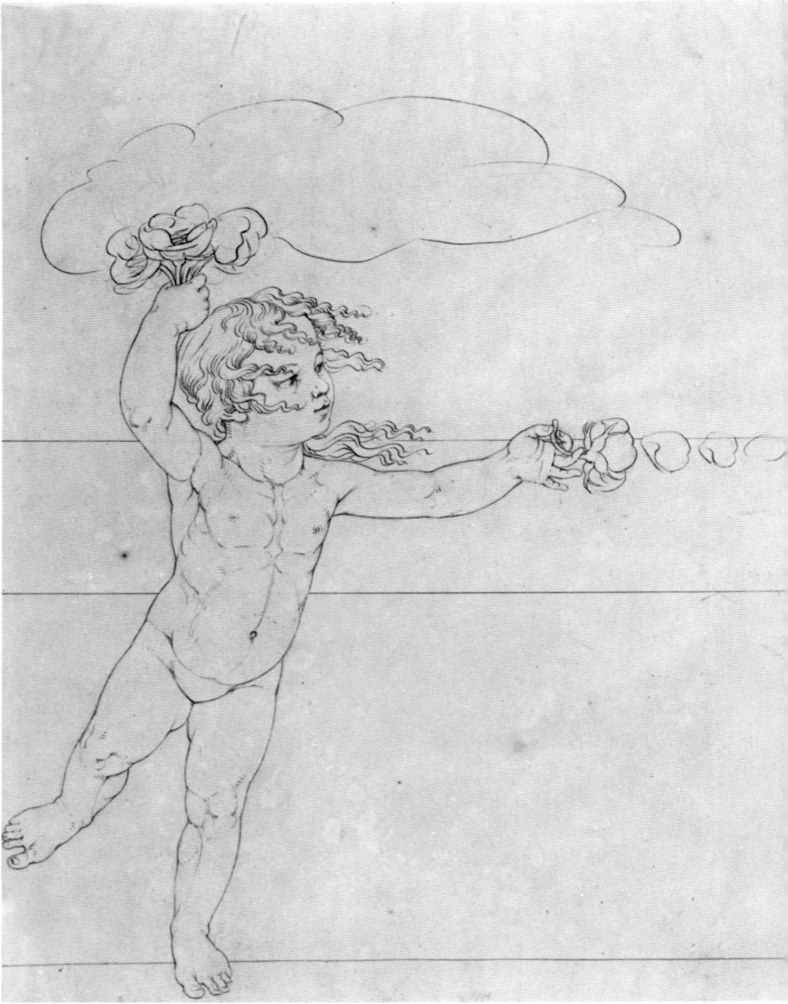

47 Der linke weibliche Rosengenius (vgl. »Der Große Morgen«, Farbtafel 14). 1809

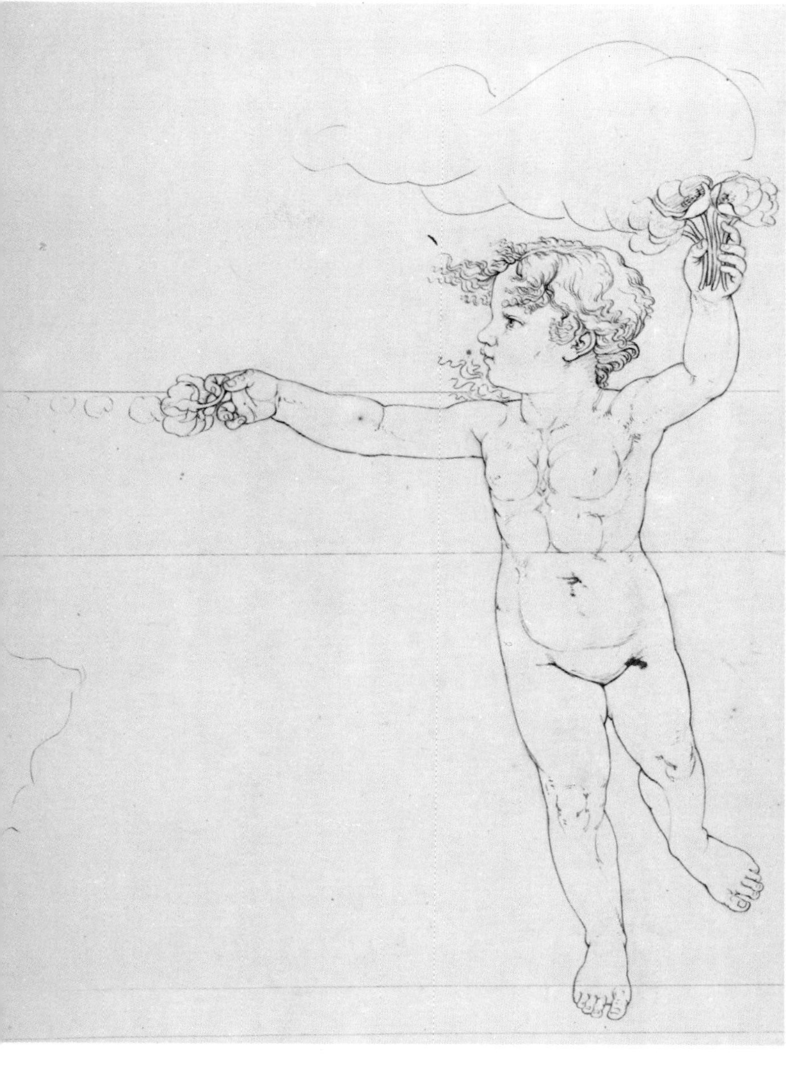

48 Der rechte weibliche Rosengenius (vgl. »Der Große Morgen«, Farbtafel 14). 1809

Die Aurora-Figur schreitet auf das Kind zu. Lilie, schwebende Musika-Engel, die schwebenden Rosengenien links und rechts (Abb. 47 und 48) und vorn die knienden Genien bilden einen vorn verankerten, leicht ins Oval verzogenen Kreis, dessen Scheitelpunkt sich am weitesten dem Hintergrund zuneigt, wie eine schräg in den Raum geneigte Mandorla, in deren Mitte die Aurora ist. Das Kind, die Aurora, die Lichtlilie und die drei Engel mit dem Stern sind auf einer Achse angeordnet, die durch die Mitte des Bildes senkrecht geht und damit die Verbindung der Figuren und Figurengruppen miteinander eindeutig erklärt.

Das Licht kommt aus der Mitte des Bildes, die Sonne steht genau hinter der Göttin: Aurora wird zur Lichtbringerin selbst. Sie bescheint die Lilie und die Engel von unten, das Kind von oben, das das Licht mit offenen Augen und ausgebreiteten Armen empfängt, »selbst als das Bild des Aufgangs« (Maltzahn, 80). Die Rosengenien gehen von der Aurora aus, bereiten ihr den Weg. Das Kind erblickt das Licht, das Leben beginnt mit der aufgehenden Sonne, der Frühling erweckt die schlummernden Kräfte der Erde, darauf deuten auch die Rosen.

Traeger konstatiert die drei Bedeutungsschichten des Bildes, die in der Frauengestalt die Bedeutung der Göttin der Morgenröte, der Venus und der Gottesmutter Maria versammeln. Das Kind ist dementsprechend Inkarnation der Neugeburt der Erde, es ist Eros, der Liebesgott, es ist das Christuskind (die Nähe zum Kind der »Ruhe auf der Flucht«, Abb. 49 und Ausschnitt Farbtafel 4, ist offensichtlich). Der Stern im Zenit des Bildes ist Morgenstern, Stern der Venus und der Stern von Bethlehem. – Traeger findet eine zusammenfassende Deutung des Kindes und damit des Gemäldes: »Der Säugling stellt ... die christliche Seele dar, die mit ausgebreiteten Armen zum freudigen Anschauen des Lichtes erwacht. Genauer: Er stellt das Erwachen Christi in der menschlichen Seele dar, die damit zugleich zu ihrem göttlichen Ursprung zurückkehren möchte. Die mütterliche Gestalt wäre dann als das Licht christlicher Wahrheit zu verstehen.« (S. 162)

Es ergibt sich mit der Vergrößerung der Abmessungen, mit der Verwandlung der gezeichneten, flächenbezogenen Arabesken in das Medium der Farbe und des Raumes auch im Sinngehalt eine Vervielfachung der Bedeutungsbezüge; zumal der Rahmen noch hinzuzudenken wäre.

Im »Kleinen Morgen« (Abb. 45) sind Binnenbild und Rahmung durch eine schwarze Rahmenleiste voneinander getrennt. Für den »Großen Morgen« (Farbtafel 14) wurde nach Daniel Runge »ein wirklicher schwarz und goldner Gemälderahmen des inneren Bildes bestimmt; um diesen sollte dann der Arabesken-Rahmen als besonderes Bild auf Holz gemalt kommen ... Weiter um das Ganze wäre dann ein sehr großer Gemälderahmen gekommen.« (HS I, 231) Das Innenbild wäre also als Bild im Bild erschienen.

Die Bretter dieses Arabeskenrahmens gingen verloren. Erhalten haben sich aber die großformatigen Vorzeichnungen, so daß Wolf Stubbe eine Rekonstruktion der Rahmendarstellungen versuchen konnte. Die Rahmen-Arabesken hat man sich ähnlich wie im »Kleinen Morgen« vorzustellen: Die Genien und Engel schweben plastisch vor einem unergründlich tiefen Raum. Unten strahlt die nach außen hin verdunkelte Sonne in diese Weltentiefe hinein, oben wölbt sich der Engelschor mit den aus der Tiefe hinter dem Binnenbild vorbrechenden Strahlen als muschelförmige Bekrönung über dem Binnenbild, die Bögen in dessen Zwickeln aufnehmend und steigernd. Der Rahmen ist reicher als auf der Radierung »Morgen« (Abb. 37) und fügt auf den Rahmenseiten noch je ein Kind in einer roten Amaryllis-Blüte hinzu, das seine Arme emporhebt. Daniel hat den Rahmen beschrieben: »Was den Rahmen [des »Großen Morgen«] betrifft können wir bloß nach dem kleineren Gemälde sprechen. Unten in der Mitte steht eine Sonnenscheibe, zum allergrößten Teile durch eine verfinsternde dunkle Scheibe bedeckt; diese ist es, von welcher die beiden Genien rechts und links nach dem Lotosschiff in den Ecken hin fliehen; die Seiten des Rahmens sind, ... wie in der ersten Zeichnung; die Glorie von Engelsköpfen oben hat eine stets lichter werdende Mitte, aber ohne den Namen Jehovahs.« (HS I, 231) – Der Sinngehalt des Rahmens ist der gleiche wie in der entsprechenden Radierung: Die beiden Geschlechter der Menschen steigen zu Gott empor.

Heinz Matile hat nachgewiesen, daß Runge in seinen beiden gemalten Fassungen des »Morgen« (Abb. 45 und Farbtafel 14) seine Farbtheorie in die Praxis umgesetzt hat, »das sichtbare Licht und mit ihm die sichtbaren Farben auf das unsichtbare göttliche Licht und damit auf das Wesen der Farbe hin zu transzendieren, – wozu er aber neben dem lasierenden Farbauftrag noch kompositionelle und allegorische Mittel hinzuziehen mußte...« (S. 185) – Halten wir fest: Die Farbigkeit des »Morgen«, die als bunt erscheint, folgt einem theoretischen Konzept, nach dem die Farbenfolge festgelegt ist. Das hat wenig mit den Prinzipien des Impressionismus zu tun; noch sind die reinen Farben, die unmittelbar aneinanderstoßen, nicht entdeckt, obgleich schon Runges Malerei keine Schatten kennt. Auch widerspricht die Plastizität der Rungeschen Malerei allen auflösenden impressionistischen Tendenzen. Überdies ist der Auftrag eben nicht pastos, sondern lasierend-verschleifend, so daß von einer malerischen Handschrift bei Runge kaum gesprochen werden kann. – Runges Farben sind zu Bedeutungsträgern geworden, die in ihrer Eigenwertigkeit in Erscheinung treten und »durch ihre Abfolge im Sinne harmonischer Akkorde die gegenständlich, symbolisch und allegorisch gegebene Bewegung« unterstützen (Matile, S. 187).

Wäre der »Große Morgen« (Farbtafel 14), wären die anderen »Zeiten« gemalt, wären gar die wandgroßen Pläne geschaffen worden, die Malerei des 19. Jahrhunderts hätte in Deutschland mit einem mächtigen Akkord begonnen, der vermutlich die gesamte Malerei der Zukunft verändert hätte.

7 Christliche Themen

»Man erhält oft, wie eine Erleuchtung von Gott, plötzlich ein Licht über das Unbefriedigende, das in einem Werke liegt, worüber man als Enthusiast hinweg gesehen hatte. So schlimm es nun wäre, diesem Lichte nicht zu folgen, eben so übel wäre, zu früh vernünftig darüber zu werden und das Kind mit dem Bade zu verschütten. Mit aller Vernunft ist nicht das geringste zu erschaffen, wie im Enthusiasmus nichts rein zu erkennen.« (HS II, 298)

Ph. O. Runge, 17. November 1805

Die »Ruhe auf der Flucht«

Eigentlich überrascht es, daß von einem Künstler, der wie Runge sein Denken und Schaffen auf den christlichen Glauben an den gnädigen und richtenden Gott und auf den Erlöser Jesus Christus gründete, Themen aus der Bibel verhältnismäßig spät bearbeitet worden sind. Sieht man von Zeichnungen, die in der Kopenhagener oder frühen Dresdner Zeit meist nach Stichvorlagen entstanden sind, ab, so beginnt die Auseinandersetzung des Künstlers mit biblischen Themen 1804 mit der Zeichnung einer »Aussetzung des Mosesknaben«. Erst 1805, in dem für Runge glücklichen Jahr, da die Bildnisse aus dem Familien- und Freundeskreis und die Zeichnungen zum *Ossian* entstanden, hat der Künstler sich intensiv mit einem Thema aus der Kindheitsgeschichte Jesu beschäftigt, mit der »Ruhe auf der Flucht« (Abb. 49, Farbtafel 4).

Die Wahl dieses Themas geschah nicht aus einem äußeren Anlaß, sondern wuchs aus Runges Schaffen hervor. Das Kind ist eine Zentralfigur seiner Kunst. Im »Triumph des Amor«, 1801 (Abb. 20), in der »Lehrstunde der Nachtigall«, 1801 (Abb. 17), in der »Mutter an der Quelle« (Abb. 24) und in den »Zeiten«-Radierungen (Abb. 37–40) ist das Kind oder sind die Kinder zusammen mit den Frauengestalten, mit den Pflanzen und Blüten die Träger des Bildgedankens. Dem Freund Böhndel

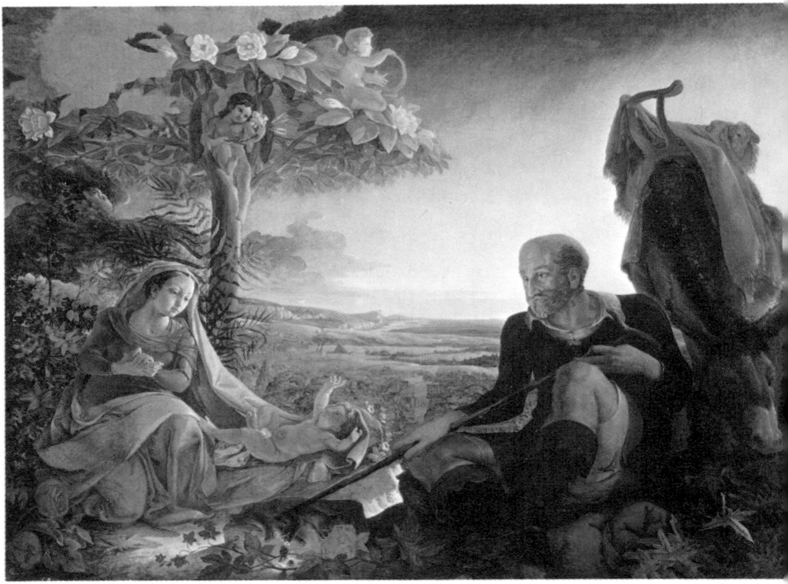

49 Die Ruhe auf der Flucht (vgl. auch Farbtafel 4). 1805

schrieb Runge: »Ich bitte dich, lieber Böhndel, erhalte deine Liebe, deinen Glauben, und dein Vertrauen auf Gott und dich selbst rein in dir; das ist der Weg zum Leben. Bleibe ein Kind, denn ein Kind ist der allergrößten Liebe fähig ...« (HS II, 126) – Das Kind als Symbol der »allergrößten Liebe« – der Begriff kann nicht weit und nicht tief genug gefaßt werden – ist auch das Zeichen des Anfangs, des Beginns der Zeiten, Zeichen der Zukunft und Verheißung des Lichtes der Erlösung. Diese Bedeutung des Kindes entwickelte sich aus der antik-klassizistischen Tradition (»Triumph des Amor«, »Lehrstunde der Nachtigall«) über die vieldeutigen Sinnfunktionen in den »Zeiten«-Radierungen zum Kind des »Großen Morgen« (Farbtafel 14), wo sich das Kind-Symbol ganz enthüllt hat. Im Kind der »Ruhe auf der Flucht« (Farbtafel 4) ist der Symbolgehalt zwar entdeckt, doch in seiner Universalität eingeschränkt, weil das biblische Geschehen und die in Jahrhunderten bestehende Bildtradition das Kind als Christuskind eindeutig bestimmten. Aber diese Konzentration auf einen vorherrschenden Gehalt war die Voraussetzung für das umfassende Kind-Symbol im »Großen Morgen«, weil es die allegorische Vieldeutigkeit der anderen Kinder-Genien noch einmal in einer übergeordneten Aussage zusammenfaßte und damit für den Betrachter durchschaubar machte.

Das erklärt auch, warum Runge biblische Themen nur zweimal in größeren Arbeiten und so spät aufgegriffen hat: Für den Maler war die motivische Anlehnung an die überlieferte Bildgestalt eher hinderlich, weil er den religiösen Fundus seiner Kunst eben nicht in alten Formen gestalten, sondern in einer neuen, universalen und aus eigenem Ingenium geschöpften Symbol-Gestalt im Bild leibhaftig werden lassen wollte.

Auch persönliches Erleben wird die Empfänglichkeit des Malers für das Thema der »Ruhe auf der Flucht« vorbereitet haben: Otto Sigismund, das erste Kind, gebar Pauline am 30. April 1805. Der Bildgedanke wurde also während Paulines Schwangerschaft gefaßt. Runge hat den ersten ausgeführten Entwurf zur »Ruhe auf der Flucht« – eine getuschte Pinselzeichnung – im Frühjahr 1805 geschaffen. Zusammen mit der Zeichnung »Quelle und Dichter« (Abb. 27) schickte er sie Anfang Mai an Dr. Schildener nach Greifswald (10. Mai 1805; HS I, 187). Inzwischen hatte er durch Quistorp die Nachricht erhalten, er solle ein Altarbild für die Greifswalder Marienkirche malen – es war der Auftrag, den nach Runges Tod Caspar David Friedrich erhielt –, und es scheint, als habe der Universitätszeichenmeister Runges »Ruhe auf der Flucht« dafür bestimmt. Doch wurde der Auftrag nicht schriftlich erteilt und blieb bis zu Runges Tod in der Schwebe.

Das Gemälde wurde im August 1805 in Hamburg begonnen und blieb in dem heutigen unvollendeten Zustand dort zurück, als Runge mit seiner Frau im Mai 1806 nach Wolgast reiste, um dort für ein Jahr zu bleiben. Runge hat dann nicht mehr daran gearbeitet.

Die thematische Beziehung von »Quelle und Dichter« (Abb. 27) und der »Ruhe auf der Flucht« hat Runge selbst dargelegt in dem schon oben erwähnten Brief an Schildener, in welchem er ihm die Zeichnungen zum Kauf anbot. Der Maler führte folgendes aus: »Ich hatte im Anfange zwar darauf nicht gedacht, nun aber scheint es mir doch, als könnten es ein paar recht schöne Gegenstücke werden von Morgen und Abend. Überdies liegt die Bedeutung des Abends (in der Quelle) in der Zusammen- und Gegeneinanderstellung der Farben; es würde ein Abend des Abendlandes sein, der vor dem Aufgange dieses Morgens (in der Flucht) hergeht, wo nämlich hinter dem Walde die Sonne noch glüht, und das unausgesprochene Wort den Menschen wie Musik mit unnennbarer Wehmut nach sich zieht, und die Kinder der Blumen, oder die Gestalten der Farbe, wie Blasen und Geister sich um seinen Fuß schlingen und ihn zurückhalten in ihrer lieblichen Mitte ... In dem Morgen konzentriert sich das ganze Bild auf den Mittelpunkt; auch würde (da, wie sich von selbst versteht, die Gestalten noch nicht ihren innern geistigen Zusammenhang haben) sich alles mehr in diesem Punkt hinein winden und ringen, so daß das Kind aus dem Schatten heraus mit der Hand in den ersten Sonnenstrahlen spielte. Das Kind soll der bewegteste, lebendigste Moment des Bildes werden, so daß dieses Leben hier gleichsam wieder wie ein Anfang anzusehen, der sich über das gebildete Land vor ihm erhebt ...« (HS I, 247)

Die beiden Bildgedanken waren also als Darstellungen zweier verschiedener Zeiten, als Abend und Morgen, pendantartig verbunden, wobei für Runge der Abend, der ossianische nordische Sänger im nordischen Wald, in dem Wald- und Blumengeister weben und die Nymphe über ihrer Quelle wacht, dem Morgen vorausging. Dieser steht im Licht des Christuskindes, das deshalb »der bewegteste, lebendigste Moment des Bildes werden« soll (Abb. 50). Die Naturkunst des Okzident erfüllt sich in der christlichen Kunst, die aus dem Orient, der historischen Kulturlandschaft kommt. Es ist offensichtlich, daß Runge das Kind aus der »Ruhe auf der Flucht« in seine letzten Fassungen des »Morgen« aus dem Zyklus der »Zeiten« (Abb. 45 und Farbtafel 14), an dem er die ihm noch verbleibende Zeit hindurch mit allen Kräften arbeitete, eingebracht hat: Statt die »Ruhe auf der

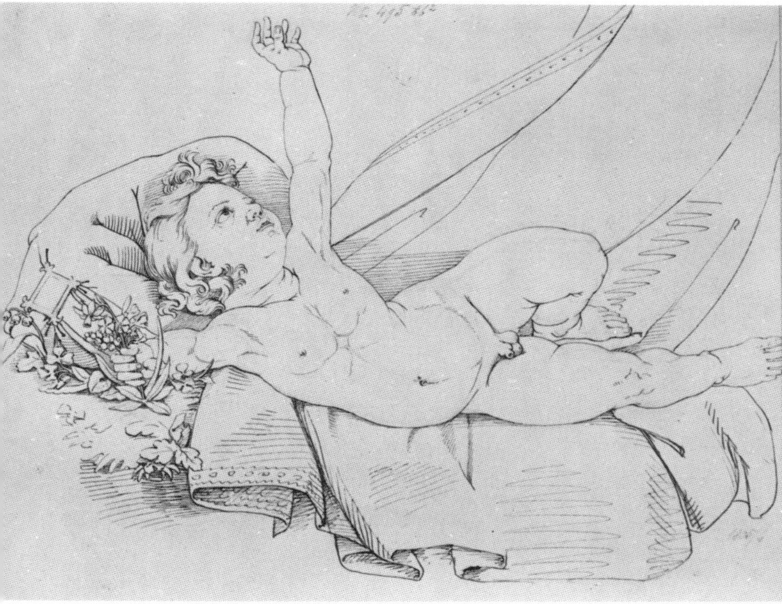

50 Das Jesuskind. Vorstudie für das Kind auf dem Gemälde »Die Ruhe auf der Flucht« (vgl. Abb. 49, Farbtafel 4). 1805

Flucht« zu beenden, begann er den »Kleinen Morgen« (Abb. 45), den er im Herbst 1808 vollendete.

Ist in »Quelle und Dichter« eine Idylle gegeben, die in der harmonischen Vereinigung von entzückender Landschaft und in die Landschaft eingebetteten Figuren an die Tradition des 18. Jahrhunderts anknüpft, so ist dagegen die Landschaft der »Ruhe auf der Flucht«, soweit sie das Niltal betrifft, attributartiges Beiwerk; im Hinblick auf den Tulpenbaum ist sie jedoch den Figuren als Sinnbild der organischen Natur zugeordnet, wie der Esel die stumme Kreatur vertritt. Die Niltal-Landschaft, zu der es eine Entwurfszeichnung gibt (Abb. 51), ist insofern Attribut, als sie auf das Kind und Maria verweist. Der Fluß ist über seine Ufer getreten und befruchtet das Land, wie Christus durch seine Menschwerdung sein Erlösungswerk beginnt. Der Nil führt

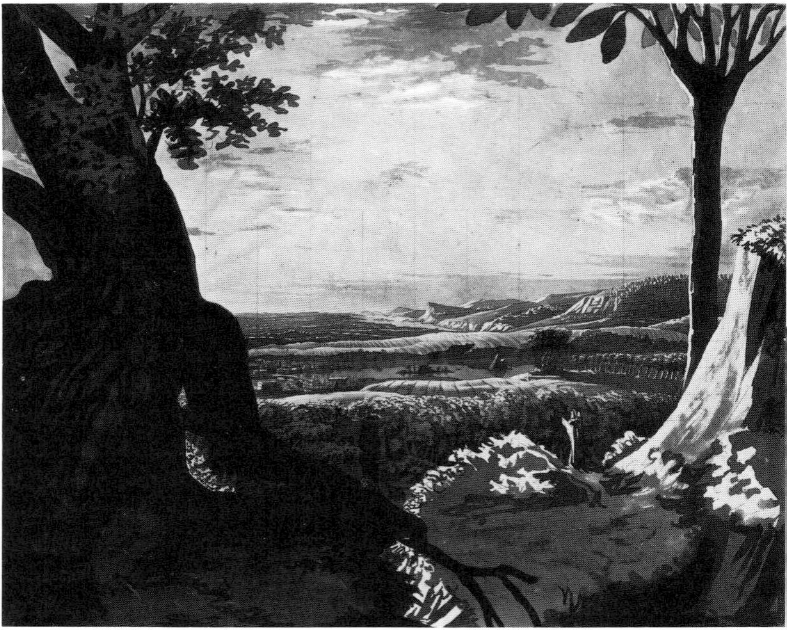

51 Niltal-Landschaft. Studie zum Gemälde »Die Ruhe auf der Flucht« (vgl. Abb. 49). 1805

als mächtiger Strom den Gedanken der Quelle im nordischen Abendwald weiter. Der Fluß, hier als lebendiges Wasser charakterisiert, verweist nicht nur auf das Christuskind, sondern auch auf Maria, auf die Gottesmutter. Seit alters war ihr als Attribut der Fruchtbarkeit das Motiv des Brunnens, des Quellwassers zugeordnet.

Runges Erklärung gibt aber noch einen anderen Hinweis auf den Sinngehalt der Komposition. Er benennt für das Abendbild »Quelle und Dichter« eine Empfindung von »unnennbarer Wehmut«, und er schreibt vom »unausgesprochenen Wort« (HS I, 247). Ist also »Quelle und Dichter« ein Bild der Melancholie, der Wortlosigkeit, der ahnungsvollen Musik und der Verzauberung, so ist das Morgenbild »Ruhe auf der Flucht« ein Bild der

Freude, das Wort ist Fleisch geworden, und das klare Licht besiegt die nächtlichen bannenden Zauber. Der dunklen, zugestellten, verwobenen Waldidylle antwortet die lichterfüllte Idylle der ruhenden Heiligen Familie. Gewiß ist das nicht im Sinne einer geschichtlichen Entwicklung zu deuten, in der das germanische Heidentum vom Christentum erleuchtet und abgelöst wird – obgleich der Gedanke anwesend bleibt –, sondern eher im Sinne eines Kreislaufs, der sich im Menschen vollzieht: Die dunklen irdischen Empfindungen erhalten ihre Antwort in der Glaubensbotschaft von der Erlösung durch Christus.

Das Gemälde ist feierlich und monumental. Das Idyllenhafte bleibt am Rande. Die Bildgestalt ist gegliedert durch eine rechts unten ansetzende und nach links oben verlaufende Diagonale, die den Plan und den Raum deutlich in zwei Zonen trennt. Vorn sind Joseph und der Esel im Schatten, eingezwängt in die Diagonale, die sie selbst festlegen, ein enger Raum, in dem sich die Körper von Mensch und Tier drängen. Beide kehren dem Licht den Rücken zu, das hinter ihnen aufsteigt und ihre Gestalten mit scherenschnittartigen Konturen nachdrücklich begrenzt. Joseph löscht das Feuer der Nacht, noch ganz der Nacht verfallen. Dies die Bildseite der unerlösten, in irdischer Enge gefangenen Kreatur. – Die Zone rechts liegt dagegen im Licht und ist dem Licht zugekehrt: Das Kind greift nach den ersten Sonnenstrahlen, Mutter Maria, im Schein der aufgehenden Sonne, neigt sich anbetend über das Kind. Der Tulpenbaum, aus dem die beiden Engel wie die Blüten wachsen, hinterfängt Mutter und Kind wie ein großer fremdartiger Baldachin. Die Landschaft öffnet sich in die weite Ebene. Die Figuren haben Bewegungsfreiheit. Der Himmel steigt aus dem Hintergrund als helles Licht auf und drängt die Nachtwolken an den oberen Bildrand: »Das Licht scheint in der Finsternis und die Finsternis hat's nicht begriffen«, so übersetzt Luther die Verse aus dem ersten Kapitel des Johannes-Evangelium.

Durch das Bild geht eine starke Lichtbewegung, die der Betrachter in sich vollziehen muß. Denn die aufgehende Morgensonne wird höher steigen, sie wird Maria und das Kind voll bescheinen und Joseph und den Esel aus dem Schatten erlösen. Das Gemälde ist also auch ein Bild der Hoffnung, oder genauer: ein Bild der Verheißung.

Das Licht formt die plastische Gegenwart der Körper. Der Klassizismus ist abgetan. Landschaft und Figuren strotzen vor Lebensfülle. Der unvollendete Bildteil in der rechten oberen Ecke kann den Gesamteindruck des Ganzen nicht mindern: Dies Bild nimmt in seiner eigenständigen Klarheit, in der selbständigen Verarbeitung alter Bildtraditionen die Bemühungen der Nazarener um das neue religiöse Andachtsbild vorweg – und bedeutet für Runge doch nur *eine* Möglichkeit seiner Kunst.

Die Äußerung Runges, die ebenfalls in dem Brief an Dr. Schildener vom 10. Mai 1805 steht, weist darauf hin, daß der Maler hier farbtheoretische Erkenntnisse angewandt hat: »Wenn Sie sie [die Zeichnungen »Quelle und Dichter« und »Ruhe auf der Flucht«] gemalt erhielten, könnte ich Ihnen vielleicht den Aufschluß sehr deutlich vorlegen, welchen ich vorzüglich über das Wesen der Farbe erhalten habe, weil dann das Faktum vorhanden wäre, worauf ich mich beziehen könnte, und, so weit ich Ihr Bestreben zur Kunst hin verstanden habe, zweifle ich nicht, daß dieses Ihren Blick in die Natur freier und liebender machen würde.« (HS I, 248)

Durch die Farbigkeit des Bildes soll der Betrachter »freier und liebender« die Natur schauen können. Ich glaube, auch heute gilt dieses Versprechen des Künstlers. Denn sorgfältig modelliert das Licht das Einzelne der Pflanzen, Gebärden und Gegenstände und den großen Zusammenhang aller Details als Totalform heraus. Es signalisiert in seinen durchsichtigen Lasurpartien Unwirklichkeit und übersinnliche Epiphanie und stellt zwischen allen Teilen und Gegenständen des Bildes den Zusammenhang her. Damit ging Runge weit über die Malerei der Nazarener hinaus, deren Lokalfarbenmalerei den Farbkörper des Bildes zumeist aus den Augen verlor oder ihn nur durch mühsam-andächtige Brechung aller Lokalfarben einigermaßen erhalten konnte.

Das Gemälde »Ruhe auf der Flucht« zeigt das in wenigen Jahren unglaublich gewachsene Können des Malers. Ludwig Richters frommen Darstellungen hat es die Monumentalität vor-

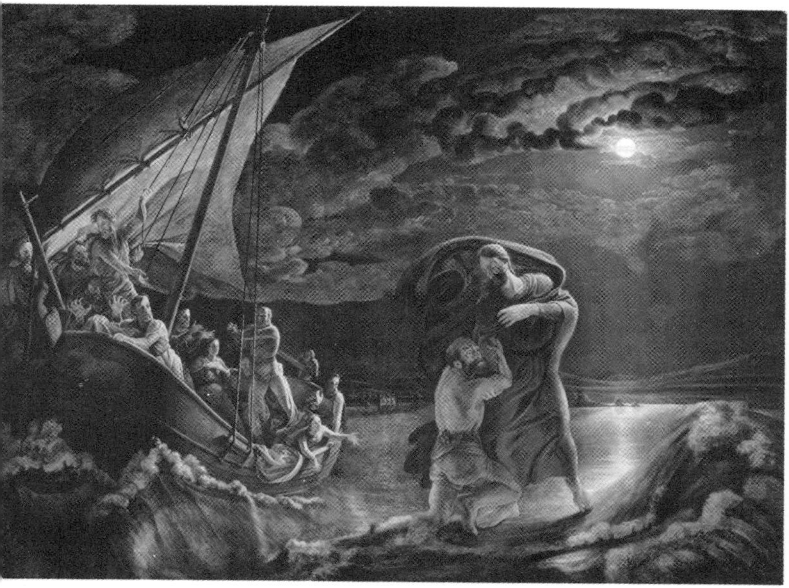

52 Petrus auf dem Meer (vgl. auch Farbtafel 5). 1806/1807

aus, den Bildern der Nazarener die sinnliche Vergegenwärtigung und das Licht, das die Rangfolge der Farben bestimmt in ihrer Gegensätzlichkeit und in ihrem Zusammenklang im Ganzen der Bildgestalt.

»Petrus auf dem Meer«

Das Gemälde (Abb. 52) verdankt seine Entstehung einem Auftrag, den ihm sein früherer Schulrektor Kosegarten ans Herz legte und der durch die Vermittlung des Bruders Jakob Runge zustande kam (Brief vom 6. Juli 1805; HS II, 291): Für die Uferkapelle von Vitte am Ufer bei Arcona auf Rügen, die neu errichtet werden sollte, wünschte sich der Prediger »in dieses kleine Gebäude ein Bild, entweder von dem Maler Friedrich, oder von unserem Runge«, berichtet Daniel (HS I, 348). Runge machte Ende Juni 1806 eine kurze Reise nach Rügen, um sich den Bauplatz der Kapelle anzusehen und mit Kosegarten das Thema zu besprechen. Am 19. Juli schrieb er über den Besuch nach Hamburg, Kosegarten habe ihm zwei Themen zur Auswahl vorgelegt, »Christus, wie er den Wind bedräut«, oder »wie Petrus auf dem Meer geht«: »letzteres zieht mich mehr an, und ist auch eine deutlichere Handlung darin.« (HS I, 348) – Damit war der Auftrag offenbar besiegelt; es war überhaupt der erste öffentliche Auftrag, den Runge übernahm; er kam nicht wie die meisten anderen aus dem engsten Familien- oder Freundeskreis. Freilich konnte ihm der Prediger kein Honorar zusichern. Man hat den Eindruck, daß Runge diese Aufgabe mit Freude und Genugtuung aufgegriffen hat. Er war keineswegs der Meinung, der Künstler könne nur aus eigenem Ingenium, unbeeinflußt von äußeren Notwendigkeiten, Wahrhaftiges schaffen, eine Meinung, auf die sich dann bis heute so mancher Künstler berufen hat. Im Gegenteil, Runge sehnte diese Aufträge herbei, die er nicht als Fesseln empfand, sondern als Anerkennung, als Aufgaben, an denen er sich bewähren konnte.

Runge ging auch bei diesem Gemälde nach einer Arbeitsmethode vor, die er schon bei seinen ersten Gemälden, dem »Triumph des Amor« (Abb. 21) und der »Lehrstunde der Nachtigall« (Abb. 18), in der Tradition des akademischen Klassizismus erprobt hatte, eine Methode, die in den Vorbereitungen zu den »Zeiten«-Radierungen (Abb. 37–40) ausgeufert war und seit dem Gemälde »Der Tag« (Farbtafel 1), seit dem Bildnis »Wir Drei« (Abb. 33) und seit der »Ruhe auf der Flucht« (Abb. 49) in ihren Hauptlinien festlag: Das Bild wurde durch eine kleine Kompositionsskizze oder durch eine in größerem Maßstab ausgeführte Zeichnung in seinen Grundzügen vorbereitet. Einzelstudien vertieften dann in einer Besinnungsphase die Bildstudie im Sinne einer genaueren Verdeutlichung der wichtigsten Bildgegenstände. Dies führte zunächst zu einer Umrißzeichnung in den Maßen des Gemäldes, die zur Übertragung auf die Leinwand benutzt wurde. Dann, nachdem die Zeichnung auf die grundierte Leinwand aufgebracht worden war, begann Runge

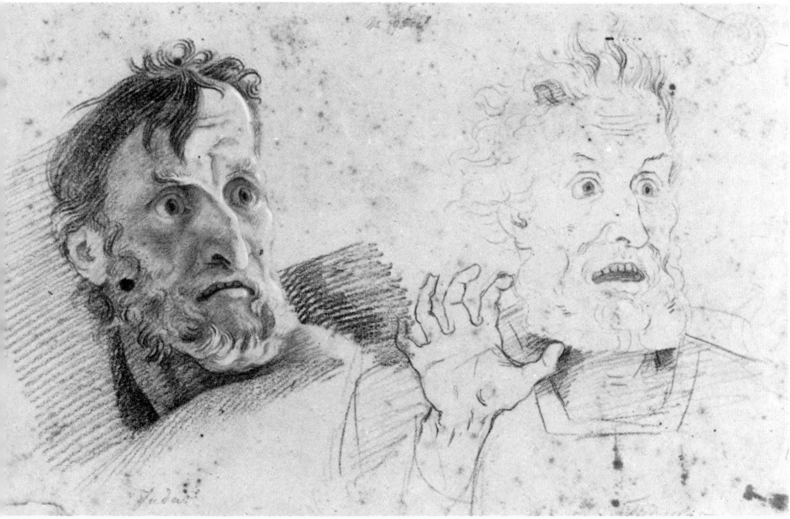

53 Kopf des Judas. Kopf und rechte Hand des Thomas. Studien zum Gemälde »Petrus auf dem Meer« (vgl. Abb. 52). 1806

zu malen (wie wir gesehen haben, im Falle des »Großen Morgen« zuerst grau in grau).

Runge begann mit den Vorarbeiten im Spätsommer oder im frühen Herbst 1806. Zuerst entstand eine Umrißzeichnung im Maßstab 1:2 zum späteren Gemälde. Es folgte im gleichen Maßstab (61,6 x 81,6 cm) eine Tuschzeichnung, die sorgfältig ausgeführt war und vor allem die Licht-Schatten-Verhältnisse erstmals durchdachte. Dann begann die Phase der Einzelstudien. Runge zeichnete die Gruppe Petrus und Jesus und Apostelköpfe, wobei er sich besonders intensiv mit dem Lieblingsjünger Johannes und mit dem Verräter Judas (Abb. 53) beschäftigte. Diese Studien schließen an Zeichnungen von Köpfen und Physiognomien der Kopenhagener und frühen Dresdner Zeit an, die meist nach Vorlagen – Gipsabgüssen oder Stichen – entstanden waren. Dennoch erschlossen diese Apostelköpfe Runge ein neues Gebiet, die Charakter- oder besser: die Ausdrucksstudie.

Man hat festgestellt, daß Leonardo da Vincis Fresko »Das Abendmahl«, das Runge durch Stiche kannte, die Gebärden der Jünger beeinflußt hat und daß die Kopfstudien von den »Physiognomischen Fragmenten zur Beförderung der Menschenkenntnis und -liebe« (1775–1778) des Schweizer Pfarrers und Schriftstellers Johann Caspar Lavater profitiert haben. Die physiognomischen Federstudien von Carl Friedrich von Rumohr, dem Kunstliebhaber, Kunsthistoriker und späteren Mäzen der Nazarener kannte Runge wohl noch nicht, da er ihm erst im Sommer 1807 begegnete; doch hat er schon im Juni 1806 mit ihm korrespondiert.

Diese Apostelköpfe haben einen merkwürdig altertümlichen Habitus. In ihnen wirkt die Kenntnis niederländischer und italienischer Werke des 17. Jahrhunderts nach, die Runge an Stichreproduktionen studieren konnte. Offenbar hielt sich Runge auf diesem neuen Gebiet näher an Vorbilder als sonst bei ihm üblich.

Im November 1806 arbeitete Runge an dem Gemälde (Abb. 52, Farbtafel 5), das er in diesem Falle, soweit wir wissen, nicht durch eine maßgleiche Umrißzeichnung vorbereitet hatte. Im Januar benachrichtigte er Perthes, er habe »eine ziemlich große Komposition zu Kosegarten seiner Kapelle untermalt, ein Mondscheinstück« (Degner, 326). Doch dann wurde die Arbeit an dem Gemälde, das der Maler in der Regel »Skizze in Öl« (HS II, 333) nannte, unterbrochen. Wie die »Ruhe auf der Flucht« blieb das Gemälde unvollendet, freilich in einem ungleich früheren Stadium als die andere biblische Darstellung. Denn der Zusammenbruch Preußens, die Besetzung Pommerns durch die französische Armee, der wirtschaftliche Niedergang der Provinz verzögerten den Anfang 1807 begonnenen Bau der Kapelle, die erst 1816 wie geplant als achteckiger Zentralbau fertiggestellt werden konnte. Damit entfiel für Runge auch die Notwendigkeit, weiter an dem Gemälde zu arbeiten, das er vermutlich nur als ausgeführte Studie für das Altarbild selbst betrachtet hat.

Das Gemälde behandelt das im Neuen Testament von Matthäus (14,22–32) berichtete Wunder: Nach der Speisung der 5000 sandte Jesus seine Jünger in einem Schiff voraus über das Meer; ein Sturm bricht aus, und das Schiff gerät in Gefahr. »Da kam

Jesus zu ihnen und ging auf dem Meer. Und da ihn die Jünger sahen auf dem Meer gehen, erschraken sie und sprachen: Es ist ein Gespenst! und schrien vor Furcht.« Auf Geheiß Jesu schreitet nun Petrus auf den Wogen auf seinen Herrn zu. »Er sah aber einen starken Wind; da erschrak er und hob an zu sinken, schrie und sprach: Herr hilf mir! Jesus aber reckte alsbald die Hand aus und ergriff ihn und sprach zu ihm: O du Kleingläubiger, warum zweifeltest du?« – Runge schrieb am 4. Dezember über das Thema und sein Bild: »... so hatte ich vor, eine ausführliche Skizze in Öl auszumalen zu einem Bilde für die Kapelle, welche Kosegarten bei Arkona angefangen: die Erscheinung Christi, wo er zu Petro sagt: Du Kleingläubiger, warum zweifeltest du? Es ist im Mondenschein, und da das Ganze in einer ansehnlichen Größe im Verhältnis zum Gebäude ausgeführt werden soll, auch als das einzige Bild darin, so würden manche imposante Erscheinungen, der Wogen, des Mondscheins, des Stürzens des Schiffes, mit den nächsten Umgebungen in der Natur auf Rügen in Einklang stehend zusammenzufassen sein.« (HS I, 348) Die Kapelle war ja eine Fischerkirche, an einer Stelle, wo Kosegarten im Sommer unter freiem Himmel seine berühmten Uferpredigten hielt, wenn »der stündlich erwartete Zug der Heringe es den Bewohnern nicht gestattete, in die fern liegende Kirche zu gehen«.

Ein passenderes Thema für eine Fischerkirche war schwerlich denkbar, und es verwundert nicht, daß sich der Maler sofort für dieses entschied, und ganz gewiß dachte er während der Arbeit an den Ort der Aufstellung, an die umgebende Uferlandschaft und an die Fischergemeinde, der das Gemälde gehören sollte.

Ob Runge sein »Mondscheinstück« als nächtliches Gegenstück zur »Ruhe auf der Flucht« (Abb. 49) gedacht hatte? Die Beziehungen der beiden Gemälde scheinen jedenfalls auf der Hand zu liegen: Das Bild der Ruhe, in dem das Christuskind in der lichterfüllten Landschaft des Morgenlandes erscheint, entspricht als harmonisches Gegenbild dem sturmerfüllten, nächtlichen Meerstück, das der Mond erhellt. Beide Gemälde gestalten das Wunderbare: in dem Morgenbild ist das Wunder im Kind erschienen, am Ort absoluter Bewahrung, zwischen dem Kindermord in

Bethlehem und der tätigen Verkündigung des Evangeliums durch Christus, die zur Passion und zum Kreuz führt, ein Bild der Verheißung, die ein für allemal über die Welt ausgesprochen ist. Im »Petrus auf dem Meer« geschieht das Wunder exemplarisch in einer bestimmten Situation und besonders an einem Menschen, an Petrus. Es ist also das lebendige Wirken des Gottessohnes in der verwirrten, aufgerührten Welt an denen dargestellt, die an ihn glauben. Auch dies ein Bild der Verheißung: Wo Christus übers Meer gewandelt ist, herrscht Stille. Er wird auch den Jüngern aus der Sturmesgefahr heraushelfen – indem er der Natur gebietet – wie jedem Menschen, der ihn in der Not zu Hilfe ruft.

Die Evangelistensymbole kennzeichnen das Boot als Schiff der Kirche. Christus bewahrt es vor dem Untergang. Der Mond mit den zarten Wolken, der zwischen den aufgetürmten rauchschwarzen Wolkenhaufen still hervorleuchtet, »wiederholt die Beziehung zwischen der ruhigen Bestimmtheit des Herrn und den Gewalten des Wassers« (Traeger). Er mag als Tröster, als Heiliger Geist zu verstehen sein.

Offensichtlich hat Runge die Aufgabe gereizt, ein richtiges Effektstück zu malen mit dramatischen Aktionen und lauten Empfindungen, deren Hektik dadurch besonders charakterisiert wird, daß Gelassenheit und Ruhe unmittelbar an die aufgeregten Bildzonen stoßen. Vorne die aufgetürmten Wogen mit dem auf der Welle reitenden Boot und den geisterhaft erschreckten Jüngern, in deren Mitte nur Johannes als geschlossene, ruhige Figur Vertrauen ausdrückt. Auf der Scheide zwischen Wogen und glattem Meeresspiegel steht Christus. Er und Petrus (Farbtafel 5) bezeichnen die Mitte der Bildgestalt und das Zentrum des Sinngehalts, vor dem alles andere, Schiff – Jünger – Landschaft – Himmel, als Variationen dieses zentralen Bildgedankens erscheint: der Rettung des Zweiflers aus Todesnot. An dieser Gruppe sollte sich wohl auch nach Runges Willen der einfache Betrachter festschauen, mit ihr sollte er sich identifizieren, um dann die anderen Sinnbezüge des Bildes aufzunehmen. So steht Christus mit seinem Jünger vor der ruhigen Wasserfläche und dem dunklen Himmelsgrund in einer Zone schweigender Andacht, während im weiteren Umkreis alles ungestüm gestikuliert, die Wellen und Wolken so gut wie die Jünger. Das Ganze bewegt sich in großen Schwüngen um diese Zweiergruppe, und der gebauschte Mantel des Christus gebietet mit großer Gebärde über die kreisenden Elemente.

Rembrandts Hell-Dunkel-Malerei hat Runge geholfen, das Nachtstück zu bewältigen. Manches ist noch zu laut geraten, besonders die furchtsamen Jünger, aber bei weiterer Bearbeitung hätte der Maler sicherlich noch vieles genauer durchdacht. Der Mond im Wolkenhimmel und seine Spiegelung im Wasser scheinen fast völlig durchgemalt worden zu sein. Wer dächte bei diesem Landschaftsdetail nicht an Caspar David Friedrich? Aber bei Runge ist das Wunder der Erlösung nicht symbolisch verschlüsselt, sondern leibhaftiges Symbol, das sich in handelnden Figuren manifestiert. Das gilt für das Licht der Welt, das das Morgenbild der »Ruhe auf der Flucht« erfüllt, genauso wie für das Licht, das in die Finsternis gekommen ist, im »Petrus auf dem Meer«. Die Epiphanie der Erlösung konkretisiert sich nicht in vieldeutigen Lichterscheinungen, in Morgenhimmel oder Mond, sondern im Kind und in der Gestalt des Retters Christus.

8 Leben III

»Es ist nun die Zeit da, wo ich anfangen kann zu zeigen, was ich gewollt habe, und ich hoffe, Ihnen und der Welt zu beweisen, daß ich nicht umsonst gelebt habe, und meinen Anteil zu dem allgemeinen Streben nach der innigen Wahrheit, die dem Menschen allein alle Mühe und Not erträglich machen kann, beigetragen habe und beitrage.« (HS II, 290)

Ph. O. Runge, 31. Mai 1805

Die letzten Lebensjahre 1804–1810

Lebensgang: »Er behielt im ersten Augenblick noch die Zuversicht, daß es ihm an einem, wenn auch nicht so ganz zusagenden [Auftrag für Zimmerdekorationen], in Hamburg nicht leicht würde fehlen können: doch mußte er sich sehr bald überzeugen, daß der Zeitpunkt dort gerade am wenigsten geeignet war, so etwas, auf dessen Ausführung hätte gewartet werden müssen, zu bestellen, wenn auch Bilder, die fertig aus der Fremde kamen, noch immer gekauft wurden.« (HS II, 497)

Runges zweiter Aufenthalt in Hamburg, wo er mit seiner jungen Frau am 13. Mai 1804 eintraf, stand unter ganz anderen Vorzeichen als sein erster vor dem Studium an der Kopenhagener Akademie. Er war Familienvater, mußte das Leben mit seiner Frau erst einüben. Als Künstler wußte er, was er wollte. Er hatte in Dresden jedoch in Tieck und in den dortigen Bekannten Gesprächspartner gefunden, die ihn anregten und bereicherten. Hier in Hamburg erwarteten ihn der Bruder Daniel und seine Freunde, alles tätige Geschäftsleute, deren Tagesarbeit nicht viel Zeit zu intensiven Gesprächen übrig ließ. So hatte Runge in den ersten Monaten in Hamburg ein Gefühl von Ernüchterung und Hoffnungslosigkeit: »Da ich innerlich meine Ruhe verloren, so hat auch alles und jedes, das mich umgibt, seinen Glanz nicht mehr, und selbst das, was meine dumpfen Sinne zuerst erweckte, steht grob und platt vor mir. Die Blicke meiner Lieben dringen vergeblich in mich, es will die alte Flamme sich nicht entzünden. Ist denn alles, was ich dachte, was ich sah, wie ich in die lebendige Tiefe meines Geistes hinabfuhr und die Wunder erblickte von Angesicht zu Angesicht, die mir das Rätsel aufschlossen über den Zusammenhang, der uns in der Kunst gegeben ist, ist denn das nur Täuschung gewesen? – In mir ergrimme ich über diese Frage: Nein, ich bin nicht ausgeschlossen, die Wahrheit zu sehen, in mir regt sich die alte Sehnsucht zur Poesie, die mich lehrte, mich selbst zu erblicken und zu führen.« (HS II, 270)

Dann aber richtete er sich in der neuen Umgebung ein und begann an dem »Bildnis Pauline im grünen Kleid« (Abb. 30) und an der zweiten Fassung der »Lehrstunde der Nachtigall« (Abb. 18) zu arbeiten. Beim Malen mußte er die Erfahrung machen, daß er gründlicherer Kenntnisse bedurfte, um das zu erreichen, was ihm vorschwebte. Bei dem alten Maler und Essigbrauer Hofrat Johann Friedrich Eich in Altona holte er seit dem Sommer 1804 nach, was ihm bisher an handwerklichen Fähigkeiten fehlte. Unter Eichs Augen hat er auch das dritte Gemälde dieses Jahres, die »Mutter an der Quelle« (Abb. 24) vollendet. Neben diesen Arbeiten entstanden einige Zeichnungen, darunter die beiden Blätter zu den Heymonskindern (Abb. 34), die einzigen neuen Erfindungen. Dies Jahresergebnis zeigt, wie schwer Runge die Anpassung an die andere Umgebung gefallen ist.

Eigentlich spürt man einen kraftvollen neuen Ansatz seiner Kunst erst im nächsten Jahr 1805, in welchem die Einzelbildnisse, das »Selbstbildnis im blauen Rock« (Abb. 58), »Pauline im weißen Kleid« (Abb. 31), die Kinderbildnisse »Die kleine Perthes« (Abb. 60) und »Otto Sigismund im Klappstuhl« (Farbtafel 6), sowie die großen Gruppenbilder »Wir Drei« (Abb. 33) und »Die Hülsenbeckschen Kinder« (Abb. 62, Farbtafel 2, 3) entstanden, Bildnisse, die seinen Ruhm als Maler in der Öffentlichkeit begründet haben. In diesem Jahr malte er auch die »Ruhe auf der Flucht« (Abb. 48) mit den zugehörigen Entwürfen und Studien und zeichnete »Quelle und Dichter« (Abb. 27) und als umfassende graphische Arbeit in einem Zuge die Federblätter zum *Ossian* (Abb. 2 und 3) – eine reiche Ausbeute, die um so schwerer wiegt, wenn man die zögernde und langsame Arbeitsweise des Künstlers in Rechnung stellt.

Vielleicht half ihm dabei auch der Besuch des Freundes Klinkowström, der vom November 1804 bis zum Sommer 1805 in Hamburg bei ihm »auf der Stube arbeitete« und auch am Unterricht bei Eich teilnahm. So hatte Runge einen vertrauten Gesprächspartner und einen Kollegen, der ihm die immer wieder aufwachenden Zweifel an seinem Können mildern konnte: »Wir arbeiten hier immer frisch weg und Gott wird uns wohl so weit helfen, daß wir etwas Rechtes zu Tage fördern.« (HS II, 288)

Im Jahre 1806 fuhr er mit seiner Familie zu den Eltern nach Wolgast, wo er von Ende April bis zum April 1807 lebte. Er malte dort das Bild der Eltern (Abb. 63) und arbeitete am »Petrus auf dem Meer« (Abb. 51); beide Gemälde bereitete er durch umfangreiche gemalte und gezeichnete Studien vor. Obgleich sich der quantitative Ertrag dieses Jahres nicht eben imponierend ausnimmt, entstand doch mit dem Elternbildnis sein bedeutendstes Bildnis überhaupt – in einem unruhigen Jahr, das im Oktober 1806 die Soldateska der geschlagenen Preußen und der nachdrängenden Franzosen auch nach Wolgast schwemmte, wo geplündert und gebrandschatzt wurde. An stetiges Schaffen war nicht zu denken. Der Maler half, wo er konnte. In mehreren Briefen bot er den Brüdern sogar an, seine Malerei aufzugeben und im Geschäft Daniels mitzuarbeiten.

In diesem Jahr begann er seinen bekannten Briefwechsel mit Goethe. Der Dichter und der Maler stimmten in den Grundfragen der Farbtheorie überein. Jeder hatte das Bewußtsein, vom anderen lernen zu können. Runge schickte ihm Arbeiten, Zeichnungen zu den »Zeiten«, Scherenschnitte und das Selbstbildnis (Abb. 59), das er in Wolgast gezeichnet hat. Der schöne klare Kopf, der etwas Zugewandtes, Offenes besitzt, stimmt gut mit dem Ton der Rungeschen Briefe überein, in denen er dem Dichter von seinem Denken und seinen Arbeiten berichtete. Goethe reagierte freundlich-gelassen, sogar zustimmend und manchmal ein wenig herzlich, ohne jedoch seine Distanz aufzugeben. Der Gedankenaustausch wurde bis zum letzten Lebensjahr des Malers fortgeführt und gestaltete sich zeitweise so intensiv, daß Goethe ihn am 23. Juli 1808 nach Weimar einlud: »Denn über die Punkte, die uns beide interessieren, muß man sich mündlich verständigen.« (HS II, 363) Und am 18. Oktober 1809 schrieb der Dichter: »Wie angenehm ist mir's, daß ich auch unter den Gleichzeitigen Gleichgesinnte nennen kann, die ich bisher nur unter den Abgeschiedenen aufsuchen mußte.« (HS II, 389) – Doch blieb die Distanz erhalten, denn Runge fühlte wohl, daß seine Kunst von Goethe nicht anerkannt wurde, sondern wie die ganze romantische Bewegung von diesem als abstrus und wunderlich empfunden wurde.

So ist es erklärlich, daß in Runges Brief an Brentano vom 9. Januar 1810 die alte Antipathie der Dresdner Jahre gegen die Kunstmaßstäbe Goethes und seine Weimarer Freunde noch einmal aufbrach: »Mit dem Teufelholen hat es auch so leicht nicht Not, denn sonst wären wir schon alle in schlechter Gesellschaft, und wo möchte wohl Ihr verehrter Herr von Goethe sein, wenn der Teufel ihn nach seinen Kunstkritiken in den Propyläen beurteilen dürfte.« (Feilchenfeldt, 29)

Im Januar 1807 begann Runge mit dem Bildnis von »Pauline mit dem zweijährigen Sohn Otto Sigismund« (Farbtafel 16), das unvollendet geblieben ist, weil es der Maler nach seiner Abreise nach Hamburg nicht mehr berührt hat. In Wolgast hat er auch das Bildnis seiner Nichte Wilhelmine Helwig (Farbtafel 8), der Tochter seiner Schwester Ilsabe Dorothea, geschaffen. Sonst wurden in diesem für ihn künstlerisch wenig ergiebigen Jahr nur noch einige Bildnisse begonnen oder abgeschlossen, die verschollen sind, woraus man schließen kann, daß es sich mit einer Ausnahme wohl nicht um ausgeführte Arbeiten in größerem Maßstab gehandelt haben kann.

Auch das Jahr 1807 stand unter keinem guten Stern. Die Besetzung Hamburgs durch die Franzosen führte zur völligen Umgestaltung des Hamburger Geschäftes. Daniel trennte sich von seinen Partnern Hülsenbeck und Wülffing und gründete ein eigenes Handelsunternehmen mit Philipp Otto Runge als stillem Teilhaber. Es scheint, als habe der Maler nach seiner Rückkunft in Hamburg kaufmännisch gearbeitet, um den Bruder zu unterstützen. Auch sein Aufenthalt in Wolgast war ja notwendig geworden, weil Daniel Anfang des Jahres 1806 einen schweren geschäftlichen Rückschlag erlitten hatte, so daß Runge offenbar den Bruder entlasten mußte durch seine Abreise zu den Eltern. Der von Runge angegebene Grund, er wolle nach Wolgast fahren, um »Vater und Mutter für uns alle zu malen« (HS II, 287) (15. Januar 1805), hebt diesen anderen, notwendigen nicht auf.

Erst im Jahre 1808 kam Runge wieder zu kontinuierlicher Arbeit. Er unternahm eine breit angelegte Durcharbeitung des Bildgedankens im »Morgen«, die im Gemälde »Der Kleine Morgen« (Abb. 45) gipfelte. Auch die »Freuden der Jagd« (Abb. 22), den Entwurf zu einer Zimmerverzierung, hat Runge wahrscheinlich in diesem Jahr abgeschlossen, dazu ein Bildnis des Freundes Klinkowström.

Das Jahr 1809 war der Arbeit an den »Zeiten« gewidmet. Das Hauptbild des »Großen Morgen« (Farbtafel 14) wurde vorangetrieben, das Doppelbildnis seiner Kinder gemalt, weiter das Porträt seiner Schwiegermutter Marie Frédérique Bassenge und des Freundes Johann Philipp Petersen; das Aquarell »Arions Meerfahrt« (Abb. 23) und die Vorzeichnungen zu einem Kartenspiel entstanden. Für Perthes schuf er die Zeichnungen »Fall des Vaterlandes« (Abb. 54) und »Not des Vaterlandes«, mit denen er zum erstenmal ein politisches Bekenntnis abgelegt hat. Außerdem arbeitete er an der Herausgabe seiner kunst-theoretischen Schrift der Farbenkugel.

1810 – Runge mochte das nahe Ende ahnen – schloß er in wenigen Monaten das »Selbstbildnis im braunen Rock« (Farbtafel 13) und das »Bildnis Pauline« (Farbtafel 11) ab. Er malte das Bildnis des Bruders Daniel und das von Friedrich Perthes, ein Doppelbildnis des Ehepaars Deuth und »Sophia Sieveking auf dem Sterbelager«, alle drei zuletzt genannten Werke sind verschollen. Erhalten ist aber die großformatige Zeichnung (Abb. 56), die das Gemälde der sterbenden Sophia vorbereitet hat. Überdies sind in dieser letzten Schaffenszeit das Aquarell »Nachtigallengebüsch« und die Zeichnungen zu einem Buchumschlag mit den Darstellungen von »Natur« und »Geist« ausgeführt worden.

Seit März 1810 wurde der Maler von ständiger Krankheit gequält, so daß er bis zu seinem Tod nicht mehr arbeiten konnte.

Runge selbst hat am 5. August 1810 die Bilanz seiner Schaffensjahre mit der Gelassenheit dessen, der Endgültiges feststellt, gezogen: »Ein anderer und ganz guter und gesunder Grund, daß ich Ihnen [Clemens Brentano] dieses Versprechen [nämlich des Dichters *Romanzen vom Rosenkranz* zu illustrieren] nicht machen kann, ist der, daß es mir in meinem Leben höchstens nur 1, 2, höchstens 3 Jahre erlaubt gewesen ist, ohne Unterbrechung, ein Künstler- oder vorzüglich ein Malerbestreben rein durchzuführen, so bin ich oft Jahre lang von aller wirklichen Arbeit durch so verschiedene Begebenheiten abgehalten, ja einige mal mit der Aussicht, nie wieder dazu zu kommen. Daher ich so vieles angefangen, so wenig vollendet ... Die Praktik und die Schnelligkeit und Leichtigkeit ist aber dann auch in so einem Leben nie zu erlangen nochmal zu begehren, denn die geht aus einer fortgesetzten Ausübung hervor. –« (Feilchenfeldt, 42)

Überblickt man diese Jahre in Hamburg, so muß man zwei Tatsachen abschließend hervorheben:

1. Runge hat in Hamburg nie das Gefühl verloren, abseits zu leben in einer Stadt, in der das auf Zweckmäßigkeit und Ertrag des Handels gerichtete Interesse fast alles beherrschte. Die Hoffnung, hier Auftraggeber zu finden, wurde gründlich enttäuscht. Er, der so sehr auf die Auseinandersetzung mit Gleichgesinnten, in Dingen der Kunst Bewanderten im Gespräch angewiesen war, fühlte sich gleichsam ausgesetzt in eine Umgebung, in der Kunst nur eine Statistenrolle spielte (vgl. HS I, 179, 187; HS II, 338, 349).

Die Frage, wie ein Künstler in der Provinz ein neues Kunstkonzept weiter entwickeln und durchsetzen kann, stellte sich Runge in modern anmutender Schärfe. Von Runge aus wäre diese Frage eindeutig negativ zu beantworten. Kunst, die neuen Sinngehalten in neuer Gestalt Ausdruck geben will, braucht lebendige Auseinandersetzung. Der Maler hat unter dem Fehlen einer kunstfreundlichen, aufreizenden und spannungsreichen Konkurrenz-Atmosphäre in Hamburg gelitten.

2. Runge war zeit seines Lebens materiell von seiner Familie, besonders von dem Bruder Daniel abhängig. An ihm vollzog

sich das Gesetz der neuen Zeit, das niemanden für den Künstler verantwortlich machte. Die Gesellschaft, die den Künstler ausgesperrt hatte, kümmerte sich nicht mehr um ihn. So war Runge – wie so viele seiner Zeitgenossen-Künstler, wie so viele Künstler bis heute – auf Gönner, Freunde, Familienangehörige angewiesen oder auf staatliche oder sonstwie öffentliche Herablassung. Daniel Runge hat mit großem Takt, mit Opferbereitschaft und unerschütterlichem Glauben an die Berufung des Bruders für Philipp Otto gesorgt, so wie später Theo van Gogh für seinen Bruder Vincent. Aber Runge hat diese Abhängigkeit immer bedrückt. Mit der Familiengründung, mit dem Leben in unmittelbarer Nähe des Bruders in Hamburg wird ihm diese Abhängigkeit fühlbarer geworden sein. Immer wieder hat sich der Maler Gedanken darüber gemacht, wie er mit seiner Kunst Geld verdienen könnte. Von den Zimmerverzierungen haben wir gehört; in Dresden hatte er den Plan, durch Kopien der Galerie-Bilder, die er vermitteln wollte, zu Geld zu kommen. Auch Porträts wollte er malen.

Aufschlußreich ist Runges an Daniel gerichteter Brief vom 8. Februar 1807: »Es ist bei mir keine Frage, ob ich in Verbindung mit dir arbeiten und leben will; ich wünsche die Zeit so bald wie möglich herbei, und wäre es heute noch, wo ich etwas erwerben könnte, um ein Mann sein zu können, und ich bitte dich nur, daß du nicht zu früh berechnest, wie wir Zeit gewinnen wollen für die Musen ... Wie glücklich für uns, wenn wir etwas eignes hätten durch die Arbeit! Gewiß würde es die Gestalt unserer Eigenschaften erhalten, wenn es die Geburt unserer Arbeit wäre ... Wie sehr ich wünsche, aus der Existenz, worin ich jetzt bin, und worin ich nichts bin, heraus zu sein, möchte ich dir mündlich sagen ... Ich stehe an einer entscheidenden Epoche meines Lebens. Wenn ich dich sprechen könnte, würde ich dir mit ein paar Worten sagen können, warum ich als Maler nicht subsistieren [für mich allein bestehen] kann. Es ist etwas, das wir immer undeutlich uns vorgestellt haben, die Zeit hat es nun herbeigeführt und die Wirklichkeit wird uns die Meinung aufklären. Ich muß so durch, denn es kann nicht anders sein, und du bist es, mit dem ich es kann.« (HS II, 339f.)

Welch groteske, erniedrigende Lage ist das, in der sich Runge, in der sich so mancher Künstler bis heute befunden hat und befindet! Die Gesellschaft, die mit Kunst nicht viel anfangen kann, weil die Bilder ihre gesellschaftlichen Funktionen verloren haben, hält die Künstler nicht nur in dem eingegitterten Freiraum unter Verschluß, sondern gibt ihnen auch noch das demütigende Bewußtsein, nichts Männliches (was immer das sei), nichts Gesellschaftsdienliches zu leisten. Schließlich muß der Künstler an dem Sinn dessen, was er tut, verzweifeln. Denn wenn er etwas produziert, das niemand wirklich für nützlich hält, bleibt ihm kaum eine andere Möglichkeit, als an sich irre zu werden.

Die 150. Wiederkehr von Runges Geburtstag, 1977 in Ausstellungen gefeiert, darf uns nicht darüber hinwegtäuschen, daß der Künstler mit dem Bewußtsein gestorben ist, nichts vollbracht zu haben.

Die Farbenlehre

Lebensgang: »Die großen Kenntnisse der Vorteile in der Behandlung, welche dieser sinnige Mann [der Maler Eich] in Altona sich erworben, wußte vielleicht unser Runge bald besser als er selbst in seinen Produktionen anzuwenden, wurde dadurch aber zugleich inniger als schon vorher auf die Überzeugung von einer Tiefe in den elementaren Verhältnissen der Farbentöne zueinander geleitet, deren möglichste Ergründung ihm nun zu einer Notwendigkeit wurde, vornehmlich um sie zur Ausführung seiner Tageszeiten mit der klarsten Ansicht von ihrer Wesenheit anwenden zu können.« (HS II, 498)

Die entscheidende Rolle, die die Farbenlehre in Runges Denken und Kunst gespielt hat, die Stellung seiner Untersuchungen in seiner Zeit und die Wirkungen, die diese auf die Kunst des 20. Jahrhunderts ausgeübt haben, hat Heinz Matile präzise und umfassend dargelegt. Ich werde Matile folgend eine kurze Zusammenfassung der Rungeschen Farblehre geben.

Runges besonderes Interesse an der Farbe bekundet sich erstmals in dem Brief vom 7. November 1802: »Die Farbe ist die letzte Kunst und die uns noch immer mystisch ist und bleiben muß ... Es liegt in ihnen das ganze Symbol der Dreieinigkeit zum Grunde: Licht, oder weiß, und Finsternis, oder schwarz, sind keine Farben, das Licht ist das Gute, und die Finsternis ist das Böse (ich beziehe mich wieder auf die Schöpfung); das Licht können wir nicht begreifen, und die Finsternis sollen wir nicht begreifen, da ist den Menschen die Offenbarung gegeben und die Farben sind in die Welt gekommen, das ist: blau und rot und gelb. Das Licht ist die Sonne, die wir nicht ansehen können, aber wenn sie sich zur Erde oder zum Menschen neigt, wird der Himmel rot. Blau hält uns in einer gewissen Ehrfurcht, das ist der Vater, und rot ist ordentlich der Mittler zwischen Erde und Himmel; wenn beide verschwinden, so kommt in der Nacht das Feuer, das ist das Gelbe und der Tröster, der uns gesandt wird – auch der Mond ist nur gelb.« (HS I, 17)

Diese Äußerung ist unter dem Eindruck des Studiums der Schriften Jakob Böhmes gemacht worden, auf den der Maler durch Tieck hingewiesen worden ist. Wie Böhme sah Runge weiß und schwarz als polare Gegensätze von Licht und Finsternis, wobei dem Maler die biblische Schöpfungsgeschichte einen festen, unspekulativen Bezugspunkt bot. Bezeichnend für Runges spätere Farbenlehre ist deren religiöse Fundierung, aus der die symbolische Bedeutung der Grundfarben wächst: Blau ist Gott, der Vater, Rot ist Christus, der Mittler, Gelb ist der Heilige Geist, der Tröster, dem der Mond gleichgesetzt wird. Die wirkliche Erkenntnis von Licht (= Gott, der Schöpfer) und Finsternis ist im irdischen Bereich nicht möglich, aber die Offenbarung ist den Menschen gegeben in den Farben. Die drei Grundfarben entsprechen der Dreieinigkeit: »Das simple Symbol der Dreieinigkeit Gottes ist das Sinnbild des höchsten Lichts, wie das simple Symbol der drei Farben das des Sonnenlichtes.« (HS II, 210) – Diese Anschauung liegt allen seinen Farb-Untersuchungen zugrunde. Der Maler besitzt also die Möglichkeit, durch die richtige Anwendung der Farben die Offenbarung Gottes im Kunstwerk sichtbar zu machen.

Runge suchte aber von Anfang an nicht allein den Symbolwert der Farbe zu definieren, sondern er begann auch, die Farben selbst zu untersuchen, weil es ihm darauf ankam, die Reinheit der Farben, die Farbe als Eigenwert zu erkennen und anzuwenden.

In diesem frühen Stadium aber überwog sein Interesse an dem Symbolgehalt der Farben. Dies macht seine Beschreibung der vier »Zeiten« in den Briefen vom 30. Januar und 22. Februar 1803 deutlich (HS I, 31 ff., 35 f.). Sie muß unter dem Gesichtspunkt der Dreieinigkeit = den drei Grundfarben verstanden werden: »Morgen« und »Abend« sind durch das Rot dem Sohn gewidmet, der »Tag« durch das Blau dem Vater, die »Nacht« durch das Gelb dem Heiligen Geist. Doch die Farbe ist nicht nur als Symbol, sondern auch als Darstellungsfarbe gedacht: Das Rot im »Morgen« hat nur Darstellungswert, es bezeichnet das Sonnenlicht. Mit dem Blau im »Tag« ist auch die Farbe des Mittaghimmels gemeint, das Rot im »Abend« ist die Farbe des Sonnenuntergangs, das Gelb der »Nacht« stellt den Mond und das Feuer dar (Waetzoldt). Runge dachte zu diesem Zeitpunkt schon daran, seine Erkenntnisse praktisch in der Malerei und in den geplanten Gemälden der »Zeiten«-Folge anzuwenden, »indem er den übernatürlichen Ursprung und die irdische Erscheinungsweise der Farbe – Ideales und Reales – zugleich anschaulich zu machen suchte.« (Matile, S. 124)

Als Runge 1804 in Hamburg daran ging, seine »Lehrstunde der Nachtigall« (Abb. 18) zum zweitenmal zu malen und das Gemälde »Mutter an der Quelle« (Abb. 24) zu schaffen, mußte er sich in die Schule des Praktikers Eich begeben, weil er merkte, daß sein Können nicht genügte. Aber bald erschien ihm die handwerkliche Seite als nicht ausreichend, um das zu vergegenwärtigen, was ihm vorschwebte. Wollte er »den übernatürlichen Ursprung und die irdische Erscheinungsweise der Farbe« (Matile, S. 124) auf der Bildfläche in einer harmonischen »Totalform« erscheinen lassen, mußte er tiefer in die Gesetzmäßigkeit der Farben eindringen – und immer hatte er dabei seine »Zeiten« im Sinn, die er malen wollte. Denn wenn die Farbe die »letzte Kunst« war, das heißt, das höchste Erreichbare für den Künstler, dann mußte man ihre Möglichkeiten so genau wie möglich zu erkennen versuchen, um sie gezielt anwenden zu können.

Dabei ging Runge nicht methodisch-naturwissenschaftlich vor, weil ihm bewußt war, daß die wissenschaftliche Erkenntnis dem Maler wenig helfen konnte, ja ihn an der freien Entfaltung seiner Kunst hinderte. Denn die Möglichkeiten des Künstlers waren unendlich groß, sie ließen sich nicht nachmessen.

Runge ging von der Überzeugung aus, die sein ganzes Denken bestimmte, daß alle Erscheinungen, die der Mensch erkennen kann, miteinander in einem deutlichen Zusammenhang stehen. Diese »bestimmte Ordnung und den vollständigen Zusammenhang zwischen unseren Mitteln und der Natur zu entdecken« (HS I, 85) ist Sinn der Farblehre.

Die »drei Grundformen aller menschlichen Erkenntnis« – Form, Materie und Farbe – haben »nur eine Wurzel und Ursprung in dem ganzen Sinn des Gesichts [dem Schauen, der Optik] ..., in welchem alle als in ein absolutes sinnliches Erkenntnisvermögen zusammenfließen« (HS I, 150). Form ist dabei Zeichnung und Perspektive, Materie die Stofflichkeit der Gegenstände (durchsichtig, undurchsichtig, glatt, hart usw.), Farbe das Ergebnis der unterschiedlichen Brechungen des Lichts, das auch das Verhältnis der Farben zueinander deutlich macht. Die drei Grundformen der menschlichen Erkenntnis stehen miteinander in einem »Urverhältnis«, sie ergeben eine »Total-Ansicht«. Sie können zwar als die »drei verschiedenen Seiten einer angewandten Optik (HS I, 154) für sich untersucht werden, sie bedingen jedoch einander in der Gesamterscheinung, und ihre Theorien übergreifen einander. Um das eine richtig erfassen zu können, muß man die beiden anderen mit im Auge haben. Auf die Einheit der Farbe angewandt, heißt das (ich beziehe mich hier auf Runges Schlußfolgerung – HS I, 154 –, benutze aber unsere heutige Ausdrucksweise): Eine Untersuchung des Lichtes, die vom Licht ausgeht und alle Erscheinungen einbezieht, kann nur so vorgehen, daß sie die Wirkungen des Lichts in der Fülle der Erscheinungen verfolgt – umgekehrt muß eine Untersuchung der drei optischen Erkenntnisformen die Fülle der Erscheinungen auf das ihnen zugrunde liegende Urverhältnis zurückführen, und so werden beide Untersuchungsmethoden »von verschiedenen Seiten her auf ein Resultat kommen« (HS I, 154).

Matile stellt fest, das dieser Gedanke »in die Nähe von Goethes Suchen nach dem Urphänomen« geführt hat (S. 136). Goethe hat diese Verwandtschaft erkannt, Runge jedoch muß sie nur geahnt haben, denn als ihm der Dichter die beiden Bände seiner Farbenlehre im Frühjahr 1810 zusandte, war der Maler so schwach, daß er nicht imstande war, die Bücher konzentriert durchzulesen.

Runge hat in seiner Schrift *Die Elemente der Farben* die Farben tabellarisch geordnet, um – in erster Linie – andere Künstler anzuregen und möglichst mit ihnen in einen Erfahrungsaustausch einzutreten. Es handelt sich bei dieser Übersichtstabelle um den Versuch, auf Grund der drei Grundfarben die Mischungsmöglichkeiten in ein System einzuordnen.

Der zweite Schritt galt der Bemühung, einen Farbkreis und eine Farbenkugel zu entwerfen, um das System anschaulich vorzuführen. Runge hat Goethe von dieser Unternehmung berichtet und sie in seinem Brief vom 3. Juli 1806 dargelegt (HS I, 88–98). Goethe hat diesen in Auszügen dem didaktischen Teil seiner Farbenlehre eingefügt. Den Farbkreis beschreibt Runge so: »Drei Farben, Gelb, Rot und Blau gibt es bekanntlich nur. Wenn wir diese in ihrer ganzen Kraft annehmen und stellen sie uns als in einem Zirkel begrenzt vor, so bilden sich aus diesen drei Übergänge, Orange, Violett und Grün ...« (HS I, 91)

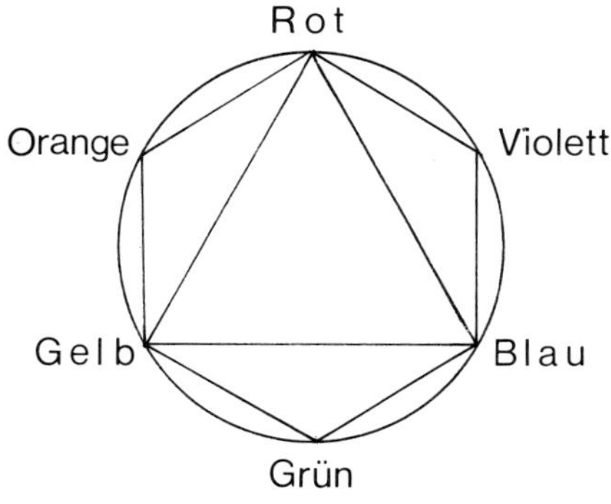

Diese Kreisfigur enthält jedoch nur Buntfarben, die Kreisfläche ist nicht einbezogen, das Verhältnis von Weiß und Schwarz zu den Buntfarben ist ausgeklammert.

Im November 1807 beschreibt Runge jedoch Goethe eine dreidimensionale Farbenordnung, die Farbenkugel (Farbtafel 16), die seiner farbtheoretischen Schrift den Namen gab. Sie erschien im Frühjahr 1810 im Verlag von Friedrich Perthes mit dem Titel: *Farben-Kugel oder Construktion des Verhältnisses aller Mischungen der Farben zueinander, und ihrer vollständigen Affinität; mit angehängtem Versuch einer Ableitung der Harmonie in den Zusammenstellungen der Farben.*

Ausgangspunkt sind die fünf Elemente, die einzigen, die man sich rein vorstellen kann, nämlich Weiß, Schwarz, Blau, Gelb und Rot. Weiß und Schwarz stehen dabei »als hell und dunkel überhaupt, in einem allgemeinen und anderen Verhältnis zu den Farben, als diese gegen sich unter einander.« (HS I, 115) Matile hat die Konstruktion der Farbenkugel eingehend dargelegt. Festzuhalten ist, daß Runge an »diesem ersten von einem Künstler geschaffenen Farbenkörper« (Matile, S. 148) nicht nur die Möglichkeiten der Farbmischung demonstrieren wollte, sondern auch die Gesetze der Harmonie.

Runge erkannte jedoch, daß seine Farbenkugel insofern eine Idealdemonstration war, als in der Praxis die hier gezeigten reinen Mischungsverhältnisse nicht zu erreichen waren. Die Kugel war also eine »Abstraktion von aller materiellen Bedingung«, die zur »Ordnung in unserer Anschauung« führen sollte (HS I, 107). Für die Arbeit des Künstlers war sie praktisch nicht verwendbar.

Wie konnte er erreichen, daß das Mittel Farbe, das den Zusammenhang der Natur und des Menschen mit Gott im Kunstwerk sichtbar machen sollte, tatsächlich der Lebendigkeit des »Totaleindrucks« in der Natur entsprach?

In seinem Aufsatz *Von der Doppelheit der Farbe* hat er seine Antwort auf diese Frage gegeben. Hier entwickelte er die Idee von den ihrer Natur nach »durchsichtigen und undurchsichtigen Farben«. »Die völlig undurchsichtige Materie läßt die Qualität der Farbe nur auf der Oberfläche erkennen; bei der durchsichtigen aber erkennen wir die Quantität sowohl wie die Qualität und unterscheiden also auch ohne Form die Qualität der Materie, an welcher die Farbe gebunden ist.« (Matile, S. 155) Das undurchsichtige Material nimmt den Farben alle Bewegung, die durchsichtige Farbe dagegen verändert sich je nach der Qualität des Materials.

Runge ordnete nun die Farben nach ihrer Farb- bzw. Lichthelle, er stellte der Reihe Weiß – Gelb – Rot – Blau – Schwarz, die für die undurchsichtigen Farben gilt, die Reihe Hell (Licht) – Gelb – Rot – Blau – Dunkel (Finsternis) der durchsichtigen Farben gegenüber. Jedes Element der undurchsichtigen Farben erhält so sein durchsichtiges Gegenbild. Gleichzeitig stellt er fest, daß jedes Element der durchsichtigen Farben jede undurchsichtige sowohl an Helligkeit wie an Dunkelheit übertreffen könne. Bei Runge ist diese Anschauung tief in seiner Glaubensüberzeugung verankert: »Durchsichtig und undurchsichtig haben ein Verhältnis gegen einander wie Ideales und Reales –. In einer durchsichtigen Farbe = Quantität erscheint durch das Licht die reine Idea der vorhandenen Farbe = Qualität. In einer farblosen durchsichtigen Quantität erscheint an der Grenze die Idea aller Farben (z. B. durch das Prisma). – Schwarz erhitzt sich durch den Kampf mit dem Licht.« (HS I, 164) – So schlägt die Lehre von den »durchsichtigen und undurchsichtigen Farben« durch in einen metaphysischen Bereich: »... das Licht als die höchste Kraft, die endlose Wirksamkeit und Klarheit, erscheint in Weiß – schwach, duldsam, undurchsichtig; der unermeßliche Raum als die grenzenlose Ausdehnung, die leichteste Entweichung, und grundlose Dunkelheit der Tiefe, erscheint in Schwarz – kräftig, zusammenziehend, undurchsichtig. Nun betrachte die Farbenkugel, wo die beiden Pole, diese beiden sinnlich erschienenen Kräfte, sich ihrer Eigenschaft wieder entäußern; da wo die Kugel sich ausdehnt durch die Luft im Raum, wird die Blume des Daseins, die Farbe erzeugt. Wenn du hier die Kreatur betrachtest, wie alles aus der wieder in dem Chaos entäußerten Kraft, dem Wasser, geboren wird, wie jede Blume, jedes Metall, Edelstein, lebendig, kräftig, glühend, nur in und durch die Vernichtung in Gott ist – eben so kannst du Mensch nur sein, werden und wirken, nicht daß du es tust, sondern daß es getan wird, weil es Gottes ist. Daß du nicht reden willst, redet Gott durch dich, – daß du nicht wirken willst, wird dir gegeben die Wirkung des Geistes; – wo aber die Kräfte sich verkehren, wo sie das Pfund vergraben, wo sie nicht sein wollen in dem Geist, aus welchem sie geboren sind in der Erscheinung, da geschieht die Vernichtung, daß das Wesenlose, das ist die Hölle, erscheint, die unerreichbar ist in ewiger Pein.« (HS I, 161)

Diese verkürzte, vereinfachende und fragmentarische Übersicht über die Farbenlehre Runges kann nur eine Ahnung von ihrem Gehalt geben. Festzuhalten ist, daß sie nicht reine Theorie geblieben ist, die im Mystisch-Religiösen ihre Wurzeln hat – ohne deshalb spekulativ zu sein –, sondern daß Runge selbst in seinen späten Bildern diese Theorie praktisch angewandt hat; in diesem Zusammenhang sei auf die »Ruhe auf der Flucht« (Abb. 49), auf den »Kleinen Morgen« (Abb. 45) und auf den »Großen Morgen« (Farbtafel 14) verwiesen.

Es ist hier das gleiche Phänomen festzustellen, das wir schon in seinem Glauben, seiner Liebe, seinen Stellungnahmen als Künstler als einzigartig erkannten: Alles, was er dachte, glaubte und schuf steht in einem innigen – nicht logischen – Zusammenhang, als ginge er von einem Daseinsgefühl aus, das jede seiner Äußerungen und Handlungen auf ein Ziel hinsteuerte: als Künstler in seiner Zeit schöpferisch zu wirken.

Der Fall des Vaterlandes

Lebensgang: »Es war nun in Tilsit zu einem Frieden gekommen, der, wie es zwar in der Lage der Dinge nicht anders sein konnte, die Unterdrückung Preußens und Deutschlands vollendete; und tief in das Herz griff unserem Runge, wie allen Edleren, die falsche Beruhigung, welche eine, an nichtiger Geschäftigkeit hangende Welt hierin für die Verfolgung ihrer untergeordneten Zwecke zu finden glaubte; den stehenden Sumpf des allgemeinen trüben Zustandes für die ruhige Fläche eines in sich lebendigen Wassers, in welchem sich die Sonne und die Gestirne spiegeln, nehmend.« (HS II, 503 f.)

Runge war sich bewußt, in der Zeit eines Umbruchs zu leben. Dieses Grundgefühl war seit seiner Dresdner Zeit in allem anwesend, was er empfand, dachte und tat.

Sein Glaube lehrte ihn erkennen, daß die Welt von Gott abgefallen war und umkehren müsse zu diesem Ursprung. Dies galt auch für die Kunst: »Diesem Elende nun abzuhelfen, und mein Leben daran zu setzen, um zu erforschen, ob wir auf unsre geoffenbarte Religion nicht eine Kunst bauen können, das ist mein Plan.« (HS II, 179) Die Kunst muß sich – wie der einzelne Mensch – auf Gott besinnen, sich auf ihn zurückführen lassen, wenn eine neue Kunst entstehen soll in einem geschichtlichen Augenblick, in dem alle Traditionen nicht weiterhelfen. Aus dieser Überzeugung zieht Runge sein Selbstbewußtsein und das deutliche Gefühl, von Gott berufen zu sein, um als Künstler der Kunst die neue Bahn zu brechen.

In diesem Zusammenhang hatte er auch die Vision eines Weltuntergangs, eines Krieges, der mit allen den abgelebten alten Werken und Verhältnissen radikal aufräumt: »Ich dachte einmal so an einen Krieg, der die ganze Weltum kehren könnte, oder wie so einer eigentlich entstehen müßte, und sah eben gar kein anderes Mittel – da der Krieg nun durch die ganze Welt hin zu einer Wissenschaft geworden, und also gar kein rechter mehr existiert, oder da auch kein Volk mehr vorhanden ist, welches ganz Europa und die gesamte kultivierte Welt einmal massakrierte, wie die Deutschen es mit den Römern gemacht, als der Geist von diesem Volke gewichen war – ich sah, sage ich, kein andres Mittel, als den jüngsten Tag, wo die Erde sich auftun und uns alle verschlingen könnte, das ganze menschliche Geschlecht, so daß auch gar keine Spur von allen den Vortrefflichkeiten heutigen Tages nachbliebe.« (HS I, 8) – Liest man diese Sätze, so wird man an die Generation vor dem Ersten Weltkrieg, vor 1914 erinnert, in der das reinigende Feuer des Krieges herbeigesehnt wurde. Das Wort vom Fegefeuer des Krieges war damals Allgemeingut des sogenannten geistigen Deutschland. Franz Marc schrieb aus dem Feld: »Wenn aus diesem Krieg kein Dichter und keine Musik hervorgeht, dann gibt es überhaupt keine mehr.« (13. April 1915)

Runges Briefäußerungen aus dem Jahr 1802 zeigen, daß seine Anteilnahme an den Zeitereignissen unpolitisch war. Denn als dann die Franzosen 1806 die Preußen bei Jena und Auerstedt besiegten und der Maler den Krieg in Wolgast als Wirklichkeit erlebte, fand sich kein Hochgefühl bei ihm. Sachlich und realistisch reagierte er, ohne einen spekulativen, tieferen Sinn in den Ereignissen zu suchen.

Runges Katastrophensehnsucht darf man also nicht überbewerten. Sie ist nur der radikalste Ausdruck seiner Überzeugung, daß sich alles erneuern müsse, was in der Zukunft bestehen wolle. Nicht aus dem Fortspinnen des Überkommenen kann das Heilbringende erwachsen, sondern aus einem umfassenden Beginn. Entscheidend ist dabei sein Grundgefühl, in einer Wende zu leben, in einer schlimmen Zeit als »Schaf mitten unter die Wölfe gekommen« zu sein. Das ist eine existenzielle Erfahrung, die letztlich von der geschichtlichen Zeit unabhängig ist. Sie ist wiederum in seinem Glauben verankert, denn daß die Erde ein Jammertal ist, in der das Gute mit dem Bösen ringt, ist protestantische Exegese der biblischen Botschaft.

Erst unter dem Eindruck der Napoleonischen Siege und der französischen Herrschaft bildeten sich bei Runge politische Überzeugungen. Sie haben drei Aspekte:

1. Runge verabscheute die Preußen. Das ist für einen in Pommern Geborenen, der in der sächsischen Residenz einige Jahre gelebt hatte und in der freien Hansestadt Hamburg wohnte, gewiß verständlich. Noch in Dresden, im Brief vom 16. Oktober 1802 (HS II, 160), sagte er dem preußischen Staat den Untergang voraus, weil er die Intelligenz seiner Bürger nicht ausbilde. Am 30. September 1806: »Gott behüte uns, wenn die Preußen siegen!« (HS II, 322) Die härteste Verurteilung jedoch findet sich im Brief vom 29. Juli 1807: »Wenn die Preußen jetzt noch so rasend sein wollen, in ihrer ganzen Wirtschaft die alte Leier fortzuspielen und fortzuspielen den Popanz vom Militärstaat, wie sollen die Menschen in einem solchen Staate zur Besinnung kommen, wenn, nach dem, was geschehen, der Höchste im Staat nicht ahnen sollte, was unnatürlich ist?« (HS II, 347)

2. Runges Antipathie steht im Zusammenhang mit seinem Bewußtsein, nur eine innere Erneuerung könne aus dem Schrekken der Gegenwart heraushelfen. In diesem Erneuerungsplan hat Preußen als stupider Militärstaat keinen Platz, ja überhaupt kein Fürstenstaat, der »unnatürlich« ist: »Wenn die Fremden Deutschlands Fürsten überwunden haben, sollten die Deutschen Völker die fremden Fürsten, die nun über sie herrschen, nicht zu Deutschen machen können?«, fährt er fort in diesem Brief; und weiter: »Das Beste, was an uns ist, sehen die Fremden nicht, und das Höchste, wonach wir uns sehnen, wollen sie nicht. Sollte denn der Tod über unsern lebendigen Glauben herrschen können? ... Was wollen uns die Franzosen tun, wenn sie uns auch alle ihre Künste über den Nacken würfen, und wir behalten nur die Treue, die sie nicht haben?« (HS II, 347)

Die Zeit der Heimsuchung ist die Zeit der Bewährung. Da kann nur bestehen, wer sich seines Wesens bewußt ist, das heißt, seines Zusammenhangs mit Gott – das ist das Höchste, »wonach wir uns sehnen«. Darin besteht auch die Treue: »... und wem etwas daran liegt, daß die Deutsche Gesinnung und Nation nicht ganz verloren gehe, der muß in sich vor allen Dingen die Treue bewahren, die der Weg zu allem Edlen ist.« (HS I, 205) Das ist nicht die Treue der Nibelungen, an die Runge »mit dem Kampf in jetziger Zeit in seiner Verworrenheit, Hilflosigkeit, Schuld und Unschuld« (HS II, 298) so vieles erinnert, es ist die Treue zu den eigenen Ursprüngen, zum Deutschen und zur eigenen Wesensbestimmung, zugleich auch die Freiheit. Was gemeint ist, hat Friedrich Perthes 1809 in der Ankündigung zu seiner patriotischen Monatsschrift *Vaterländisches Museum* deutlich gesagt: »Seit Kultur und Deutscher Sinn jetziger Zeit unter uns wohnte, war das Streben jedes kräftigen, kenntnisreichen, sinnigen Deutschen, seine individuelle Freiheit zu retten.« (HS I, 357) Es kann kein Zweifel sein, daß Runges politische Ansichten stark unter dem Einfluß von Perthes gestanden haben.

3. Der dritte Aspekt ist Runges Trauer über die Unfähigkeit seiner Landsleute, sich zu ändern, zu besinnen, sich zu er-

> neuern: »Wir freuen uns hier nicht und just das traurigste ist es, daß man hin und wieder hört, wie sich glücklich gepriesen wird, daß nach dem allgemeinen Frieden [dem Frieden von Tilsit, 9. Juli 1807] der Handel wieder in Flor kommen werde, und die Menschen alles vergessen wollen; selbst die, die gesehen haben, daß der Streit unentschieden geblieben ist, nur den alten Kram und Zeitvertreib wieder hervorsuchen, anstatt auf die veränderten Umstände sich zu besinnen und auf ein lebendiges Bestreben des Menschengeistes, alle alten Formen zu überwältigen, die ihn gefangen halten und unterdrücken.« (28. Juli 1807; HS II, 346)

Runge dachte republikanisch – wie Friedrich Perthes. Die Fürsten hatten versagt, sie hatten in der alten Zeit das deutsche Volk wider die Natur gespalten in große und kleine Herrschaftsgebiete. Die Erneuerung konnte sich nur ohne sie vollziehen, in und durch jeden einzelnen Deutschen, durch das Volk. Als er Clemens Brentano den Abbruch der Arbeit an den Zeichnungen zu den Heymonskindern begründete, schrieb er: »... ich unterließ diese Arbeit darum, weil kein Verhältnis zwischen der Arbeit und der Teilnahme daran war – oder eigentlicher, weil mir der Ausspruch – des Volks Stimme ist Gottes Stimme immer bedeutender vorkam.« (Feilchenfeldt, 29)

Diese Haltung erinnert sehr an Caspar David Friedrichs politische Einstellung. Verwundern kann das nicht, denn Runge kannte manche der Patrioten, die zu Friedrichs engstem Bekanntenkreis gehörten, Dr. Schildener und Quistorp in Greifswald zum Beispiel; Friedrich Perthes hat andererseits vermutlich auch auf Friedrichs Gesinnung mittelbar Einfluß genommen. Es ist vorstellbar, daß sich Runges politische Anschauungen ähnlich wie die Friedrichs entwickelt hätten, wäre nicht der Tod dazwischengetreten.

Aber auch hier darf man Runges politische Stellungnahme nicht von seiner religiösen trennen und für sich betrachten. Den Zusammenhang hat der Künstler selbst 1810 Brentano gegenüber deutlich gemacht: »Es wird Ihnen weniger wie mir entgangen

54 Fall des Vaterlandes. 1809 ▷

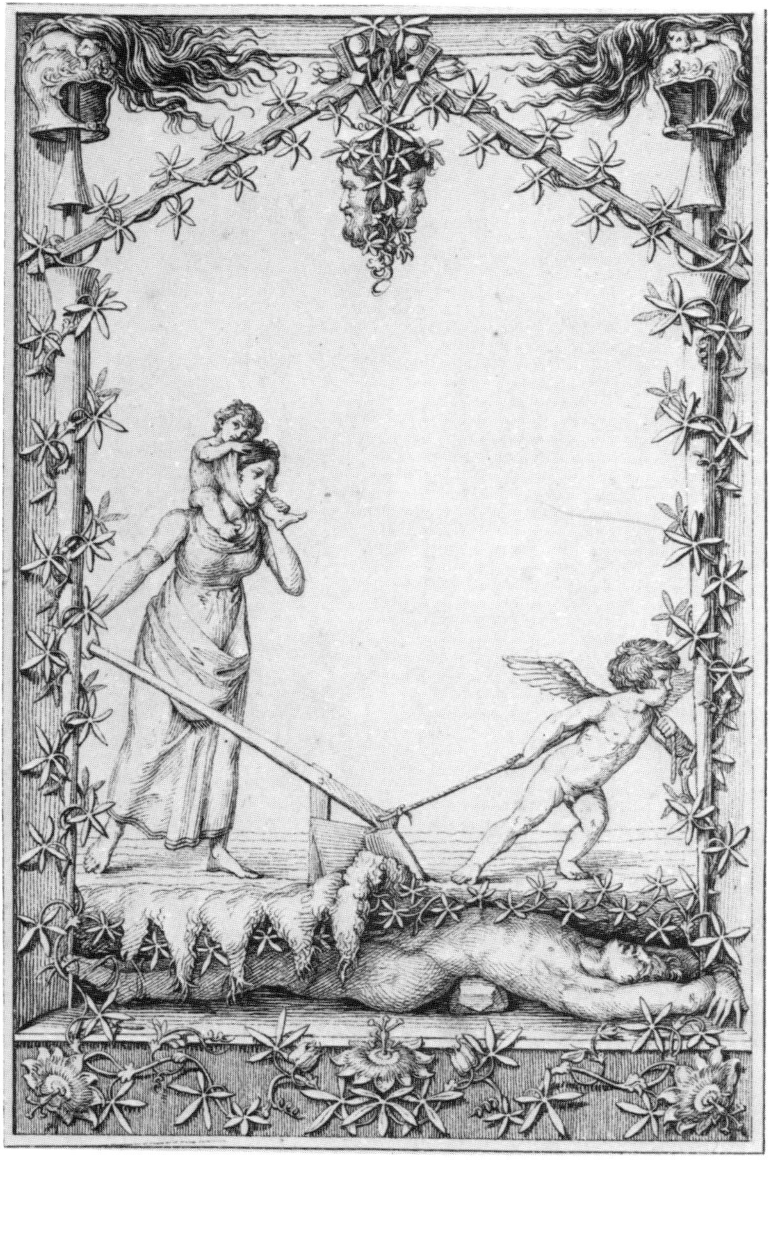

sein, daß wir unterjocht sind, daß alle Angst, uns als Deutsche zu erhalten, vergeblich sein wird, wenn nicht die Gesinnung in uns lebendig ist: Wer sein Leben lieb hat, der wird es verlieren, wer es aber verliert um meines Namens willen, der wird es erhalten. Sodann aber hat es mit uns keine Not. –« (Feilchenfeldt, 49) Auch die Not des Vaterlandes steht unter der göttlichen Verheißung.

Für Friedrich Perthes' *Vaterländisches Museum* hat der Künstler 1809 einen Umschlag entworfen, dessen Vorderseite den »Fall des Vaterlandes« darstellt (Abb. 54). Runge hat vielleicht diese Zeichnung vor Augen gehabt, als er die Zeilen an Brentano schrieb: Ein erschlagener Mann liegt unter der Erde hingestreckt. »Über den Rasen hin treibt die Witwe den Pflug, den der Amor, welcher sie [Mann und Frau] verbunden hatte, zieht. Ein kleines Kind hockt ihr auf den Schultern, sich an ihrem Kopfe festhaltend. An jeder Seite des Bildes steht ein Speer, von einem Helm bedeckt; schräg von den Speeren aus gehen zwei Schwerter nach der oberen Mitte hin, wo die Griffe derselben zusammenkommen, von welcher der Doppelkopf des Janus herabhängt. Ganz unten ist ein Fries mit Passionsblumen und deren Laub, welches denn auch alle Gegenstände im Bilde, bloß mit Ausnahme der lebenden Hauptfiguren, umwindet«, so Daniels Beschreibung (HS I, 359).

Aus den Opfern des Krieges entsteht das neue Leben. Die Passionsblumen hat man als Sinnbild der Auferstehung gedeutet, die Turnierlanzen mit den Helmen als eine Anspielung auf die deutsche Macht im Mittelalter; sie und die Schwerter werden von den Passionsblumen umrankt: Die deutsche Macht wird wieder erstehen. Der Januskopf deutet auf die Wende im Schicksal der Nation hin. Runge macht hier das Evangelium zum Evangelium der Deutschen: »Wer sein Leben lieb hat, der wird es verlieren, wer es aber verliert um meines Namens willen [d. h. hier, um Deutschlands willen], der wird es erhalten. Sodann aber hat es mit uns keine Not«, nämlich, solange sich die Deutschen opfern für ihr Land, wird dieses Land fruchtbar sein – darauf deuten der Pflug, das Kind, die Frau, die den Pflug nur mit einer Hand lenkt, weil die Liebe ihn zieht, die Liebe zum Vaterland.

Der Entwurf wurde nicht als Umschlag verwendet, weil »dieses nun wohl als Erfindung gar zu schneidend deutlich« war, »um nicht Anstand [Widerstand] zu finden« (Daniel Runge; HS I, 359).

Die zarte Präzision der Zeichnung kommt aus einer bestimmten Bildvorstellung und einer reifen Kraft, die diese politische Darstellung auf kleinem Format in eine ungewöhnliche Sphäre des ernsten Spiels und der anmutigen Schärfe gerückt hat. Der religiöse, übergeordnete Sinn wird sichtbar, indem er die politische Bedeutung auf der Glaubensebene spiegelt: der Erschlagene läßt an Christus im Grab denken, ebenso die Auferstehungssymbolik der Blumen, die wohl auch die mädchenhafte, lebenbringende Frauengestalt umfaßt. Das hebt das Blatt in jene Mehrsinnigkeit, die Runge in seinen Werken anstrebte.

Auch das weist auf C. D. Friedrichs politische Bilder, in denen sich politische Bekenntnisse durch religiöse Symbolfiguren aussprechen. Es zeigt sich hier wie dort, daß beiden Künstlern eine politische Erneuerung des Vaterlandes nicht denkbar war ohne religiöse Erweckung.

Tod

»Ganz zuletzt, nachdem seine Gedanken, wie es schien, mit allem, was auf der Erde und im Himmel ihn angehen konnte, fertig waren, kehrte die Lust zum Leben glühend in ihn zurück. Sein Geist weilte in Harvestehude unter den schönen Blumen, und bei den Brüdern in Mecklenburg; er dachte dort auf dem Lande noch zu genesen, Karls Name, unseres Bruders, der mit ihm zunächst aufgewachsen, war sein letztes Wort. – Ich habe ihn sterben sehen.«

Daniel Runge, 9. März 1811

Für Runge war der Tod eine Realität. Sein christlicher Glaube ließ ihn das Leben als Durchgang zu einem Dasein in Gott verstehen, so wie es der Satz umschreibt: Der Tod ist das Tor zum Leben.

1802, als er die »Drei Ansichten des Totenschädels« (Abb. 55) zeichnete, erschien ihm der Tod als Erlösung, denn die Liebe zu Pauline Bassenge stürzte ihn immer wieder in tiefe Depressio-

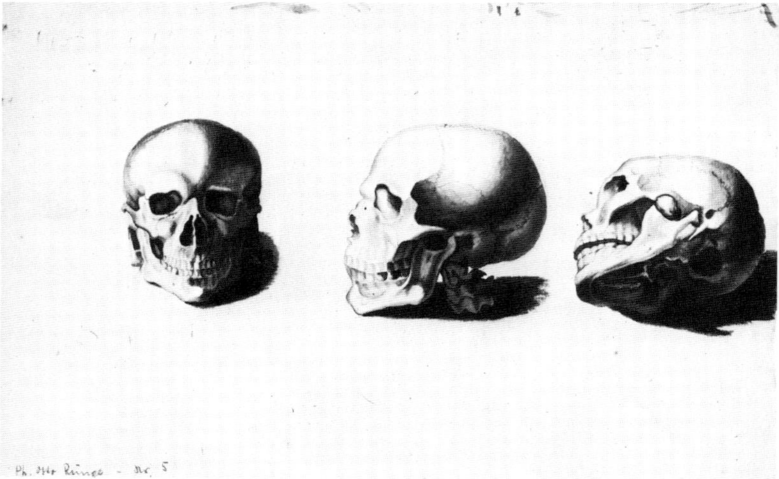

55 Schädel en face, im Profil und von unten. 1802

nen: »... ich weiß nun, ich erlange es [das Liebesglück] nicht, in meinem Leben nicht, aber es brennt mir wie Feuer in der Brust, ich kann mich nicht trennen von dieser Welt, worin noch dieser Funke, dieser Odem des allerhöchsten Gottes lebt und webt. – Es hört wohl auf mit dem Tode, glaub' ich, und bis dahin wird mir die Zeit sehr lang werden.« (HS II, 136)

In diesen Worten bricht sein Lebensgefühl auf, in einer todesverfallenen Welt zu leben. 1804 schrieb er: »Ich kann dir nicht sagen, wie mir innerlich zumute ist; mir liegt die Zeit wie ein Berg auf dem Herzen.« (HS II, 286) – Oder 1805: »Mir geht es nicht besser, wohl eher noch schlimmer. Ich kann mich nicht in die Zeit schicken und möchte mich gern zur Ewigkeit geschickt machen. Ich suche immerfort das geheime Wort, das uns von allen Zweifeln erlösen kann und womit man durch den Tod gehen könnte.« (HS I, 203)

Das macht den zweifachen Sinn des Todes sichtbar. Er ist für Runge Zeichen der verlorenen Welt, und er ist Durchgang zum ewigen Leben. Und das Wort, das er sucht, das alle Zweifel überwindet, ist die Glaubensgewißheit in Christus. Die Sicht auf das Leben nach dem Tode gibt die Kraft, im Leben auszuhalten. Wir haben in diesem Zusammenhang schon öfters auf Runges eschatologische Glaubenshaltung hingewiesen, die das Ende des Irdischen und den Anbruch der Ewigkeit erwartet. Er schreibt am 10. Juli 1803: »O daß die Welt die Liebe erkennte, die durch Jesus Christus in die Welt gekommen ist! Die Herzen würden in helle Flammen entzündet werden und wegwerfen alle Last und Qual, die das elende Leben auf sie ladet; aber es wird noch gewiß alles erfüllt, und offenbar werden die Liebe, mit der Christus die Welt geliebt hat von Anbeginn und sie gebracht hat in die Welt, daß er die Welt erlösete von dem kalten Tode, in welchem sie zweifeln und sich fürchten vor Gott. – Ich wollte, es wäre nicht nötig, daß ich die Kunst treibe, denn wir sollen über die Kunst hinaus und man wird sie in der Ewigkeit nicht kennen.« (HS II, 223) – Aus dem Aufhören der Kunst in der Ewigkeit Kraft für die Kunst hier auf Erden zu gewinnen ist ein zentraler Gedanke des Künstlers. Von der Ewigkeit her bestimmen sich Bedeutung und Dauer alles Menschlichen, alles Irdischen. »Wer es nicht wagt, seine ganze Seele in des Andern Brust auszuschütten, der wird die Liebe nicht erhalten.« (HS II, 223) Denn: »Wer sein Leben zu gewinnen glaubt, der wird's verlieren, und wer sein Leben wegwirft, der wird's gewinnen – Das ist der freiwillige Tod, durch den wir ewig leben.« (HS II, 183/184)

Aus der Negation der Liebe entspringt die wahre Liebe, aus der Negation des Irdischen die wahre Freude über die weltlichen Dinge, aus der Negation der Kunst die lebendige Kunst, aus der Negation des Lebens das ewige Leben.

In allen wesentlichen Glaubensfragen geht Runge von der Botschaft der Bibel aus. Seine theologische Position ist nicht die des jungen Schleiermacher, die man allenfalls romantisch nennen könnte, und Jakob Böhmes Spekulationen gelten für Runge nur soweit, als sie das Evangelium auf den ästhetischen, mystischen Bereich ausweiten. Die Sprache der Bibel in Luthers Übersetzung ist auch seine Sprache. Oft entwickelt er Gedanken, die den Leser geradezu auffordern, die Urformulierung in den Evangelien nachzuschlagen. So ist er sich wohl bewußt, daß das oben angeführte Zitat auf die Nachfolge Christi gemünzt ist: »Sich eine Ausbildung nach irgendeiner Seite freiwillig und wissentlich um des Höchsten willen versagen, ist immer freiwilliger Tod und so soll im Kleinen jeder Mensch oft und täglich die Angst Jesu Christi im Garten [Gethsemane] in sich wiederholen, denn das war in der allerhöchsten Potenz nichts anderes, und aus diesem freiwilligen Tod entspringt das ewige Leben.« (HS II, 160) Der Anbruch der Ewigkeit macht die Lebenszeit und die Unvollkommenheit in der Realisierung seiner Bildgedanken für ihn erträglich. Daß er sich »so ungeschickt anstelle«, begründet er mit seiner irdischen Bedingtheit, »aber es wird auch gewiß nach dieser Zeit die Zeit kommen, wo alles erscheinen wird, und des Menschen Sohn auf den Wolken des Himmels mit großen Posaunen; darum laß uns geduldig warten: wir werden auch erwachen und es mit hören und sehen.« (HS II, 216) – Die Hoffnung auf die Wiederkunft Christi ließ Runge auch in seiner Kunst hoffen. In aller Hoffnungslosigkeit hielt ihn dieses »Prinzip Hoffnung« am Leben.

Wenige Monate vor seinem Tod schrieb er am 27. April 1810 an Dr. Schildener: »Wenn ich Ihnen diesen Augenblick melden sollte oder wollte, was ich getan, in der Zeit, da wir uns nicht gesprochen, so könnte ich Ihnen nichts weiter sagen, als: ich habe geduldet, gearbeitet, gewirkt und – geschaut, daß m e i n e Geduld, Arbeit, Wirkung nichts ist, und daß nur die galt, die nicht mein war. Es ist alles wie ausgestrichen, was ich gemacht habe; ich weiß aber, daß es nur schläft, und bin noch in meinem Glauben nicht irre geworden, daß auch alle täglichen, stündlichen, und augenblicklichen Hindernisse und Unterbrechungen mich nicht hindern werden, wenn meine Zeit kommt.« (HS I, 199)

Mit diesem Bewußtsein ist Runge an »Auszehrung«, an plötzlich ausbrechender Tuberkulose gestorben, am Nachmittag des 2. Dezember 1810, einem Sonntag. Mit Bewußtsein: Daniel berichtet, »daß die ihm häufig eingegebenen schmerzstillenden, die Sinne mit falscher Annehmlichkeit täuschenden Opiate in ihm, als das Nahen des heiligen und barmherzigen Gottesgerichts ihm verhüllend, zuletzt einen solchen Abscheu erregt hatten, daß er, schon in Todeskrämpfen, die Wärterin, die ihm ein solches, wie er meinte, reichen wollte, heftig bei beiden Händen ergriff und eine Zeitlang, zum unsäglichen Schrecken dieser Armen, festhielt.« (HS II, 511)

Runge starb als Christ und erlebte den Übergang zum Tod und den Anbruch der Ewigkeit nach christlicher Überzeugung in Klarheit. »Den Sonntag Vormittag waren wir alle um ihn versammelt, und einen ewigen Gottesdienst hat sein Heimgang zum Vater in unser aller Herzen gestiftet.« (HS II, 429) – »Der Schmerzenssohn, den seine Witwe am Abend des Tages nach seinem Tode zur Welt gebar, und der seinen vollen Namen erhalten hat, wurde erst am 13. Januar 1811 ... getauft.« (HS II, 511)

In seinem letzten Lebensjahr, Ende des Jahres 1809 und Anfang 1810 hat Runge sein letztes Bild gemalt, »Sophia Sieveking auf dem Sterbelager«, das verschollen ist. Sophia, 19jährig, Tochter des späteren Senators Carl Sieveking, eines engen Freundes von Friedrich Perthes und eines der einflußreichsten und wohlhabendsten Hamburger Patriziers, starb an einer »zehrenden Krankheit« am 13. Februar 1810. Studien und die große, das Bildnis vorbereitende Zeichnung haben sich erhalten.

Die Kreidezeichnung (Abb. 56) ist das letzte erhaltene Bildnisdokument von Runges Hand. Es wäre sentimental, in die Zeichnung eine Ahnung des Künstlers vom nahen eigenen Tod hineininterpretieren zu wollen. Doch ganz freimachen kann man sich von diesem Gedanken nicht. Dabei ist die Darstellung ohne jede Sentimentalität. Die Kranke hat sich in ihr Geschick ergeben. Das ist mit einfachen Mitteln dargestellt und deshalb von einfacher Größe. Schräg ist das Lager ins Bild gestellt, als schwebte es an dem Betrachter vorüber, denn es hat keinen Stand im Bild. Der Tod als Übergang hat Bildgestalt angenommen. Der Kopf ruht leicht auf dem Kissen. Die über der Brust gekreuzten Arme zeichnen sich unter der Decke ab. Sonst scheint kein Körper mehr unter der Hülle zu atmen: Der Leib scheint schon vergangen. Um so stärker spricht das weiße Gesicht mit den geschlossenen Augen, das den Ausdruck letzter Gelöstheit und – mit den leicht geöffneten Lippen – letzter Angespanntheit

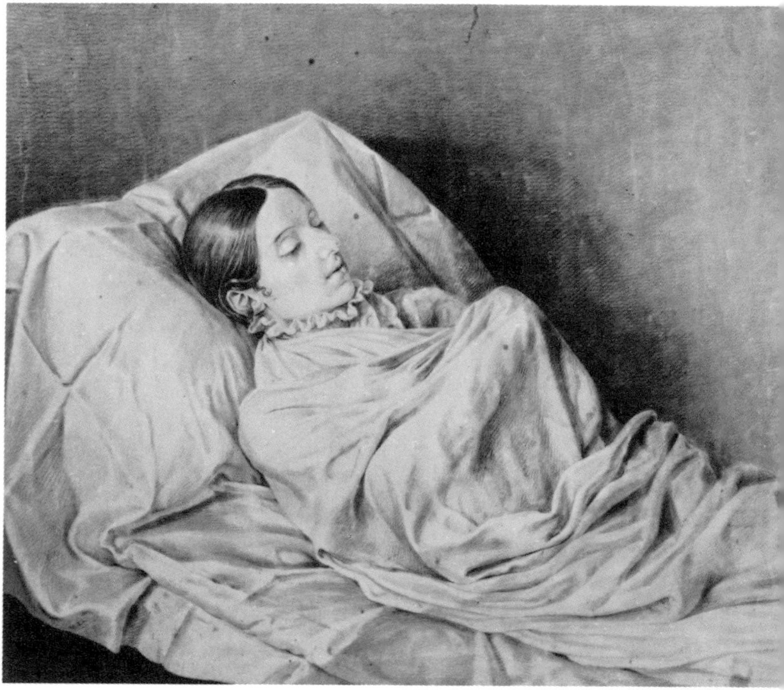

56 Sophia Sieveking auf dem Sterbelager. 1810

trägt, als hielte das Mädchen den Atem an. Der Raum hinterfängt das Lager mit einem schwarzen Schatten, er spannt imaginäre Dämmerung um die Sterbende aus.

Man kann sich nicht des Gedankens erwehren, ein Auferstehungsbild vor sich zu haben, den Augenblick des Übergangs vom Leben zur Ewigkeit. Wie Wolken umfangen Kissen, Decke und Laken das Mädchen. Die Studie (Abb. 57), mit dem Bleistift hingeschrieben, verstärkt diesen Eindruck noch. Sie hält in wenigen Linien das Gesicht fest, schon verklärt, kaum noch festzuschreiben, dabei von sanfter Genauigkeit, wie denn auch die große Zeichnung das Vergeistigte ohne die geringste Beimischung von Pathetik mit feinem, deutlichem Strich, mit kräftigen Schwärzen in Haar und Schatten festhält, so daß alles unvergeßlich leicht,

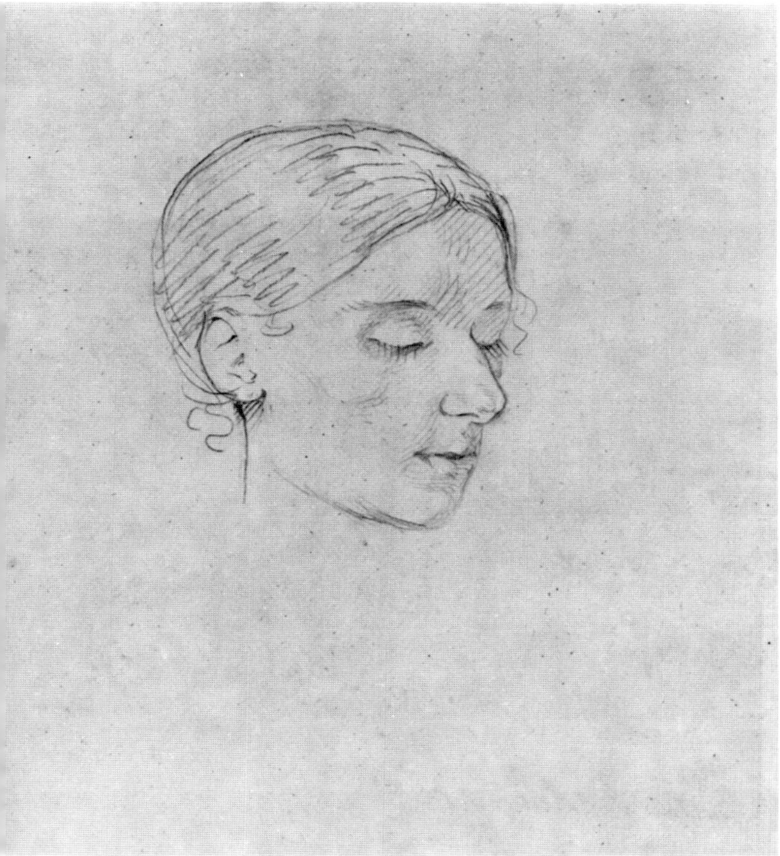

57 Sophia Sieveking. Kopfstudie. 1810

einfach, selbstverständlich wirkt, von schon jenseitiger unverletzbarer Sicherheit, die aus Glaubensgewißheit kommt. Runges frühe Forderung, daß man das »leidige Gemachte« (HS II, 23) nicht im Bildnis wahrnehmen dürfe, ist hier erfüllt. Keine Mystik, keine Engelerscheinung, überhaupt kein Beiwerk, sondern letzte Einfachheit ist hier vergegenwärtigt.

Sophias Mutter schrieb nach dem Tod des Künstlers an Daniel Runge: »Ihr geliebter Bruder war ein seltener, liebender und geliebter Mensch. Durchaus rein und durchaus wahr in jeder Rücksicht, edel, und tätig im Guten. Weiter bringen wir Menschen es nicht. Sein Genie war eine göttliche Zugabe. Sein Verlust wird mir lange schmerzhaft, wie sein Andenken wohltuend sein. – Ich habe lange gefürchtet, daß die schöne Zeichnung und das Bild meines geliebten Kindes seine letzte Arbeit sein würde, und mit doppelter Trauer sind mir die Bilder wert.« (HS II, 425)

9 Die Bildnisse

> »Wie sonderbar es aber ist, liebe Mutter, jemands Porträt zu zeichnen, das glauben Sie nicht; es ist, als wenn man den Menschen so vor sich hätte und fühlte ihm mit dem Crayon im Gesicht herum; wo es tiefer hineingeht, fühlt man öfter zu und so ist es am Ende fertig, man lernt der Leute Gesicht so recht kennen, und dann, wenn ich es fertig habe, kann ich sitzen und sehen mein Machwerk eine Stunde an und zuletzt wird mir's zum Ekel, ich kann es dann nicht ausstehen, daß noch Striche da sind, ich möchte es gern so klar vor mir haben, daß das leidige Gemachte daran nicht zu sehen wäre und das läßt mir keine Ruhe, bis ich was Besseres gemacht habe.« (HS II, 22 f.)
>
> Ph. O. Runge, 14. August 1799

Selbstbildnisse und Bildnisse von Pauline Runge

Wir hatten gesehen, daß die ersten künstlerisch einprägsamen Arbeiten Runges die Bildniszeichnungen gewesen sind. In Hamburg entstanden 1799 die Bildnisse der Hamburger Freunde Perthes, Wülffing, Besser und das Bildnis Daniel Runge (Abb. 11), Werke, die Runges Talent deutlich zeigen. Selbstbildnisse von einiger Bedeutung hat es während des Kopenhagener Aufenthaltes gegeben, ein – wenn man nach Reproduktionen urteilen darf – sentimentalisches Bildnis (1799), das im Krieg verloren ging; ein anderes ist uns nur durch eine Briefstelle Daniels überliefert, das »Selbstbildnis mit Leier« (1800).

In Dresden jedoch entstanden Selbstbildnisse, die aus der deutschen Kunst des 19. Jahrhunderts nicht mehr wegzudenken sind, das »Selbstbildnis am Zeichentisch« (Abb. 1, Frontispiz) und das gemalte »Selbstbildnis mit braunem Kragen« (Farbtafel 12). Beide hat der Künstler 1802, in dem Jahr, in welchem er sich über seine Kunstkonzeption klar wurde und ihn die Liebe zu Pauline Bassenge umtrieb, geschaffen. Im gleichen Jahr zeichnete und malte der Künstler noch andere Selbstbilder, von denen jedoch nur zwei durch ältere Abbildungen und durch eine Miniaturkopie bekannt sind.

Das »Selbstbildnis am Zeichentisch« (Abb. 1) erscheint als Höhepunkt aller frühen Bildnisse. Es vereinigt das ganze Können des Künstlers, das er sich von 1797 an Schritt für Schritt erarbeitet hatte. Andererseits: Während dieser Jahre stand sein Bildnisschaffen immer jeweils auf einer höheren Stufe des technischen und geistigen Vermögens als alle anderen Arbeiten. Jetzt in Dresden verlor das Bildnis seine Vorrangstellung. Der Bild-Erfinder und der Bildniskünstler (der ein Naturtalent ist) wurden gleichrangig: Runge malte gleichzeitig an der 1. Fassung der »Lehrstunde der Nachtigall« und an dem »Selbstbildnis mit braunem Kragen«. Damit hatte er die Ganzheit seiner künstlerischen Imagination hergestellt. Seitdem lassen sich die Bildnisse nicht mehr gegen die Kompositionen ausspielen, obgleich oberflächlich Urteilende leicht dazu neigen, weil die Bildnisse scheinbar verständlicher, ansprechender und problemloser sind als etwa seine »Zeiten«.

Das »Selbstbildnis am Zeichentisch« erscheint deshalb als abschließender Gipfel einer Entwicklung, weil es noch einmal die Bildnistradition zusammenfaßt, die vom Barock über die Auffassung des späten 18. Jahrhunderts bis zum Zeitpunkt, als Runge das Bildnis zeichnete, verlief. Damit war diese Tradition natürlich nicht generell ein für allemal abgetan, sie wirkte bei anderen Malern vielmehr noch Jahrzehnte fort, vor allem, weil Technik und Auffassung bis gegen 1820 von den Bildnismalern der älteren Generation auf den Akademien den Schülern eingeübt wurden.

Die Kreidetechnik wurde im Barock entwickelt, in einer Zeit, als die Malerei als die erste und eigentliche Technik galt. Die Zeichnung im Barock hatte denn auch dienende Funktion, sie bereitete als Studie Gemälde vor, sie warf als Skizze eine Bildidee zum erstenmal auf das Blatt, sie war im weitesten Sinne Material, Vorbereitung, Übungsstoff für das gemalte Bild.

Durch den Klassizismus änderte sich das in Deutschland, besonders durch Künstler wie Carstens und eben auch Runge, radikal (in Frankreich führte die Tradition der Malerei ungebrochen ins 19. Jahrhundert). Carstens hat überhaupt nur gezeichnet. Der Klassizismus in Deutschland, der sich an der griechischen Vasenmalerei orientierte (von der antiken Wandmalerei hatte man kaum einen Begriff), hatte ein unsicheres Verhältnis zur Malerei. Die Bildidee war wichtig, sie konnte in einer Zeichnung genauso deutlich aufscheinen wie in einem Gemälde, ja sie war eigentlich wichtiger als ihre Ausführung im Medium der Farbe. Die Zeichnung wurde nun gleichberechtigt neben das Gemälde gestellt, ihm sogar oft übergeordnet. So hatte zum Beispiel Goethe für die Malerei seiner Zeit kaum ein Auge. Und als die im Klassizismus großgewordene Generation nach 1820 die Akademien als Lehrer bestimmte, brach das technische und das konzeptionelle Wissen im Hinblick auf die Malerei in Deutschland zum Teil schlagartig ab.

Runge hätte hier als Maler und Farbtheoretiker eine entscheidende Vermittlerfunktion ausüben können, wenn er länger gelebt und seine Gemälde nicht im Familien- und Freundeskreis jahrzehntelang unter Ausschluß der Öffentlichkeit verwahrt worden wären. Denn obgleich er ein bedeutender Zeichner war, blieb für ihn als die »letzte Kunst« die Malerei unbestritten das Ziel seines gesamten Schaffens.

Die traditionelle Technik beherrscht Runge in seinem »Selbstbildnis am Zeichentisch« vollkommen. Die schwarze Kreide arbeitet die Halbfigur heraus, indem sie von den hellen Höhen her immer schwärzer wird, je mehr sie sich zum Hintergrund hin in den Bildraum vortastet. Die weiße Kreide setzt als höchste Höhe die Lichter und Helligkeiten, im Gesicht, im Hals, im weißen Hemd des Ausschnittes und vorsichtig in den Händen. So wird der Eindruck erreicht, als stände das Bildnis in scharfer, punktartig von links oben einfallender Beleuchtung.

Der Raum, in dem die Halbfigur aufgerichtet ist, ist nur soweit angegeben, als er den Körper des Dargestellten deutlich als plastischen, raumfordernden Gegenstand vor Augen stellt. Das ist ein entscheidender Punkt: Nicht mehr malerische Lockerheit, nicht durchgeführte Hell-Dunkel-Malerei mit Kreidestiften führt Runge vor, sondern er verwendet die Technik, um das Bildnis plastisch durchzubilden. Dazu gehört die Wendung des Kopfes ins Frontale, die dem Zeichner die Möglichkeit gibt, das Gesicht als plastische Einheit darzustellen. Der Körper, der Kopf, das

Gesicht, alles regt sich sichtlich in dem unbestimmten Umraum, es schafft sich Platz, es dehnt sich, es wächst kräftig auf. Der Arm liegt fest am unteren Bildrand, als wollte er das Format sprengen. Die Hände greifen zu, die Augen blicken unbeirrt. So fehlt dem Bildnis jede freundlich-joviale Distanziertheit, die das 18. Jahrhundert geschätzt hatte, und jede elegische oder affektierte Pose. Das Selbstbild ist vielmehr bestürzend direkt. Wenn man daran denkt, daß der Zeichner sich im Spiegel sieht, begreift man: Das ist ein Bildnis der Selbsterforschung, der Bilanz, der schutzlosen Offenheit, die alle Konvention beiseite läßt, ja verachtet. Insofern ist das Bildnis End- und Gipfelpunkt einer Tradition und vergegenwärtigt zugleich eine neue Auffassung vom Menschen. Mit Recht hat man dieses Bildnis neben Selbstdarstellungen Rembrandts gestellt: ein verwandter Gehalt. Preisgabe und Selbstdurchdringung kennzeichnen über Jahrhunderte hinweg diese Bildnisse.

Sicherlich hat die genaue Kenntnis des Bildniswerkes von Anton Graff Runge geholfen, diese intensive Lösung zu finden. Noch stärker ist die Einwirkung des Bildnismeisters im gemalten »Selbstbildnis mit braunem Kragen« (Farbtafel 12) zu spüren. Es ist deshalb ein erstaunliches Werk, weil es den jungen, noch unsicheren Maler unvermittelt als Künstler vorstellt, dessen Können nicht nur kaum ins Gewicht fallende Mängel aufweist, sondern dessen Bildnisauffassung auch fast alles hinter sich läßt, was damals von jüngeren deutschen Malern an Bildnissen geschaffen worden ist. Wir haben schon öfters die sprunghafte Vorwärtsentwicklung des Malers festgestellt, die mit einem großen Schritt das eigene, bis dahin geschaffene Werk und das in der Zeit sonst Gemachte weit überholt. Selbst wenn man vermuten muß, daß Graff das Bildnis, während Runge daran arbeitete, unter Augen gehabt hat, nimmt es sich als erstes bedeutendes Gemälde in Runges Schaffen wie ein – poetisch gesprochen – plötzlich aufflammender Stern aus.

Auch hier konzentriert sich der Maler auf den Kopf und den Schulteransatz. Auch hier empfinden wir Direktheit und Offenheit. Der von Graff abgesehene lockere Pinselduktus, der nur in den Höhen pastos die Farbe aufbringt, sonst trocken die Farbe vermalt, ohne daß dabei die stoffliche Gegenwart von Haut, Haar, Kleidung verloren ginge, ist technisch von absoluter Ehrlichkeit. Die Schwierigkeiten in der lebendigen Modulation der Farbflächen werden nicht kaschiert. Entscheidend aber ist, daß der Maler den Zusammenhang des Ganzen nicht aus den Augen verliert. Das macht im Grunde die kräftige Gegenwärtigkeit des Bildnisses aus, zusammen mit der Durchdringung des Gesichts als plastische Einheit. Die Helligkeit der Farben, die durch den dunkelbraunen Kragen noch fühlbarer gemacht ist, gibt dem Gesicht den Ausdruck jugendlichen Selbstbewußtseins – und gewiß nichts Finsteres.

Das »Selbstbildnis im blauen Rock« (Abb. 58) aus dem Jahr 1805 bezeichnet zusammen mit dem »Bildnis Pauline im grünen Kleid« (Abb. 30), das einige Monate vorher entstand, den Beginn der eigentlichen, ganz selbständigen Bildnisauffassung des Künstlers.

In den Abmessungen etwas größer als das Selbstbildnis von 1802, das ja Studiencharakter hat, gehört es doch zu den kleinformatigen Porträtarbeiten des Malers. Dementsprechend ist auch die Auffassung persönlich und intim: Runge sitzt nach rechts gewandt mit übergeschlagenen Beinen auf einem Stuhl. Seine linke Hand ruht wie der Ellenbogen des rechten Armes auf dem Knie, die rechte Hand stützt den Kopf, indem der Zeigefinger unter dem Kinn liegt. Man hat den Eindruck, als hätte Runge sich hier in einer Haltung wiedergegeben, die für ihn typisch war. Dafür spricht auch, daß Daniel das Bild besonders geschätzt hat. Es scheint also besonders ähnlich gewesen zu sein. So wurde es auch von Johann Gottfried Eiffe »wohl zehnmal« nach 1810 für Freunde kopiert.

Der Raum ist hier durch den schräg gestellten Körper und durch den Stuhl deutlicher bestimmt. Man hat den Eindruck, der Maler säße vor einer Wand seines Zimmers. Das »Selbstbildnis am Zeichentisch« (Abb. 1) besaß in Blick und Wendung noch eine Spur von dem Moment des Aufschauens: Im »Selbstbildnis im blauen Rock« ist nur ein stetiges, ruhiges Aus-dem-Bild-Schauen. Wieder fällt die körperliche Gegenwärtigkeit des Dargestellten auf, die durch die Farbe unterstützt wird: Der preu-

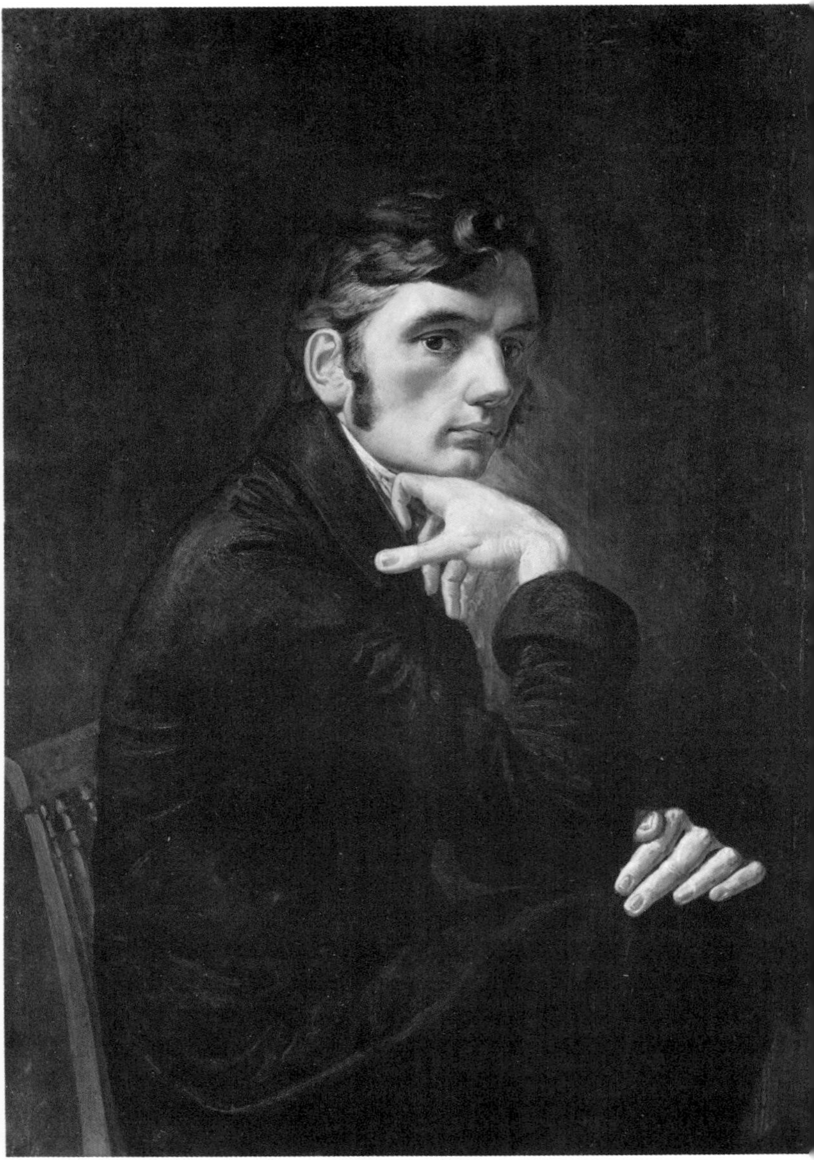

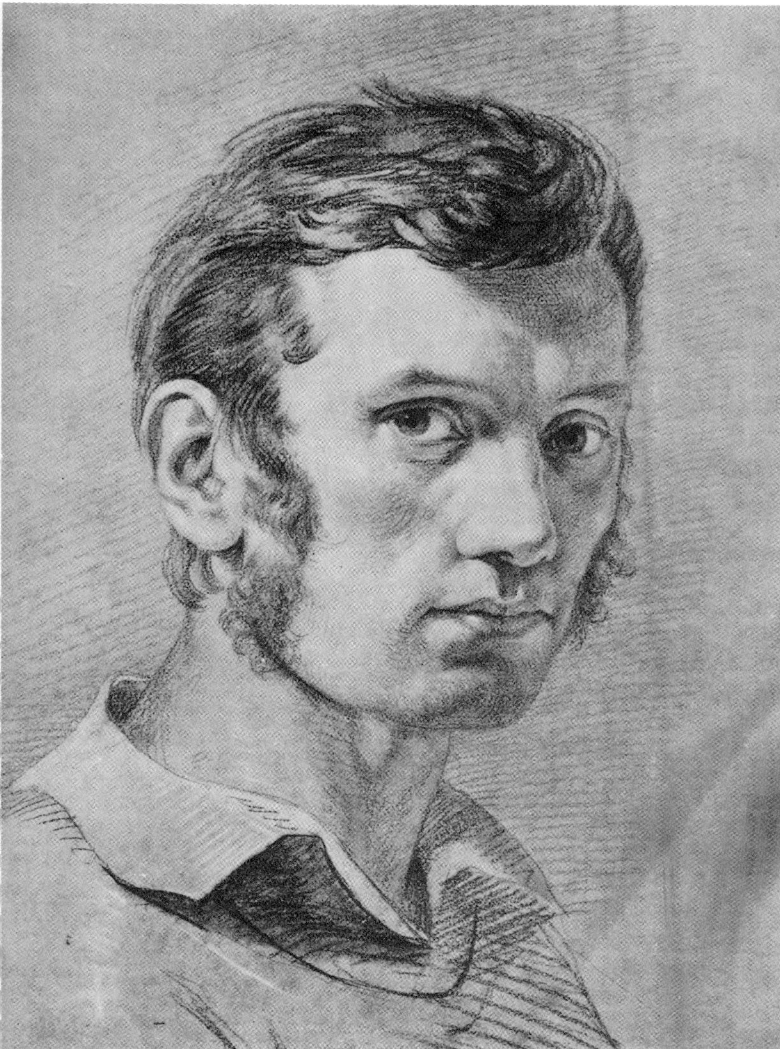

59 Selbstbildnis für Goethe. 1806

◁ 58 Selbstbildnis im blauen Rock. 1805

ßischblaue Rock, das helle Inkarnat von Gesicht und Händen isolieren die Gestalt als das allein Wirkliche im Bild mit harter, geschlossener Kontur und lassen den Stuhl kulissenhaft als unlebendiges Beiwerk gleichsam fallen. So wird der Raum zur graubraunen Folie. Diese Gegenwärtigkeit, die sich in der plastischen Durchbildung des Körpers und im Zublick der Augen bekennt, weist hin auf Runges Verständnis vom Menschen als Gottes Geschöpf. Wir werden dies an den Bildnissen des Künstlers immer wieder festzustellen haben, denn die existenzielle Daseinswirklichkeit seiner Selbstbildnisse, seiner Bildnisse überhaupt hat in die Malerei einen neuen, radikaleren Klang eingeführt, der später, nach Ende des Jahrhunderts, zu den psychologisierenden Rapporten von Corinth und Kokoschka geführt hat.

Das »Selbstbildnis im blauen Rock« wirkt wie das gesammelte, strenge Gegenstück zum gleichzeitigen »Bildnis Pauline im weißen Kleid« (Abb. 31), das jedoch mehr als doppelt so groß ist. Dort ist alles gelöst, lieblich, auch im Sinne der Porträtauffassung des 18. Jahrhunderts konventioneller.

Das »Selbstbildnis«, das Runge für Goethe 1806 zeichnete (Abb. 59), ist Fortentwicklung des »Bildnisses mit braunem Kragen« (Farbtafel 12), denn es nimmt den knappen Bildausschnitt auf und wiederholt die Richtung und Wendung des Kopfes. Vergleicht man beide, so wirkt das Bildnis von 1802 weich, jünglingshaft, gefühlvoll, die Zeichnung für Goethe kräftig, fest, männlich, selbstbewußt. Der Strich in letzterem ist bestimmt, die Schraffuren sind sicher und knapp gesetzt, das ganze Blatt ist mit derselben Intensität durchgebildet und verzichtet auf jeden Effekt; das springt bei einem Vergleich mit dem »Selbstbildnis am Zeichentisch« (Abb. 1) in die Augen. Durch diese Konzentration auf das Notwendige ist der Zublick der Augen noch klarer geworden. Das sichert der Selbstdarstellung eine Wucht des Ausdrucks und eine große Form – im gleichen Jahr ist das monumentale Elternbildnis (Abb. 63) entstanden.

Ehe wir das letzte Selbstbildnis Runges näher betrachten, soll uns das unvollendete Bildnis »Pauline mit dem zweijährigen Sohn Otto Sigismund« (Farbtafel 9), das Runge 1807 gemalt hat, beschäftigen. Hier strebte er die große Form an, indem er sich deutlich an Madonnenfiguren des 15. Jahrhunderts anlehnte (Runge hatte sich ja schon 1804 mit der altdeutschen Kunst in Hamburg beschäftigt, als er das Inventar des Doms in Hamburg begutachtete). Ebenso können auch italienische Vorbilder der Zeit um 1500 hier eingewirkt haben. Runge kann diese durch Kupferstichreproduktionen leicht gekannt haben.

Das Bild der Mutter mit Kind in einer Landschaft (Farbtafel 9) ist eine andere, weitergewachsene Bildfigur der »Mutter an der Quelle« (Abb. 24). Trotz des besonders in der Landschaft in Untermalung stehengebliebenen unfertigen Zustandes des Bildes spricht sich die Bildidee klar aus. Hoch aufgerichtet steht die Mutter mit dem Kind dicht am Bildrand vor uns, frontal, unbedingt zugekehrt, kraftvoll in Lebensfülle. Das Kind sieht uns an. Die Mutter hat ihren Kopf nach rechts gewandt, sie blickt nicht auf das Kind, sondern aus dem Bild hinaus, als schaute sie Zukünftiges. Dadurch wird die bedrängende Frontalität etwas zurückgenommen, so daß wir merken, das ist nicht für uns bestimmt, das ist einfach da, ist elementare Gestalt.

Der Mutter gehört der Himmel, der hinter ihrem Kopf mit seinen weißen Wolkenwellen eine starke Bewegung im Bilde auslöst, als ständen Mutter und Kind im Wind. Dem Kind ist die Baumgruppe zugeordnet, denn es ist noch fester der sprachlosen Natur verbunden. Wenn man sich Runges Kinder in den »Zeiten« in Erinnerung ruft, die aus Blüten aufsteigen oder in Pflanzen versponnen sind, begreift man, daß dieses Kind zwar noch seinen Ursprung fühlt, sich aber schon von ihm abgewandt hat. Es ist bereit für das Leben, und mit besitzergreifender Gebärde umfaßt es das Brotstück, das es sich mit »Mühe und Arbeit« erringen wird; die andere Hand liegt wie abschiednehmend auf der Brust der Mutter, eine Gebärde, als wollte das Kind die Mutter von sich wegschieben. Die kleinen Füße greifen energisch aus, als wollte es auf und davon. Mutter und Kind sind zwar eng verbunden, aber der Loslösungsprozeß hat schon begonnen: Die Mutter sieht hinaus, das Kind ist schon ganz seiner selbst bewußt und im wahren Wortsinn erwacht.

Die Zeit greift mächtig in dieses Bildnis ein, Vergangenheit, Gegenwart und Zukunft kreuzen sich in ihm. Die Gebärde des

Kindes im Gemälde »Mutter an der Quelle« ist hier gleichsam weiterentwickelt, als sei eine gewisse Zeit vergangen und nun zöge der Maler wieder Bilanz. Aber die Frau des Künstlers bewahrt in dem undeutbaren, auf Fernes gerichteten Blick das unangreifbare In-sich-Ruhen der »Mutter an der Quelle«, und das Kind ist noch im Zusammenhang mit seinem Ursprung, fest läßt es sich von der Mutter umfangen.

Am Beginn des Jahres 1810 vollendete Runge sein »Selbstbildnis im braunen Rock« (Farbtafel 13) und das »Bildnis Pauline« (Farbtafel 11), das eine ist eine Alla-prima-Skizze auf Holz, das andere auf Leinwand gemalt. Beide Bildnisse haben annähernd die gleiche Höhe, in der Breite divergieren sie um fast 10 cm. Das Selbstbildnis ist in der Art einer Studie ohne Grundierung direkt auf das Holz gemalt, die Malerei ist in Richtung der vertikal verlaufenden Maserung stellenweise eingesunken. Das »Bildnis Pauline« ist ganz ausgeführt in der lasierenden, für Runge bezeichnenden Technik. Beide Bildnisse scheinen wenig miteinander gemein zu haben. Pauline sehen wir von der Seite, ihr Kopf ist von rechts ins Dreiviertelprofil gewendet, sie sieht uns an. Überdies ist der Farbklang von ausgesuchter ruhiger Schönheit: Grün, Violett, Rosa-Weiß, Schwarz, dahinter der grün-graue, am Hals leicht aufgehellte Hintergrund. Das Selbstbildnis dagegen ist nach links orientiert, die Schultern sind von uns weggedreht, der aufstehende Kragen des Rocks verstärkt noch den Eindruck der Abwendung. Der Maler blickt über die Schulter, als sähe er zu uns zurück. Der Farbklang ist kräftig und dunkel, der rostrote Rock vor dem Dunkelgrau des Hintergrundes setzt einen abschließenden Akkord. Das Gesicht leuchtet aus dem Bild heraus.

Die Augen sehen auf uns, im Spiegel blickten sie auf den Maler. Man bemerkt, daß die Pupillen immer groß und schwarz gebildet sind, wie Öffnungen, aus denen das Innere strömt. Sie fixieren das Gegenüber nicht eigentlich, sondern sie sind in sich gekehrt. Sie nehmen sinnend auf und schauen sinnend auf das Du, so daß der Blick eigentlich eher etwas im Betrachter wahrnimmt als auf dem Betrachter ruht: »Gott erleuchte uns in seinem Geiste, daß wir aussprechen, was wir wissen, durch unser

Leben! daß wir in der Reinheit bleiben vor IHM bis ans Ende!« (HS II, 216) Dieses Schauen bemerkt man bei allen Bildnissen Runges, die ihren Blick auf uns richten.

In der Tat, Runges Bildnisse haben seit dem Selbstporträt von 1802 (Farbtafel 12) kein Licht mehr, das von außen ins Bild scheint. Ist in diesem Bildnis die Farbe selbst lichthaltig, so dringt sie im »Bildnis Pauline im grünen Kleid« (Abb. 30) von 1804, mehr noch im »Selbstbild im blauen Rock« (Abb. 58) aus den Gesichtern selbst. Auch das »Selbstbildnis im braunen Rock« (Farbtafel 13) und das »Bildnis Pauline« (Farbtafel 11) sind wie von innen her erleuchtet. Das gilt auch für die anderen Porträtarbeiten des Malers seit der Zeit um 1804.

Beide letzten Bildnisse seiner Frau und seiner selbst sind gewiß keine Gegenstücke und gehören doch zusammen, nicht nur durch gleichzeitige Entstehung, durch annähernd gleiche Maße, sondern durch die in beiden gleichermaßen wirkende Auffassung.

Um die Bedeutung dieser Bildnisreihe ganz zu erfassen, müßte man Vergleiche anstellen mit anderen Bildnissen der Zeit. Sie würden erweisen, daß in Runges Selbstdarstellungen und in seinen Bildnissen überhaupt eine neue Auffassung vom Menschen ihre Gestalt gefunden hat: Das Bildnis wird ein Mittel zur Wesensbestimmung des Menschen.

Kinderbildnisse

Im Jahre 1805, als die »Ruhe auf der Flucht« (Abb. 48) gemalt wurde, sind Runges schönste Kinderbildnisse entstanden. Sie sind es, die ihn einem breiten Publikum bekannt gemacht haben. Sicherlich ist sein Bildnis der Hülsenbeckschen Kinder (Abb. 62) die populärste Kinderdarstellung der deutschen Malerei seit 1800. Das hat bestimmte Gründe, die sich nicht nur aus einem Gefühlsüberschwang erklären lassen.

Das »Bildnis Otto Sigismund im Klappstuhl« (Farbtafel 6), das er den Schwiegereltern in Dresden zum Weihnachtsfest des Jahres 1805 geschickt hat, erfaßt das Kind mit einer Natürlichkeit, die es vorher nicht in der Kunst gegeben hat. Kinderbildnisse waren im 18. Jahrhundert zwar beliebt, aber immer sind die Kinder die kleinen Erwachsenen, die in der Mode der Großen unbeholfen deren Welt nachahmen. Sie sitzen steif auf den Schößen der Mütter oder gehen brav an der Hand als lebendige Puppen der Erwachsenen.

Auf Runges Kinderbildnissen wird das Kind als eigenes, forderndes Lebewesen dargestellt, das sein eigenes Wesen auslebt und dem ein eigener Bereich gehört, der sich unabhängig in der Welt der Erwachsenen behauptet. Runges neue Auffassung war vorbereitet durch die pädagogischen Bestrebungen, die in der zweiten Hälfte des 18. Jahrhunderts im Zeichen der Aufklärung die richtige Erziehung des Menschen als entscheidend für die Höherentwicklung der Menschheit erkannte. Schweizer Philosophen und Pädagogen führten diese Bewegung an. 1762 erschien *Emile*, der Erziehungsroman von dem in Genf geborenen Jean Jacques Rousseau. 1774 gründete Johann Heinrich Pestalozzi die erste Armenschule im schweizerischen Neuhof, sieben Jahre später wurde der erste Band seines Erziehungsromans *Lienhard und Gertrud* gedruckt, der das pädagogische Interesse der Zeit stark beeinflußt hat. Runge hatte alle diese Bestrebungen aus unmittelbarem Zeugnis kennengelernt, denn Anton Graff, in dessen Haus er während seines Dresdner Aufenthaltes ein und aus ging, hatte die Tochter des aus der Schweiz stammenden Philosophen und Pädagogen Johann Georg Sulzer geheiratet. Sulzers Schrift *Versuch einiger vernünftiger Gedanken von der Aufziehung und Unterweisung der Kinder* stand sicher bei der Familie Graff in Ehren, und gewiß unterhielt man sich dort über pädagogische Fragen. (Es wäre noch zu klären, wie weit pädagogische Ideen in Runges Denken eine Rolle gespielt haben – unwichtig ist diese Einwirkung bestimmt nicht gewesen.)

Runges erster Sohn hat denn auch von seiner Welt, Klappstuhl und Tischplatte, fröhlich und unbekümmert mit beiden Händen Besitz ergriffen. Seine Augen sehen nach rechts hinauf, als käme von dort die Mutter mit dem Süppchen. Noch gibt es keine Angst. Der enge, ganz vom kräftigen Körper des Kindes erfüllte Bezirk zwischen Lehne und quergelegter Haltestange

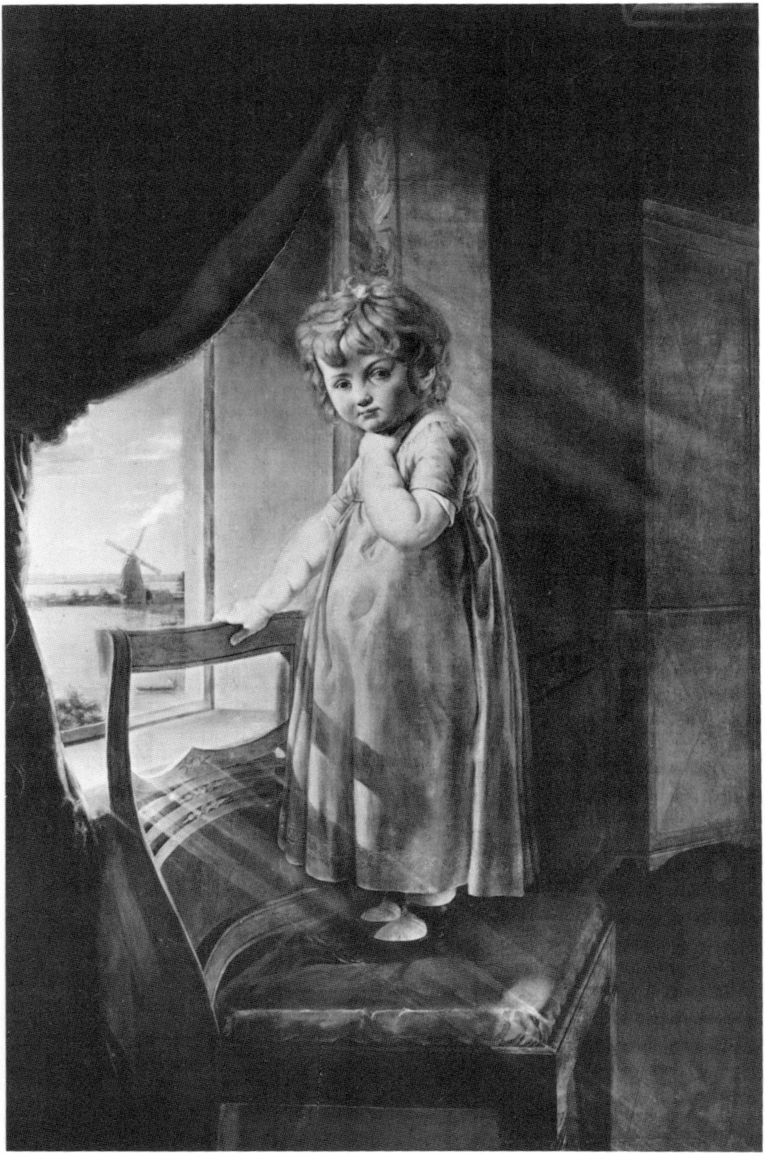

60 Die kleine Perthes. 1805

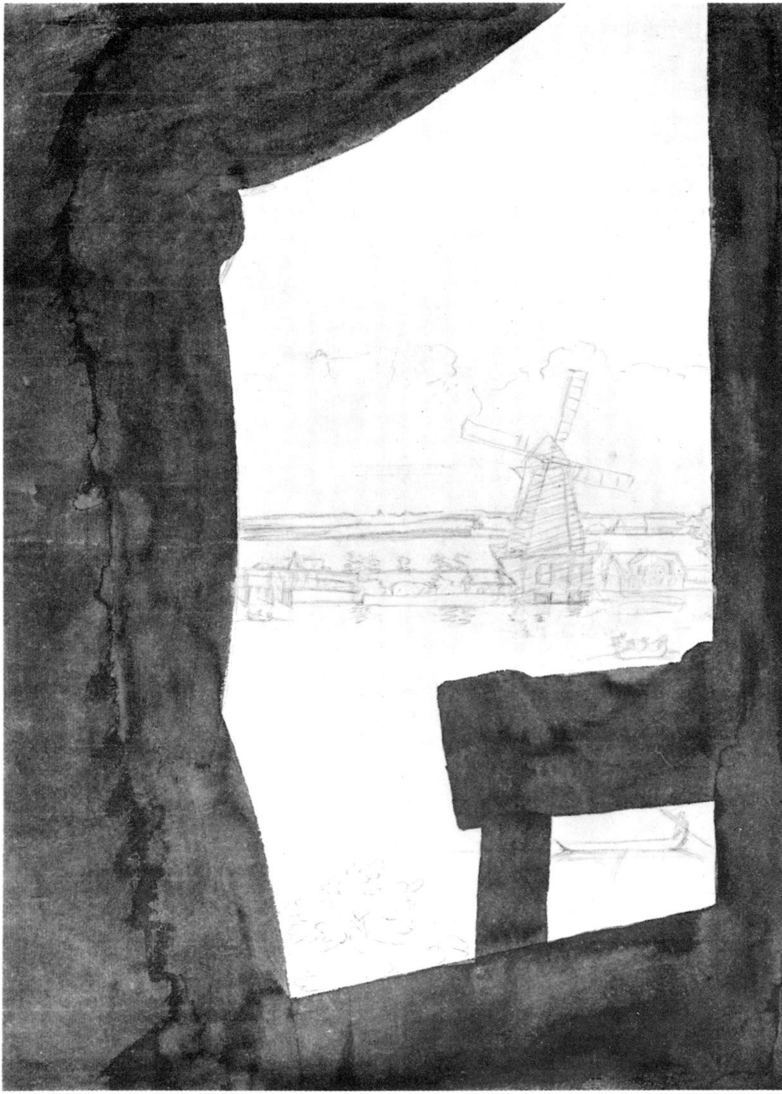

61 Fensterblick über die Alster. Studie zum Gemälde »Die kleine Perthes« (vgl. Abb. 60). 1805

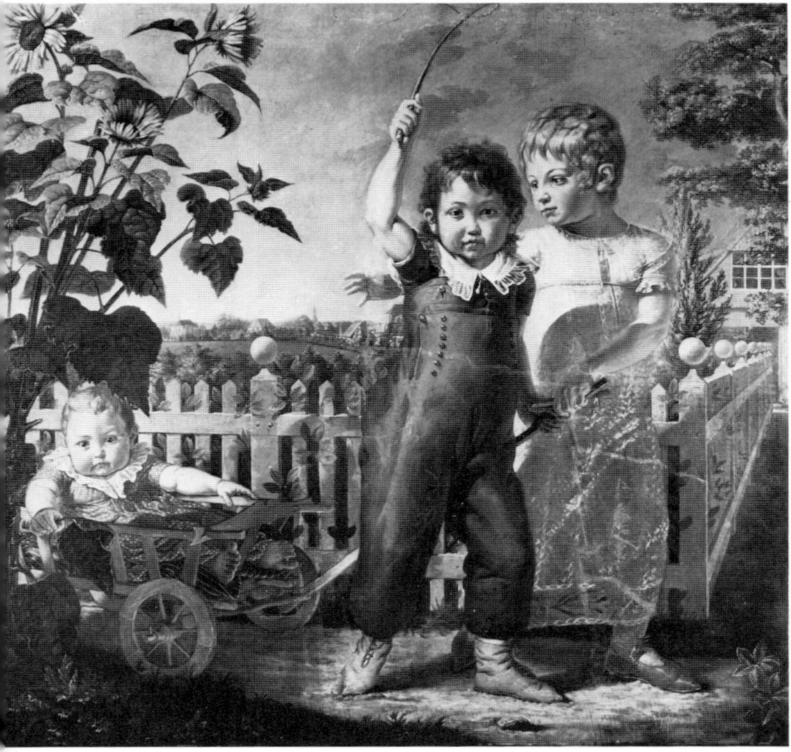

62 Die Hülsenbeckschen Kinder (vgl. auch Farbtafel 2, 3). 1805

schafft Geborgenheit und sorglose Sicherheit, die sich abhängig weiß von der Erwartung einer guten Zukunft.

Ein ähnlicher Gedanke ist im Bildnis »Die kleine Perthes« (Abb. 60) vergegenwärtigt, allerdings in der kraftvollen Errichtung zweier Bildschichten, dem Innenraum vorn mit Vorhang, Fensterleibung, Stuhl und Wand, und dem Fensterblick in die Ferne auf die Hamburger Lombardsbrücke mit der alten Windmühle (denn Runge malte das Bild in Perthes' Haus am Jungfernstieg). Wir kennen dieses Bildschema aus Caspar David Friedrichs Werk – man denkt besonders an die »Frau am Fenster« des Jahres 1822. Auch in der »Kleinen Perthes« sind Innen und Außen hart gegeneinandergestellt, Geborgenheit gegen unsichere Weite, irdische Begrenztheit gegen Unermeßlichkeit. Die vorbereitende Zeichnung (Abb. 61) macht besonders bewußt, wie wichtig Runge diese Gegenüberstellung war.

Das Kind ist im Zimmer der Erwachsenen auf einen Stuhl geklettert, der am Fenster steht. Es will hinaussehen in die Ferne, es will hinaus. Sichtlich probt es das Erwachsensein. Noch braucht es Hilfe, noch muß es, um dem unbekannten Draußen näher zu kommen, den Stuhl benutzen. Noch wendet es sich zurück. Aber der Lösungsprozeß hat bereits begonnen; man wird an das Bildnis »Pauline mit dem zweijährigen Sohn Otto Sigismund« (Farbtafel 9) und die »Mutter an der Quelle« (Abb. 24) erinnert, die das Thema schon im Ansatz enthalten. Hier ist das über die Schulter Zurückblicken schon ein Abschiednehmen (also ist das »Selbstbildnis im braunen Rock« – Farbtafel 13 – von Runge auch als Abschiedsbild gemeint). Wichtig ist in diesem Bild besonders das Licht, das durch das geöffnete Fenster in Strahlen einbricht an diesem frühen Morgen. Es modelliert den Körper des Kindes, die pralle Kugeligkeit der Formen. Unabänderlich ist der Griff an die Stuhllehne, der wie beim kleinen Otto Sigismund im Klappstuhl (Farbtafel 6) besitzergreift. Und die Wendung zurück zur Geborgenheit des Hauses trägt den Ernst des Bewußtseins von gesetzmäßiger, unaufhaltsamer Entfernung vom Ursprung. Der Klang des Lichts aber stellt diesen Aufbruch unter den Schein der göttlichen Verheißung.

Letzte einzigartige Gestalt findet Runges Auffassung vom Kind in seinem Gruppenbildnis »Die Hülsenbeckschen Kinder« (Abb. 62; Ausschnitte Farbtafel 2, 3). Beginnen wir beim scheinbar Äußerlichen: Die Situation ist wie beim Bildnis Otto Sigismund (Farbtafel 6) und nachgewiesenermaßen beim Bild der kleinen Perthes (Abb. 60) aus der Wirklichkeit genommen. Runge selbst hat betont, daß »der Garten und Hamburg alles Portrait ist« (5. November 1805; Degner, 279). Daniel Runge hat das Bild beschrieben: »Man sieht auf diesem sehr großen Gemälde drei der Kinder seines Freundes Hülsenbeck. Vor dessen Garten in Eimsbüttel ziehen zwei derselben, die älteste Tochter und ein Knabe, den noch ganz unmündigen jüngsten im

Kinderwagen, über welchen hin sich links eine Sonnenblumenpflanze hoch erhebt. Hinter den Kindern über das Gartenstaket weg geht die Aussicht auf die Stadt Hamburg.« (HS I, 365)

Runge konfrontiert sich selbst und den Betrachter mit einer genau bestimmbaren Wirklichkeit. Er sucht die Kinder in ihrem Lebensbereich auf. Wenn irgendwo der Ausdruck »Vergegenwärtigung« sinnvoll angewandt werden kann, dann vor diesem Bild. Die drei Kinder strotzen geradezu vor Lebenskraft. Das Licht, das diese Köpfe, diese Hände, diese Körper und Glieder modelliert, bildet diese Kinder bestürzend wirklich und entrückt sie zugleich in eine traumhafte Unwirklichkeit, in der sie im Innewerden ihrer Bestimmung zur Ewigkeit gleichsam erstarrt sind. Doch gilt das nicht nur für die Kinder, sondern auch für die Sonnenblume – die im »Zeiten«-Bild der »Nacht« (Abb. 40) mit ihrer sich nicht schließenden sonnengleichen Blüte die Wiedergeburt des Tages im Schoß der Nacht symbolisiert – und für die anderen Gegenstände des Bildes: Sie sind alle durch die gleiche Intensität der Strahlung ins Bewußtsein ihrer selbst gerufen. Die scharfen Konturen grenzen unerbittlich ab, als wären Kinder, Blätter, der Zaun ausgeschnitten. Es ist das Licht, das dies bewirkt – Runges Farbenlehre hatte ja das Licht gleichgesetzt mit der Sonne, mit der Schöpfungsmacht Gottes.

Die Kinder gehen ihren Weg, die Sonnenblume breitet ihre Blätter aus, der Zaun setzt Grenzen zwischen dem kindlichen Bezirk und der Weite mit der Stadt im Hintergrund. – Runge sucht die Kinder in ihrer Wirklichkeit auf: Wir sehen die Kinder aus kindlicher Perspektive, wir erleben mit, wie groß eine Sonnenblume sein kann, wie weit das Haus am Ende der wegstürzenden Perspektive entfernt liegt. Auch bemerken wir, daß der Maler jedes Kind seinem Alter entsprechend charakterisiert hat: das Kleinste im Wagen (Farbtafel 2) ist von der Sonnenblume überdacht, riesig das große Blatt über seinem Kopf. Die Sonnenblume ist es auch, die den Kinderzug hinüberwinkt zur anderen Bildseite. Wie den Blumen entstiegen sitzt das Kind im Wagen, sein rotes, weißgepunktetes Kleidchen gibt ihm etwas Blumenhaftes. Es sieht uns an mit einem Blick, der vor allem Begreifen ist. Ohne es selbst zu bemerken, hat es ein Sonnenblumenblatt ergriffen, unbewußt, als wäre es ein Teil von ihm. Der Junge, der den Wagen zieht (Farbtafel 3), greift schon fest und mit Absicht zu. Auffordernd sieht er uns an und durch uns hindurch. Wie ein Tambourmajor schwingt er die Peitsche und wendet sich uns zu: Er scheint den Zug anzuführen, den Takt anzugeben, so wie er jetzt der Bewegung Halt verordnet. Sein grüner Anzug läßt uns zur Sonnenblume hinüberblicken – auch er steht noch im Bann seines Ursprungs. Vielleicht ist deshalb die Kraft, sich freizumachen, bei ihm am deutlichsten ausgeprägt. Das große Mädchen wendet sich zurück zum Kleinsten – eine Bewegung, die an die der »Kleinen Perthes« (Abb. 60) erinnert. Erfaßt sie schon leises Bedauern, von der Blume, von der unbewußten Einheit mit der Natur entfernt zu sein? Doch ihr Ausschreiten zeigt, daß sie nicht umkehren kann. Der Weg, die unaufhaltsame Bewegung nach rechts, dorthin, wo der Zaun aufhört und das freie Feld beginnt, ziehen sie unaufhaltsam fort. Auch ihr Blick zurück bedeutet Abschied.

Die Gruppe der Kinder nähert sich einer Stelle im Bild, wo sich der parallel verlaufende Weg vorn mit dem in die Tiefe, zum Haus hinführenden Weg kreuzt. Die Älteste ist dem Scheideweg am nächsten. Deshalb zögert sie und wendet sich zurück. Der Junge hat nichts davon bemerkt und freut sich seiner Kraft. Diese Situation der Grenze steht inhaltlich in Beziehung mit dem Bildnis der »Kleinen Perthes«, auch dort steht ja das Kind an einem Ort im Bild, wo die Geborgenheit aufhört und die Ferne beginnt.

Es zeigt sich gerade an diesem Bild, wie stark Runges Bildnisse aus seinem Schlüsselwerk, den »Zeiten«, leben. Wüßten wir nichts von seinen Blumen und Arabesken, von der Hieroglyphik seiner Bildsprache, Runges Menschen ständen noch unvermittelter, noch direkter vor uns. Es ist erstaunlich, wie aus dem geordneten, dichten Gewebe der »Zeiten«-Radierungen, wie aus dieser abstrakten Geistigkeit so lebensvolle Bilder entstehen konnten. Einerseits ist für Runge das Kind das gottnahe Symbol des Ursprungs: ». . . wir können den Zusammenhang in uns nicht wieder erlangen, bis wir zu der ersten Innigkeit des Gefühls zurückgekehrt, oder, bis wir wieder zu Kindern geworden sind.« (HS I,

11) – Und andererseits sind Kinder die Wesen unserer natürlichen Sehnsucht und Freude: »... ich wünsche und gönne euch von Herzen so ein Kind, wie wir eins haben, das euch so in die Seele hineinlachte, so braucht ihr es einander nicht so oft zu tun und werdet wieder frei für das Leben und die Welt, woran wir doch in gegenwärtiger Zeit nicht genug denken, und standhaft genug das Beste einsehen lernen können. Dann ist's erst gut, wenn die Kinder einem die Freudigkeit im Herzen erwecken.« (HS II, 304)

Aus dieser Dialektik von bedrängender Wirklichkeit und der transzendierenden Forderung, den Zusammenhang mit Gott wiederherzustellen, entspringen Runges Gedanken, Handlungen und Gestalten – und auch dieses einzigartige Bild.

Bildnisse der Familie

Als Runge im Spätjahr 1802 an seine Geliebte Pauline Bassenge die ersten Briefe richtete, schrieb er auch: »Was ich Ihnen in meinen Eltern und Geschwistern bin und sein kann, das kann ich Ihnen so nicht sagen. – Wir sind unser neune, und es ist keines unter uns, das nicht sein Leben für den andern ließe. Mit meinem Bruder in Hamburg bin ich auf jeden Fall verbunden, zu stehen oder zu fallen ...« (HS II, 180)

Die Familie Runge war untereinander in tiefer Liebe verbunden. Das klingt heute merkwürdig gefühlvoll und muß doch wörtlich genommen werden. Jeder half dem anderen. Die von Daniel herausgegebenen Briefe sind der überzeugendste Beweis für die Tatsache einer engen Familiengemeinschaft.

Für Runge und seine Geschwister blieben die Eltern in Wolgast, solange sie lebten, der eigentliche Mittelpunkt der Geborgenheit in der elenden Welt. Immer wieder versammelte sich die Familie im Elternhaus. Runges »Heimkehr der Söhne« (Abb. 15) ist ein Gedenkbild dieser Familientreffen. Wir haben von der Fürsorge Daniels für Runge gehört. Aber Daniels Verantwortungsgefühl schloß ebenso die anderen Brüder ein.

Die tiefe innige Verbindung zwischen Menschen, zwischen Geschwistern, Freunden und Freundinnen, zwischen Eltern und

Kindern wurde in der Romantik als humaner Wert erfahren und als solcher gepflegt. Begegnungen veränderten Lebenswege; Gespräche und Briefe sind die schönen Medien dieses Gefühls der Verbundenheit; man lud einander ein und unternahm lange Reisen, um jemanden wiederzusehen oder neue Freundschaften zu schließen. Über die zentrale Stellung der Liebe in diesem dichten Gewebe von Zuneigungen, in denen sich niemand schämte, seine Gefühle auszuleben, haben wir in Kapitel 5 geschrieben. Wir haben auch gesehen, daß so gut wie alle Bildnisse von Runges Hand für diesen Freundes- und Familienkreis gemacht worden sind. Den Bruder Daniel hat er früh, 1799, gezeichnet (Abb. 11) und im letzten Jahr seines Lebens gemalt. Seine Geschwister hat er zumeist in den frühen Jahren porträtiert, zumal als er sich 1801, nach der Rückkehr aus Kopenhagen, in Wolgast aufhielt; die Schwester Maria Elisabeth hat er in einem Bildnisgemälde dargestellt.

1807 malte er die älteste Tochter seiner Schwester Ilsabe Dorothea Helwig, die 17 Jahre alte Wilhelmine Helwig (Farbtafel 8). Sie war ein auffallend hübsches Mädchen.

Auf den ersten Blick wirkt das Bild konventionell: Das repräsentative prachtvolle Kleid, die Neigung des Kopfes, der wolkendurchzogene Himmel, die Landschaft mit den Baumkulissen – alles das erinnert daran, daß das Damenbildnis vor einer Landschaft (zumeist wie hier als sogenanntes Kniestück gegeben) um 1800 in der spätbarocken Bildnisauffassung besonders im Umkreis von Akademien sehr beliebt war. Wir brauchen eine gewisse Zeit, um den Maler Runge in diesem Porträt zu entdecken, denn niemals sonst hat er sich ein traditionelles Schema so wie hier zu eigen gemacht. Das kann kein Zufall gewesen sein. Waren die Helwigs, die einzigen Wohlhabenden im Rungeschen Familienkreis, vielleicht besonders konventionell? Legten sie auf Repräsentation und eindrucksvolles Auftreten besonderen Wert? Runge selbst hat jedenfalls davon geschrieben, daß ihn die Arbeit sehr erfreut hat. Vielleicht wollte er der Schwester und seiner schönen Nichte einen Gefallen tun und hat deshalb mit ein wenig Ironie das Allerweltsschema für vornehme Damenbildnisse benutzt, das schon im 17. Jahrhundert an den protestantischen

Höfen der Pfalz, der Niederlande und Englands weite Verbreitung gefunden hatte durch Künstler wie Gerard Honthorst oder Sir Peter Lely.

Sehen wir näher hin, so entdeckt sich jedoch auch in diesem Bildnis die Rungesche Konzeption. Auch hier bildet hartes Licht den runden, festen Körper, auch hier ist das Gesicht erblüht von einem inneren Leuchten, vor allem: Auch dies ist ein Bild des Übergangs, hier des Übergangs vom Mädchen zur jungen Frau. Das Mädchen steht auf einer Brücke. Der Fluß in der Ferne, der sich nach vorn in dunkle Schatten verliert, legt den Gedanken nahe, die Brücke führe über diesen Fluß – und wer würde dabei nicht an die Quelle-Bilder Runges erinnert, an »Die Mutter an der Quelle« (Abb. 24) zum Beispiel?

Die Wendung des Kopfes zurück kennen wir von dem ältesten Mädchen der »Hülsenbeckschen Kinder« (Abb. 62) und von der »Kleinen Perthes« (Abb. 60). Auch hier nimmt die junge Wilhelmine Abschied: die Kindheit liegt links, am anderen Ufer. Und auch hier ist die Richtung nach rechts unausweichlich gegeben: Die linke Hand tastet sich schon vor ins Zukünftige, fest umschließt sie das Geländer. Niemand wird das junge Mädchen auf seinem Weg zum anderen Ufer aufhalten können. Niemand darf sie aufhalten, denn auch dieses Bild ist ein Bild der Verheißung: Die Rose deutet auf irdisches Liebesglück. Es ist, als habe Runge in dieses Bild alle seine Wünsche für die junge Nichte mit hineingemalt.

Das Violett ihres Festkleides spiegelt den dunkleren Ton im Himmel wider. Auch das Schicksal dieses Mädchens ist in Gott aufbewahrt trotz der drohenden rauchschwarzen Wolken am Himmel, die an das Gemälde »Petrus auf dem Meer« (Farbtafel 5) erinnern, an dem der Maler im Entstehungsjahr des Bildnisses gearbeitet hat. Darf man das als Hinweis auf Bewahrung in Not durch den Glauben an Christus verstehen?

Höhepunkt der Familienbildnisse sind das 1931 verbrannte Gemälde »Wir Drei« aus dem Jahre 1805 (Abb. 33) und das ein Jahr später entstandene Elternbildnis (Abb. 63). In den beiden Werken ist die Liebe Runges zu seiner Familie, zu Frau und Bruder und zu den Eltern versammelt.

An dem Bildnis »Wir Drei« hat Runge 1805 beinahe das ganze Jahr hindurch gearbeitet. Wie lang der Weg von der ersten Bildidee bis zum Gemälde gewesen ist, das läßt ein Vergleich zwischen der Kompositionszeichnung (Abb. 32) und dem Gemälde ahnen, denn die monumentale Auffassung der Figuren läßt sich aus der Zeichnung weder ablesen noch vermuten. Man hat festgestellt, daß das Gemälde von dem Familienbild des Malers Joachim Luhn in Braunschweig, einem Gruppenbild des 17. Jahrhunderts, angeregt worden sei. Das ist schwer von der Hand zu weisen (Runge hatte die Braunschweiger Galerie im November 1803 besucht). Offenbar besaß er eine gewisse Affinität zu den norddeutschen und englischen Bildnissen des Barock, wie das »Bildnis Wilhelmine Helwig« (Farbtafel 8) meines Erachtens bezeugt. Traeger hat unter anderem besonders auf ein Familienbild von Jens Juel hingewiesen, das Anregungen gegeben haben könnte. Aber ebenso gewiß ist es, daß dieses erste und bedeutende Gruppengemälde Runges aus seinem Werk folgerichtig hervorgewachsen ist. Die »Heimkehr der Söhne« (Abb. 15) des Jahres 1801 mit der Begegnungsgruppe der Söhne enthält schon den Bildgedanken, Familienmitglieder in enger Liebesverbundenheit zu zeigen. Entscheidend ist jedoch die neue Bildgestalt, die Runges Erfindung ist und dieses Bild zu einem der bekanntesten der deutschen Romantik gemacht hat, und das, obgleich man ihm seit 45 Jahren nur noch in mehr oder weniger zureichenden Abbildungen begegnen kann. Die Zerstörung dieses schönsten Freundschaftsbildes der deutschen romantischen Bildkunst bedeutet einen unersetzlichen Verlust, nicht nur für Runges Werk, sondern auch für unser Verständnis der deutschen Malerei des 19. Jahrhunderts.

Rechts steht Runge mit seiner Frau, er selbst hat die Arme verschränkt, Pauline lehnt sich an ihn, hat ihren linken Arm um seine Schultern gelegt und hält zum Bruder, der links steht, die Verbindung, indem sie ihre rechte Hand in Daniels Linke gelegt hat. Dieser lehnt an den Stamm einer Eiche; am 28. Dezember schrieb Runge an den Bruder: »Ich habe mich für das allerhöchste, was in mir ist, immer auf dich verlassen, und dir es zu danken.« (HS II, 190f.)

Die Komposition folgt einem auf der Spitze stehenden Dreieck. Die Spitze bezeichnet die ineinandergelegten Hände; Daniel und Pauline streben auseinander; die Frau sucht Halt bei dem geliebten Mann; Daniel bedarf der Stütze der Eiche, gelassen lehnt er an ihrem Stamm, dem Symbol für Treue und Zuverlässigkeit. Die ineinander gelegten Hände bilden also gleichsam das Zentrum der Bildgestalt. Ihre Vereinigung klingt auf in der Baumlandschaft des Hintergrunds, wo sich über den Händen in der keilförmigen Lücke zwischen der Einzelfigur und der Zweiergruppe ein zartes Bäumchen einem stärkeren Baum verbindet, oder ist das, wie Traeger meint, Zeichen »ehelicher Verbundenheit«, also auf Runge und Pauline bezogen? – Die Natur im Hintergrund ist nicht fremd und signalisiert auch nicht das ganz Andere, sondern sie klingt rhythmisch mit, wie die Eiche nicht nur dem Bruder Halt bietet, sondern auch das Paar schützend überdacht. So bezeugt sich die Verbindung, die die drei Menschen eint, nicht nur in den Gebärden, in den Gesten der Hände, sondern alle Gegenstände des Bildes begleiten echohaft das Hauptthema und überführen es in andere Bedeutungsbezüge. Der Efeu, der am Eichenstamm emporrankt, deutet als immergrüne Pflanze auf dauernde Bewährung und im christlichen Sinne auf Ewigkeit. Die Farbe setzt der formalen Ordnung des Bildes in eine einzelne und zwei zusammengehörende Figuren gleichsam einen anderen Ordnungsvorschlag entgegen: Die Brüder, beide in dunklem Rock (Runge trägt den blauen des Selbstbildnisses aus demselben Jahr 1805, Abb. 58), nehmen die Frau in die Mitte, denn sie leuchtet mit ihrem goldgelben Kleid zwischen ihnen hervor.

Eng ist die Gruppe in der vorderen Schicht des Bildes zusammengedrängt, kräftige Wesensgegenwart eindrucksvoll bezeugend. Der bewaldete Hintergrund, der in einer zweiten, ferneren Raumschicht bleibt, läßt jeder Figur ihren eigenen Umraum, greift aber mit der Eiche mächtig in den Figurenbereich vorn. Der Baum erinnert an die Sonnenblume, die die »Hülsenbeckschen Kinder« (Abb. 62) überragt. Der Eiche schon eine patriotische Bedeutung beizumessen ist sicher abwegig. 1805 hatte Runge schwerlich schon feste politische Anschauungen. Aber sie deutet auf die Verwurzelung im Vaterland, auf Heimatverbundenheit.

Man nimmt von diesem Bild den starken Eindruck mit eines prachtvollen Einklangs der drei Menschen mit der sie umgebenden Natur. Ja, die Natur überwächst geradezu die Menschen. Das ganze Bild hat etwas Zugewachsenes, kräftig Austreibendes, die Rinde der Eiche scheint vor Kraft zu platzen. Die Schöpfung nimmt alle Drei in ihren Schoß auf und verbindet die Einzelnen damit nachdrücklich, als sei sie den Menschen im Wissen um den Zusammenhang voraus. Die Vereinzelung der beiden Männer, die sich jeder für sich halten mit angelegten Armen, als wären sie nicht fähig, sich dem anderen ganz aufzutun, beginnt sich durch die Frau in der Mitte zu lösen. Sie ist das verbindende Element im menschlichen Bereich, sie hat Daniels Hand geöffnet, sie zieht – ist es nicht vielmehr so? – ihren Mann zu sich heran. Noch wagt Daniel die Hand nicht zu ergreifen, noch kann sich der Künstler nicht den beiden andern zuwenden, aber die leichte Drehung seines Körpers ins Bild setzt die Bewegung schon an. So wäre auch dies ein Bild der Verheißung, der Lösung aller Fremdheiten, auch dies ein Bild der Hoffnung.

Runge hat sein Bildnisschaffen als notwendige Nebensache, als Übungsarbeit angesehen, um sich technisch für die große Aufgabe der »Zeiten«-Gemälde vorzubereiten. Wir müssen ihn nicht wörtlich nehmen, denn gerade der umgreifende Entwurf seiner »Zeiten«, der dem Künstler nie aus der Seele wich, während er seine Bildnisse malte, läßt diese von einem starken Strom konzeptioneller Kraft tragen und – dem Maler vielleicht unbewußt – hintreiben zu den immer gleichen Zielen seiner Kunst.

»Die Eltern des Künstlers«

Die Eltern Runge waren für die elf Kinder, für die Schwiegersöhne und -töchter, für die Enkel der natürliche Mittelpunkt der Familie. Philipp Otto Runge hat ein nahes Verhältnis zum Vater gehabt. Aber die Mutter hat er geliebt. Als er erkannte, daß es seine Bestimmung war, Künstler zu sein, wußte er wohl, wie außerhalb dessen, was seine Eltern für richtig und sinnvoll hielten, diese Entscheidung lag. Immer hat er gefühlt, mit welchen bangen Empfindungen die Eltern an ihn dachten. Als ihn die Liebe zu Pauline Bassenge – die er lange den Eltern verschwieg – in einen durch Monate anhaltenden Spannungszustand versetzte, schrieb er im Februar 1802 dem Bruder Daniel: »Jacob schreibt mir, daß er und Maria und Karl [die Schwester und der Bruder] mir abrieten, es an Vater zu schreiben, weil er ohnehin Sorge genug hätte; auch sei Mutter meinetwegen so besorgt, da die Genies gewöhnlich auf Abwege gerieten. Hierum quält sich Mutter immer und das tut mir in der Seele weh. Ich denke an niemand so gern und mit so inniger Rührung als an Mutter, denn sie allein hat mich wieder ins Leben zurückgerufen und durch sie allein ist der lebendige Glaube an Gott in meine Seele gekommen, und bei jeder Freude und jedem Leide, die mir begegnen, denke ich an meine Mutter, daß sie es ist, die mir zweimal das Leben gab. Ihr könnt das nicht so wissen, was Mutter mir ist, das wissen ich und sie allein, und daß sie sich um mich betrübt, das löset mir das Innerste in Tränen auf, – ich ertrage das nicht, ich schreibe an sie und beruhige sie.« (HS II, 118)

Das Ereignis, auf das Runge anspielt, reicht in seine Kindheit zurück. In einem 1802 an Pauline gerichteten Brief berichtet er davon, weil die Geliebte sein Innerstes kennen soll. Als Kind erkrankte Runge schwer, so daß er dachte, er müsse sterben: »Die Augen waren mir schon zu, – da fühlte ich, daß sich jemand über mich legte, ich machte meine Augen auf und es war meine Mutter, die über mir weinte. Liebste Pauline, von diesem Augenblicke fängt mein Leben erst an, in dem Augenblick überfiel mich die Furcht vor dem Tode, ich klammerte mich in der Todesangst an meine Mutter und ihre Liebe riß mich wieder ins Leben zurück; und als ich besser wurde und ins Freie kam, war es mir, als ob alle Büsche und Blumen mich verständen. –« (HS II, 178)

Man muß von diesem Ereignis wissen, um abschätzen zu können, welche zentrale Bedeutung die Mutter im Leben des Künstlers einnahm. Bilder wie »Die Mutter an der Quelle« (Abb. 24), wie die Muttergestalt in der »Zeiten«-Radierung »Der Tag« (Abb. 38), wie die Maria in der »Ruhe auf der Flucht« (Abb. 48) sind Runges Urbild der Mutter entwachsen.

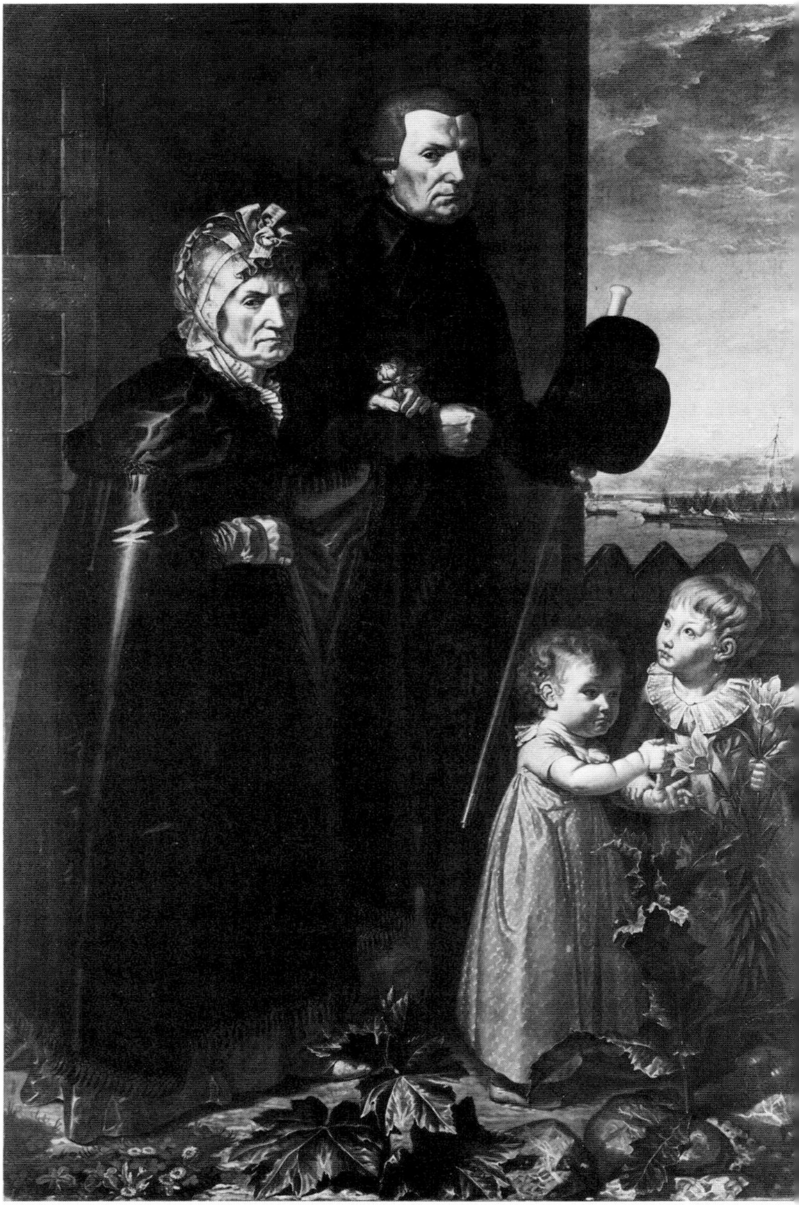

Es ist, als habe diese zweite, durch die Liebe seiner Mutter herbeigeführte Geburt ihm die Sinne geöffnet. Erst durch diese Liebestat und durch diese Liebesempfindung kann er der Natur begegnen, und erst seitdem »war es mir, als ob alle Büsche und Blumen mich verständen«. Von hier aus wird man – gerade wenn man die Arbeiten im Auge hat, die um das »Zeiten«-Thema kreisen – den starken Widerhall dieses Erlebnisses in Runges Werk überall vernehmen. So ist das große Bildnis seiner Eltern (Abb. 63), das er während seines Aufenthalts in Wolgast im Sommer 1806 malte, als Epitaph seiner Dankbarkeit anzusehen.

Runge hat mehrere Vorarbeiten für dieses Gemälde gemacht, das selbst das große »Morgen«-Bild (Farbtafel 14) um 45 cm überragt und damit überhaupt das größte Format ist, das er je in Angriff genommen hat. Das ist von Bedeutung, weil es den ersten Eindruck bestätigt, es mit einem Gedenkbild zu tun zu haben. Von den Studien sei die konzentriert gemalte vom Gesicht der Mutter (Farbtafel 7) besonders hervorgehoben, weil Runge hier ein farbiges Relief geschaffen hat, das die Züge der Mutter kraftvoll modelliert im Sinne der schon öfter bemerkten Vergegenwärtigung.

Die »Landschaft an der Peene« (Abb. 64) hat Runge für den Ausblick in die Landschaft gezeichnet; es ist der Hafen mit der Werft dargestellt. Die schwedische Flagge, die man auf dem Gemälde kaum noch erkennen kann, flattert hier deutlich in der Bildmitte.

Daniel gibt folgende Bildbeschreibung: »Die Eltern des Künstlers spazierend. Der Vater hält Stock und Hut (grüßend) in der linken Hand; die Mutter hält seinen rechten Arm umfaßt, eine Rose in derselben Hand, sie ist mit einem weiten schwarzen Atlasmantel bekleidet. Vor den Füßen der Gehenden sind Gewächse und Blumen gesprossen. Rechts im Bilde stehen höhere Blumengewächse; des Künstlers ältester Sohn, noch im Kinderröckchen, scheint eine Lilie pflücken zu wollen; hinter ihm ein etwas älterer Knabe, Neffe des Künstlers [Jacobs ältester Sohn

◁ 63 Die Eltern des Künstlers (vgl. auch Farbtafel 10). 1806

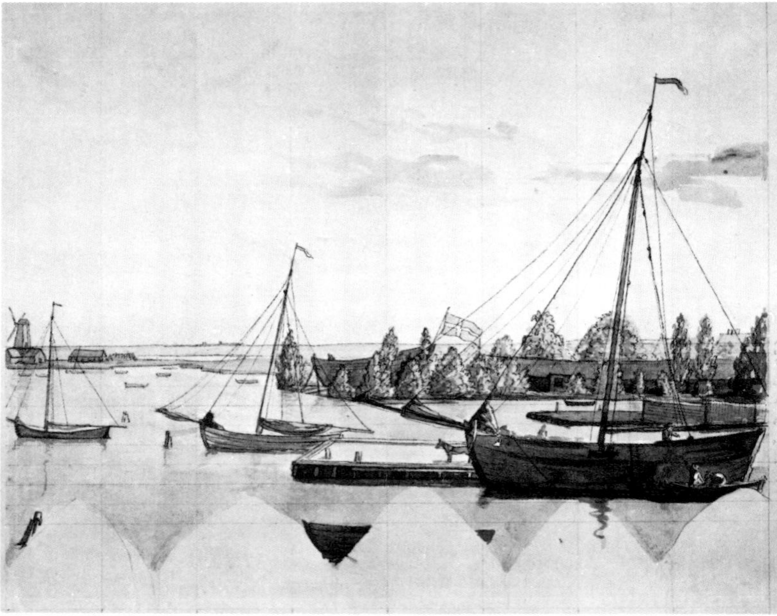

64 Landschaft an der Peene. Vorstudie für das Gemälde »Die Eltern des Künstlers« (vgl. Abb. 63). 1806

Friedrich], sieht, gleichsam fragend: ob das auch geschehen dürfe? zu den Großeltern hinauf. Rechts geht die Aussicht über den Peene-Fluß (auf welchem einige Schiffe und ein Prahm liegen) nach dem Holzhofe (und Werft) des Vaters hin, wo Bäume stehen, und ein Schiff flaggend auf dem Stapel. Noch weiter hinten die Schneidemühle.« (HS I, 365)

Auch dieses Bild ereignet sich an einem genau bestimmbaren Ort. Wie beim Bildnis der »Kleinen Perthes« (Abb. 60) oder bei den »Hülsenbeckschen Kindern« (Abb. 62) hat hier der Maler Wirklichkeit ins Bild geholt, die den Eltern und allen Familienmitgliedern vertraut war, als wollte er darauf hinweisen, daß das Gemälde die Existenz der Eltern in dem Medium der Malerei konkret sichtbar macht. Kein Idealbildnis hat Runge hier gemalt – und auch kein Erinnerungsbild, in dem es auf Ähnlichkeit und freundliches Herüberlächeln ankäme, sondern er hat die Existenz der Eltern und ihre Bedeutung für die folgenden Generationen dargestellt.

Das Bild ist ernst, seine Farben sind dunkel und fest wie kräftiges braun-schwarzes Holz. Nur die rot und violett gekleideten Enkel mit der Feuerlilie und den Blattgewächsen sind im vollen Licht und schaffen mit ihrer blühenden Haut und ihren weißen Kragen eine Farbverbindung zum Kopf der Großmutter, der weißen Haube, dem blässeren Inkarnat, den Spitzen am Hals, der Rose und zu dem Gesicht des Großvaters.

Auch dieses Porträt ist ein Bild angehaltener Bewegung und darin den »Hülsenbeckschen Kindern« verwandt. Die Eltern schreiten über den Werftplatz, als kämen sie vom Kirchgang, denn sie haben ihren Sonntagsstaat angelegt. Sie treten aus dem Schutz der Hauswand ins Freie. Die beiden Kinder halten sie auf, durch ihr Dasein, durch das Aufblicken des größeren Kindes, durch ihre reiche Farbigkeit und besonders dadurch, daß sie die Gruppe der Erwachsenen echohaft wiederholen, als führten sie das Leben der beiden Alten auf einer tieferen Stufe neubeginnend fort. Das erklärt auch die aufwärtsweisende treppenartige Anordnung der Köpfe, die im Vater, im Haupt der Familie gipfelt.

Die Eltern sind streng, statuenhaft, von einem schweren Leben gezeichnet. Sie lächeln nicht. Sie blicken aus dem Bild, selbstbewußt und erfahren. Der Vater schreitet gerade aufgerichtet. Seine Hand mit Hut und Stock nimmt einen Gestus für sich in Anspruch, den man von Offiziersbildern her kennt. Er hat etwas Herrscherliches. Die Mutter hält sich mit gebeugten Schultern aufrecht; neben ihrem Mann darf sie sich nicht gehen lassen. Die olivgrüne Mauer setzt der Gruppe eine endgültige, klar begrenzte Fläche, die bis zum oberen Bildrand reicht und damit das Versammelte, Bewußte der Eltern besonders betont. Sie sind am Ende ihres gemeinsamen Lebensweges angelangt. Sie kennen die Zukunft, die sie nach einer erfüllten, glücklichen Ehe – darauf deutet die Rose in der Hand der Mutter – im gleichen Schritt erreichen werden. Jetzt halten sie inne, weil die Kinder ihnen im Wege stehen. Es ist, als würde ihnen dadurch plötzlich bewußt, daß das Ziel ihres Lebens bald erreicht sein wird.

Die beiden Jungen (Farbtafel 10) sind noch ganz geborgen, beigesellt den Blumen. Der Zaun bewahrt sie vor der Weite, noch können sie nicht über ihn hinüberblicken. Auch hier ist der Jüngere mit den Blumen vertraut. Er überragt sie nur ein wenig, und vorsichtig berührt er mit dem Zeigefinger seiner rechten Hand die langen Staubfäden der Lilie, die das Sehnen nach dem Leben in Gott symbolisiert, als wollte er den Kelch für sich zum Sprechen bringen. Der größere ist von der Lilie schon entfernter. Sein Interesse gilt den Erwachsenen und nicht den Blumen, die seinen Ursprung einst umfingen. Er blickt zur Großmutter zurück – wie das Mädchen der »Hülsenbeckschen Kinder« zurücksah (Farbtafel 14). In der Art eines kleinen Erwachsenen versucht er, den Kleineren von der Lilie zu trennen, denn er hat schon kein Verständnis mehr für die Vertrautheit mit den Blumen: Das zeigt auch der feste Zugriff seiner linken Hand, die sich um den einen Lilienstengel geschlossen hat.

Es ist auch deutlich, daß die Kinder den Weg der Eltern fortsetzen werden, die Füße des kleineren Jungen greifen aus wie der Fuß der Großmutter. Am Boden liegen Steine, Unkraut wuchert – auch die Kinder werden sich entscheiden müssen zwischen Lilie und Giersch, zwischen gut und böse.

Das Bild faßt die vier Figuren auf einer vorderen Bühne zusammen, die als Weg bewußt gemacht ist. Der Blick auf den Fluß, der den Raum aufreißt, und auf die Schiffe enthält in gedrängter Formel das Zeit- und Lebenssymbol.

Das Bildnis-Epitaph ist eine machtvolle Allegorie des Abends, der schon den Morgen, das ist: die neue Hoffnung auf das neue ewige Leben enthält. So hatte Runge seine Zeichnung der »Nacht« erklärt: »... erwartend die Klarheit des Unendlichen, das über uns ewig und ruhig ist, und aus welchem von neuem im ewigen Zirkelschlag alles a u f b l ü h e n, z e u g e n, g e b ä r e n und wieder v e r s i n k e n wird.« (HS I, 69)

Traeger hat den schönen Gedanken geäußert (S. 87), daß der Maler selbst die im Bild abwesende Generation der Mitte vertritt. »Sie äußert sich als Sicht des Sohnes in bezug auf die Eltern, als Sicht des Vaters in bezug auf die Kinder.« So schließt sich der »Zirkelschlag« mit dem Maler und, im übertragenen Sinne, mit dem Betrachter.

Mit diesem Bildnis hat Runge das signifikante Elternbildnis der deutschen Malerei des 19. Jahrhunderts geschaffen. In der bedrängenden überwachen Realität der Figuren, der Dinge und Pflanzen, in dem kaum ganz in Worte zu fassenden Sinngehalt der Bildgestalt, in dem farblichen und formalen Reichtum ist es das bedeutendste Bildnis Runges und vielleicht sein vollkommenstes Werk.

Verzeichnis der Abbildungen

Das Verzeichnis übernimmt die Datierungen, die technischen Angaben und die kunsthistorische Einordnung aus dem von Jörg Traeger verfaßten Werkverzeichnis, dessen Katalognummern jeweils angegeben sind. Wo ich von Traegers Auffassung abweiche, ist das vermerkt.
Bei den angegebenen Maßen steht Höhe vor Breite.

Farbtafeln

1 Der Tag. Mittelgruppe. 1803
Öl auf Pappe, auf Eichenholz aufgezogen.
Goldgrund stellenweise durchgewachsen. 31,3 x 26,3 cm.
Hamburg, Kunsthalle, Inv.Nr.: 1025 (Leihgabe Oberst G. Runge/Dr. Fritz Runge, Heidelberg) (Traeger Nr. 285)
Vorzeichnung zu dieser Ölfassung ebenfalls in der Hamburger Kunsthalle (Traeger Nr. 284).
Nach Traeger entstand die vorliegende Ölstudie im August 1803, als Runge mit seiner Braut in Wolgast weilte. Doch wäre auch die Entstehung im Winter 1803/04 in Hamburg denkbar (Matile).

2 Die Hülsenbeckschen Kinder. 1805
Detail: das Kind im Wagen (vgl. Abb. 62)
Hamburg, Kunsthalle, Inv.Nr.: 1012 (Traeger Nr. 312)

3 Die Hülsenbeckschen Kinder. 1805
Detail: die beiden Kinder rechts (vgl. Abb. 62)
Hamburg, Kunsthalle, Inv.Nr.: 1012 (Traeger Nr. 312)

4 Die Ruhe auf der Flucht. 1805
Detail: das Kind, die Mutter, der Baum (vgl. Abb. 49).
Hamburg, Kunsthalle, Inv.Nr.: 1004 (Traeger Nr. 322)

5 Petrus auf dem Meer. 1806
Detail: Christus und Judas (vgl. Abb. 51).
Hamburg, Kunsthalle, Inv.Nr.: 1007 (Traeger Nr. 369)

6 Bildnis Otto Sigismund im Klappstuhl. 1805
Öl auf Leinwand. 40 x 35,5 cm.

Bez. auf der Stuhllehne: P. O. Runge
Hamburg, Kunsthalle, Inv.Nr.: 1003 (Leihgabe Oberst G. Runge/ Dr. Fritz Runge, Heidelberg) (Traeger Nr. 313)

7 Gesicht der Mutter. 1806
Öl auf Leinwand, auf Pappe montiert. 27,8 x 24,4 cm.
Unbez.
Hamburg, Kunsthalle, Inv.Nr.: 1028 (Traeger Nr. 354)
Studie für das Gesicht der Mutter auf dem Elternbildnis (vgl. Abb. 63)

8 Bildnis Wilhelmine Helwig. 1807
Öl auf Leinwand, doubliert. 116 x 91 cm.
Bez. auf der Rückseite mit weißer Farbe:
Wilhelmina Sophia Helwig/ gemahlt
von Philipp Otto Runge/ z[u Woll]gast. 1807
Kiel, Stiftung Pommern, Gemäldegalerie, Inv.Nr.: B 228/41925 (Traeger Nr. 375)

9 Pauline mit dem zweijährigen Sohn Otto Sigismund. 1807
Öl auf Leinwand, doubliert. 96,5 x 72,5 cm.
Unbez.
Berlin (West), Nationalgalerie, Inv.Nr.: AII 755; NG 1700 (Traeger Nr. 373)
Die Köpfe sind annähernd vollendet, die Tonstufungen im Gewand wohl in der endgültigen Fassung wenigstens angelegt, die Landschaft ist über eine skizzenhafte Untermalung in Braun nicht hinausgediehen (Traeger).

10 Die Eltern des Künstlers. 1806
Detail: die beiden Enkel (vgl. Abb. 63)
Hamburg, Kunsthalle, Inv.Nr.: 1001 (Traeger Nr. 355)

11 Bildnis Pauline. 1810
Öl auf Leinwand, doubliert. 49 x 38 cm.
Unbez.
Hamburg, Kunsthalle, Inv.Nr.: 1013 (Traeger Nr. 524)

12 Selbstbildnis mit braunem Kragen. 1802
Öl auf Leinwand. 37 x 31,5 cm.
Bez. auf der Rückseite von fremder Hand:
Otto Runge. Von ihm selbst.
Hamburg, Kunsthalle, Inv.Nr.: 1002 (Leihgabe Oberst G. Runge/ Dr. Fritz Runge, Heidelberg) (Traeger Nr. 223)
Die Briefstelle vom 6. Dezember 1803, in der Runge seiner Braut

ein Selbstbildnis in ihrem Besitz beschrieb (»Es tut mir leid, liebes Kind, daß mein Portrait so finster aussieht«), läßt sich bestimmt nicht auf dieses lichte Bildnis beziehen – es gibt ja kein Selbstbildnis, auf dem Runge lächelte.

13 Selbstbildnis im braunen Rock. 1810
Öl auf Eichenholz. 48 x 47 cm.
Unbez.
Hamburg, Kunsthalle, Inv.Nr.: 1005 (Traeger Nr. 523)

14 Der Große Morgen. 1809
Öl auf Leinwand, doubliert. 152 x 113 cm.
Hamburg, Kunsthalle, Inv.Nr.: 1022 (P 95–99) (Traeger Nr. 497)
Das zerschnittene Gemälde wurde 1927 wieder zusammengesetzt. Die Fehlstellen zwischen den neun erhaltenen Leinwandstücken wurden in neutralen Tönen ergänzt. – Besonders hingewiesen sei auf die ausholende Deutung des Gemäldes, die vorerst als erschöpfend gelten kann, bei Traeger, S. 156 ff.

15 Der Große Morgen: Die Lichtlilie. 1809
Teilstück des Gemäldes (vgl. Farbtafel 14).
Öl auf Leinwand. 53 x 38 cm.
Hamburg, Kunsthalle, Inv.Nr.: 1022 (P 95–99) (Traeger Nr. 497)
Das Teilstück gehört zu den neun im Jahre 1890 zurechtgeschnittenen Leinwandteilen des Gemäldes.

16 Die Farbenkugel. 1810
(Bildbeilage zur *Farbenkugel*)
A. Ansicht des weißen Pols
Kupferstich und Aquatinta, koloriert.
B. Ansicht des schwarzen Pols
Kupferstich und Aquatinta, koloriert.
C. Durchschnitt durch den Äquator
Kupferstich und Aquatinta, koloriert.
D. Durchschnitt durch die beyden Pole
Kupferstich und Aquatinta, koloriert.
Plattengröße 22,5 x 18,9 cm
Die Kolorierung der Drucke wurde von Runge vermutlich überwacht, vgl. Traeger Nr. 510–518

Schwarzweiß-Abbildungen

1 Selbstbildnis am Zeichentisch. 1802
Schwarze und weiße Kreiden auf braunem Papier. 55,2 x 43,3 cm.
Unbez.
Hamburg, Kunsthalle, Inv.Nr.: 1950/150
(Leihgabe Oberst G. Runge / Dr. Fritz Runge, Heidelberg)
(Traeger Nr. 220)

2 Zeichnung zum *Ossian:* Oscar. 1805
Feder in Grau über Bleistiftspuren. 39,7 x 24,3 cm.
Bez. auf der Rückseite von Daniels Hand: Original von Philipp Otto Runge 1804/5 (die »4« mit Kreide durchgestrichen)
Hamburg, Kunsthalle, Inv.Nr.: 34219 (P 107) (Traeger Nr. 335)
Runge hat in den Jahren 1804 bis 1806 insgesamt 17 Szenen und Heldendarstellungen zum *Ossian*, z. T. in mehreren Varianten, und einige Studien geschaffen. Ausgangspunkt war der Wunsch des Verlegers Perthes, die *Ossian*-Gesänge des schottischen Verfassers Macpherson in der Übertragung des Grafen Friedrich Leopold von Stolberg von Runge mit Illustrationen versehen zu lassen. Doch das Projekt zerschlug sich, da Stolberg die Darstellungen Runges ablehnte. Die Übersetzung erschien 1806 ohne Bildschmuck. Runge hatte an 100 Radierungen gedacht. Wie sehr ihn der Stoff gefesselt hat, davon hat Daniel ausführlich berichtet (HS I, 257 ff.), vgl. Traeger, S. 388 vor Nr. 326.

3 Zeichnung zum *Ossian*: Fingal befreit Conbana. 1805
Feder in Schwarz über Bleistift. 56,1 x 89,6 cm.
Bez. in der Mitte unten von Daniels Hand: 1804/5 (beschnitten); auf der Rückseite von Daniels Hand: Original von Philipp Otto Runge 1804/5 (die »4« mit Kreide durchgestrichen)
Hamburg, Kunsthalle, Inv.Nr.: 34142 (P 113) (Traeger Nr. 338)

4 Lilie
Scherenschnitt in Weiß, in neuerer Zeit auf graublauen, rauhen Karton geklebt.
Scherenschnitt: 25,5 x 13,4 cm.
Karton mit Passepartout: 33,3 x 18,5 cm.
Unbez.
Hamburg, Kunsthalle, Inv.Nr.: 1915–729

5 Johannisbeere
Scherenschnitt in Weiß, in neuerer Zeit auf graublauen, rauhen Karton geklebt.

Scherenschnitt: 26,8 x 13,1 cm.
Karton im Passepartout: 33,7 x 18,6 cm.
Unbez.
Hamburg, Kunsthalle, Inv.Nr.: 1915–712

6 Schlafmohn
Scherenschnitt in Weiß, in neuerer Zeit auf graublauen, rauhen Karton geklebt.
Scherenschnitt: 26,3 x 11,8 cm.
Karton im Passepartout: 33,5 x 18,5 cm.
Unbez.
Hamburg, Kunsthalle, Inv.Nr.: 1915–724

7 Windenblattranke
Scherenschnitt in Weiß, in neuerer Zeit auf graublauen, rauhen Karton geklebt.
Scherenschnitt: 27,4 x 10,9 cm.
Karton im Passepartout: 33,8 x 18,5 cm.
Unbez.
Hamburg, Kunsthalle, Inv.Nr.: 1915–719

8 Tulpe
Scherenschnitt in Weiß, in neuerer Zeit auf graublauen, rauhen Karton geklebt.
Scherenschnitt: 25,1 x 10,2 cm.
Karton im Passepartout: 33,5 x 18,5 cm.
Unbez.
Hamburg, Kunsthalle, Inv.Nr.: 1915–716

9 Rosenknospen
Scherenschnitt in Weiß, auf graublaues Papier des 19. Jahrhunderts geklebt.
Scherenschnitt: 10,8 x 25,2 cm.
Unbez.
Hamburg, Kunsthalle, Inv.Nr. 1938–191
Auf demselben Blatt:
Dornbuschzweig
Scherenschnitt in Weiß, auf graublaues Papier des 19. Jahrhunderts geklebt.
Scherenschnitt: 10,5 x 25,5 cm.
Gemeinsame Unterlage: 38 x 30,5 cm.
Unbez.
Hamburg, Kunsthalle, Inv.Nr.: 1938–192

10 Raffael und seine Geliebte. 1798
Feder in Braun über Bleistift. 34,4 x 22,1 cm.
Hamburg, Kunsthalle, Inv.Nr.: 1938/121 (Traeger Nr. 36)
Die Aufschrift »Raffael und seine Geliebte« soll sich auf dem Blatt befunden haben. Die Komposition ist offenbar, »getreu dem Hardorffschen Zusammensetzungsverfahren, aus verschiedenen klassischen Werken entlehnt« (Traeger).

11 Bildnis des Bruders Daniel Runge. 1799
Schwarze und weiße Kreiden auf braunem Papier. 48 x 36,3 cm.
Unbez.
Hamburg, Kunsthalle, Inv.Nr.: 1939/21 (Traeger Nr. 52)
Das Bildnis wurde »spätestens am 20. September fertig« (Traeger).

12 Stehender männlicher Akt mit Stab. 1800
Schwarze und weiße Kreiden auf graubraunem Papier. 44,7 x 31,8 cm.
Unbez.
Kassel, Sammlung Senator D. Dr. h.c. Karl Vötterle (Traeger Nr. 154, d)
Traeger vermutet, die Zeichnung sei nicht nach dem lebenden Modell entstanden, sondern nach einer Zeichnung von der Hand Abildgaards.

13 Die Wirkung der komischen und der tragischen Maske. 1800
Feder in Grau, Pinsel in Schwarz und Grau. Zusammen mit einem weißen Scherenschnitt (Antiker Wagenkämpfer) auf orangefarbenes Papier montiert.
Maße der Zeichnung: 9,6 x 9,6 (Ecken abgeschrägt); orangefarbenes Papier: 25,3 x 21,3 cm
Bez. rechts unter der Zeichnung von fremder Hand: 1799
Hamburg, Kunsthalle, Inv.Nr.: 1926/131 (Traeger Nr. 162)
Runge hat Flaxmans Konturstiche spätestens im August 1800 kennengelernt. Schon im März hatte er sich von Friederike Brun Wilhelm Tischbeins Stichwerk nach den Griechischen Vasen der Sammlung Hamilton, das Anfang 1800 in Florenz erschienen war, ausgeliehen und danach gezeichnet (vgl. Traeger Kat.Nr. 160). Den Inhalt der Darstellung hat Daniel so überliefert: »Weibliche Figur, die einem Götterknaben abwechselnd die komische und die tragische Maske hinhält. – Der Knabe lacht und gebärdet sich unbändig fröhlich zu dem Momus = Antlitz; wird, die Medusa erblickend, heulen und sich winden. Eine gar anmutige Darstellung, wenngleich sehr verzeichnet ...« (HS I, 226).
Die Montierung, die hier wahrscheinlich auch nicht von Runge selbst stammt, erinnert an die Arbeiten Abb. 17 und 20.

14 Perspektivische Kugel- und Zylinderkonstruktionen. 1799
Feder in Schwarz, Pinsel in Grau. 32,8 x 30,6 cm.
Unbez.
Auf der Rückseite: Drei perspektivische Kreiskonstruktionen und die Skizze eines Kopfes in Bleistift.
Kassel, Sammlung Senator D. Dr. h.c. Karl Vötterle (Traeger Nr. 101, m)

15 Die Heimkehr der Söhne. 1800
Feder und Pinsel in Grau und Schwarz. 44,7 x 63 cm.
Bez. auf der Rückseite von Daniels Hand: Original von Philipp Otto Runge 1800/1
Hamburg, Kunsthalle, Inv.Nr.: 34128 (P 15) (Traeger Nr. 120)
Nach Daniel stellt die Zeichnung »den Eintritt des ältesten Sohnes [Daniel], und des Künstlers [Philipp Otto], aus der Fremde zu einem Besuche dar. Die Szene ist in dem Garten des Vaters vor dem niedrigen, mit Brettern gedeckten Gartenhause, in welchem die Tür und ein Fenster offen stehen. Rechts und links steht ein Baum; rechts meist nach der Mitte hin ein Teetisch. Links hiervon der älteste Sohn [Daniel] in der Umarmung des Vaters und der Mutter; weiter links davon legt die älteste Schwester [Maria] die eine Hand auf des Vaters Schulter und streckt die andere nach dem Bruder Karl aus, welcher dort unter dem Baum stehend den ankommenden Bruder Otto, dem der Reisemantel vom Rücken sinkt, auf das innigste umfaßt. Rechts im Bilde hebt sich der Bruder David in die Höhe hinter einer sitzenden, auf der Gitarre spielenden Frau [Traeger: Davids Braut Sophia]; von da an weiter links hin sind mehrere ältere und jüngere weibliche Familienglieder [Traeger: die am Boden kniende Frau und das Kind mit dem Schattenriß sind die Schwester Ilsabe, verh. Helwig und ihre Tochter Christine] ... und der Bruder Jacob, teils an der Erde im Blumenkramen [Traeger: die vor Jacob knienden Mädchen sind Jacobs Braut und Lottchen Helwig, die Schwägerin Ilsabes] und mit Schattenrissen, die an die Wand gehängt werden sollen, beschäftigt, jedoch alle zu dem von den Eltern umarmten Bruder freudig aufblickend, dem auch der Bruder Gustav [rechts hinter der Mutter] zueilt.« (HS I, 363 f.). – Die stehende Frau hinter dem Tisch, die Davids Braut an der Hand faßt, könnte Ilsabes erste Tochter, Wilhelmine Helwig, sein, die am Tisch sitzende Frau sicherlich Anna Christine, Runges ältere Schwester (nicht, wie Traeger meint, Maria).
Es gibt zwei Versionen der Komposition, die zuerst entstandenen stellen die Heimkunftszene im Innenraum dar (Traeger Nr. 114, 115, 117, 118), die beiden zuletzt gezeichneten verlegen die Darstellung in den Garten (Traeger Nr. 119 und s.o.).

16 Triumph des Amor. Mittelgruppe der Komposition. 1800/1801
Feder in Schwarz und Grau auf weißem, silhouettiertem Papier, das auf graues Papier geklebt ist.
Silhouette: 42 x 54,9 cm.
Papierunterlage: 46 x 57,2 cm.
Bez. unten, rechts von der Mitte von Daniels Hand: 1801
Auf der Rückseite ebenfalls von Daniel: Original von Philipp Otto Runge 1800/1
Hamburg, Kunsthalle, Inv.Nr.: 34236 (P 20) (Traeger Nr. 112)

17 Die Lehrstunde der Nachtigall. 1801
Feder in Grau über Bleistiftspuren. Die Verse von Runges Hand Feder in Braun. Zusammen mit einem weißen Scherenschnitt (Bogenschießender Amor, Inv.Nr. 1926/135) auf schwarzes Glanzpapier montiert, das auf blaues Glanzpapier geklebt ist.
Blatt mit Zeichnung und Versen: 17,2 x 11,1 cm.
Schwarzes Glanzpapier: 24,5 x 24,8 cm.
Blaues Glanzpapier: 25,5 x 25,4 cm.
Bez. rechts unten auf dem weißen Blatt von Daniels Hand: 1801
Hamburg, Kunsthalle, Inv.Nr.: 1926/130 (Traeger Nr. 236)
M. E. ist dies die Zeichnung, die Runge am 7. November 1801 an Böhndel schickte, damit folge ich der Ansicht Isermeyers. Die unter Nr. 235 von Traeger postulierte »verschollene« Zeichnung hat es also nicht gegeben. Die Montierung stammt sicher nicht von Runges Hand, sondern vermutlich von Daniel Runge, der auch die Skizze »Triumph des Amor« (vgl. Abb. 20) in gleicher Weise montiert hat. Auch der Amor-Scherenschnitt, der vielleicht ebenfalls dem an Böhndel gerichteten Brief beilag, wurde bei dieser Gelegenheit sehr wahrscheinlich von Daniel unter das Blatt mit Zeichnung und Strophe geklebt.

18 Die Lehrstunde der Nachtigall.
2. Fassung. 1804
Öl auf Leinwand, doubliert. 104,7 x 85,5 cm.
Unbez.
Hamburg, Kunsthalle, Inv.Nr.: 1009
(Leihgabe Oberst G. Runge / Dr. Fritz Runge, Heidelberg) (Traeger Nr. 301)

19 Bildnis Pauline Bassenge, im Profil nach links. 1801
Schwarze Kreide, auf starkes, gelbliches Papier montiert. Die unter dem ovalen Passepartout liegenden Teile vergilbt, am Kinn bräunlicher Fleck. 47 x 35,7 cm.
Unbez.

Hamburg, Kunsthalle, Inv.Nr.: 1918/84
(Leihgabe des Vereins von Kunstfreunden von 1870) (Traeger Nr. 194)
Obwohl Traeger meine schon 1957 geäußerte Auffassung, diese Zeichnung sei für die Gesichtszüge der Frauengestalt auf der 2. Fassung der »Lehrstunde der Nachtigall« (vgl. Abb. 18) von Runge herangezogen worden, unwahrscheinlich nennt, halte ich an dieser Meinung fest.

20 Entwurf zum »Triumph des Amor«. 1801
Feder in Grau über Bleistiftspuren, Quadrierung in Bleistift. Zusammen mit einem rechteckigen Papier mit den von Daniel geschriebenen Versen Ph. O. Runges auf schwarzes Glanzpapier montiert, das auf blaues Glanzpapier geklebt ist.
Blatt mit Zeichnung: 10,9 x 26,1 cm.
Blatt mit Versen: 3,6 x 15,2 cm.
Schwarzes Glanzpapier: 24,4 x 24,4 cm.
Blaues Glanzpapier: 27,4 x 26,4 cm.
Bez. rechts unten auf dem Blatt mit den Versen von Daniels Hand: 1802
Hamburg, Kunsthalle, Inv.Nr.: 1926/129 (Traeger Nr. 231)
M. E. ist dies die »leichte Federskizze«, die Runge am 12. September 1801 dem Bruder Daniel schickte. Traeger Nr. 230 ist die Zeichnung, die Runge ausdrücklich zurückbehielt, was auch Traeger vermutet. Insofern stellt diese Skizze eine Weiterentwicklung der Bildidee gegenüber der großen Zeichnung Traeger Nr. 230 dar. Der bei Traeger unter Nr. 229 als verschollen aufgeführte »Kompositionsentwurf« ist also nicht existent. Die Jahreszahl »1802« unter den Versen Ph. O. Runges kann sich ausschließlich auf diese Verse beziehen, oder sie bezieht sich auf das ausgeführte Grisaille-Bild. Die unterschiedlichen Verse-Versionen auf diesem datierten Blatt einerseits und andererseits in dem Kommentar Daniels zum »Triumph des Amor« (HS I, 218) können auf zwei verschiedene Versionen von Ph. O. Runge selbst zurückgehen. Die von Daniel in seinem Text zitierte scheint die konventionellere, also wohl frühere zu sein, die unter die Skizze geklebte ist folglich die spätere. Nicht zu beweisen ist die zeitliche Zusammengehörigkeit von Skizze und darunter montierten Versen, da die Montierung in späteren Jahren zusammen mit der der Lehrstunden-Skizze erfolgt sein muß (vgl. Abb. 17). – Auch kann diese Skizze schwerlich die »letzte Skizze« gewesen sein, die Ph. O. Runge Anton Graff am 11. Januar 1802 gezeigt hat, denn auf Grund dieser zarten, kleinformatigen Zeichnung konnte der alte, durch Augenschwäche behinderte Maler kaum beurteilen, ob diese Komposition zur Ausstellung geeignet war. Diese »letzte

Skizze« wird die Kreidezeichnung (Traeger Nr. 230) gewesen sein, die Runge selbst trotz ihrer Größe in seinem Brief vom 27. Januar 1802 als »Skizze« bezeichnet hat.

21 Triumph des Amor. 1802
Öl auf Leinwand, doubliert. 66,7 x 172,5 cm.
Unbez.
Hamburg, Kunsthalle, Inv.Nr.: 2691 (Traeger Nr. 233)
Das Bild wurde in der Art eines »Basreliefs von röthlich grauem Stein« (so Quistorp 1826) ausgeführt.

22 Die Freuden der Jagd. 1808/1809
Feder und Aquarell auf Papier. 96,7 x 63,6 cm.
Unbez.
Hamburg, Kunsthalle, Inv.Nr.: 1019 (P 140) (Traeger Nr. 233)
Vgl. Daniel Runges Bildbeschreibung, HS I, 349/50.

23 Arions Meerfahrt. 1809
Feder und Aquarell auf Papier, aus zwei Papierbögen zusammengesetzt und auf Pappe montiert. 51 x 118,7 cm.
Unbez.
Hamburg, Kunsthalle, Inv.Nr.: 1027 (P 144) (Traeger Nr. 443)
Vgl. Daniel Runges Bildbeschreibung, HS I, 352/53.
Das große Aquarell war ein Entwurf für den Vorhang einer Opernbühne.

24 Die Mutter an der Quelle. 1804
Öl auf Leinwand. 62,5 x 78,1 cm.
Unbez.
Ehemals in der Kunsthalle Hamburg als Leihgabe Oberst G. Runge. 1931 im Münchner Glaspalast verbrannt. (Traeger Nr. 298)

25 Aurora. Um 1808
Bleistift und Feder/Tusche. Montiert. 62,7 x 44,6 cm.
Unbez.
Kunsthalle, Hamburg, Inv.Nr.: 23701 (Traeger Nr. 410)
Unmittelbare Vorstudie zur Aurora-Figur des Gemäldes, vgl. Farbtafel 14

26 Öleingießender Petworth von vorn. 1801
Schwarze Kreide auf grauem Papier. 54,5 x 31,6 cm.
Unbez.
Hamburg, Kunsthalle, Inv.Nr.: 1938/42 (Traeger Nr. 214)
In Dresden nach dem Abguß der griechischen Plastik entstanden.

27 Quelle und Dichter. 1805
Feder in Schwarz, Pinsel in Grau über Bleistiftspuren. 50,9 x 67,1 cm.
Bez. auf der Rückseite von Daniels Hand: Original von Philipp Otto Runge 1804. Jahreszahl durchgestrichen und ergänzt: 1805
Hamburg, Kunsthalle, Inv.Nr.: 34257 (P 121) (Traeger Nr. 323)
Die Zeichnung, die als Vorarbeit für ein dann nicht ausgeführtes Gemälde geschaffen wurde, geht wahrscheinlich auf die Gestalt des Sängers in dem Roman *Heinrich von Ofterdingen* von Novalis zurück (Traeger), den der Dichter im Jahre 1800 schrieb und dessen erster Teil 1802 erschien. Das Abendbild ist dem heiligen Sänger gewidmet, dem die belebte Natur lauscht.
Am 29. März 1805 schildert Runge dem Dichter Ludwig Tieck die Zeichnung: »Ich habe neulich eine Landschaft komponiert, worin sich dieses (das Verhältnis des Lichtes zu den Farben) deutlich ausspricht. Es ist eine Einsicht in einen jungen Buchenwald, hinter welchem die Sonne untergeht, so daß wie ein grün wogendes Licht in dem ganzen Raume webt. Ein Sänger ist in den Wald geeilt und wird ergriffen von dem tönenden Raum des Waldes; er faßt den Zweig einer Eiche, durch welche sich ein Kind mit der Leier in den Wald geschwungen, um nachzueilen. Die Eiche ist der Vorgrund und ihre eckigen Zweige brechen aus dem Buchenwalde heraus, beleuchtet mit dem Sänger von dem kalten Lichte der blauen Luft. Auf der andern Seite unter einer Buche liegt eine Nymphe an der Quelle, in welcher sie mit den Fingern spielt; aus den Blasen schwimmen Kinder hervor und gleiten im Vorgrunde durch einen Bogen, den Schilf und Blumen über sie wölben, und in welchem zwei sich wiegen, zum Wasserfall, wo sie verschwinden; ergreifen im Heruntergleiten noch eine Blumenranke, die sich dem Sänger um den Fuß schlingt, und ziehen ihn damit nach sich zurück. Das Ganze setzt sich auseinander in Luft und Wasser, kalte Fläche des Lichtes und warme Tiefe, in den schwimmenden Reiz der Farbe und die Gestalt oder Blume, in Eiche und Buche, wie Mann und Weib, wie Himmel als das erleuchtende Licht der See und Erde, und die Antwort der Quelle. – Ich vergleiche die Stellung des Dichters zu den Blumen mit der Empfindung bei untergehender Sonne, wo die Seele sich ohne Aufhören sehnt, in den Glanz hin sich zu stürzen, wir aber, wenn wir uns umsehen, die Blumen und Kinder erblicken als die lieblichsten Gestalten; – könnte er aber die Gestaltung und das Wesen der ewigen Blume erblicken, er würde nie zurückkehren –.« (HS I, 244 f.)

28 Achill und Skamandros. 1801
Pinsel in Braun und Weiß über Bleistift auf braun grundiertem

Papier. 52,7 x 66,3 cm.
Unbez.
Hamburg, Kunsthalle, Inv.Nr.: 34231 (P 34) (Traeger Nr. 205)
Diese Zeichnung wurde an Goethe kurz vor dem 24. August geschickt.

29 Bildnis Pauline. 1803
Bleistift, Spuren von schwarzer Kreide auf Büttenpapier. 15,6 x 11,5 cm.
Unbez.
Hamburg, Kunsthalle, Inv.Nr.: 1921/16 (Traeger Nr. 256)

30 Bildnis Pauline im grünen Kleid. 1804
Öl auf Leinwand. 72 x 53 cm.
Unbez.
Hamburg, Kunsthalle, Inv.Nr.: 1006 (Leihgabe Oberst G. Runge/ Dr. Fritz Runge, Heidelberg) (Traeger Nr. 291)

31 Bildnis Pauline im weißen Kleid. 1805
Öl auf Leinwand. 95,5 x 80,5 cm.
Unbez.
Bautzen (DDR), Stadtmuseum (Traeger Nr. 304)
Das Bild wurde von Traeger 1975 in die Runge-Forschung eingeführt.

32 Wir Drei. 1805
Bleistift. 32,4 x 40,6 cm.
Bez. am unteren Rand von der Hand des Künstlers: P O Runge hat dieses fecit anno 1805 d. 7. febr.
Berlin (Ost), Nationalgalerie, Inv.Nr.: 19 (F III 2196) (Traeger Nr. 305)

33 Wir Drei. 1805
Öl auf Leinwand. 100 x 122 cm.
Unbez.
Ehemals in der Kunsthalle Hamburg. 1931 im Münchner Glaspalast verbrannt (Traeger Nr. 306)

34 Die Heymonskinder: Erzbischof Turpin und Frau Aja. 1804
Feder/Tusche über Bleistift. 49,5 x 65,6 cm.
Bez. von späterer Hand links unten: Bischof Turpin; rechts unten:

Frau Aja; auf der Rückseite von Daniels Hand: Original von Philipp Otto Runge 1804/5 (die »4« mit Kreide durchgestrichen).
Hamburg, Kunsthalle, Inv.Nr.: 34151 (P 101) (Traeger Nr. 296)
Runge hat von den geplanten Zeichnungen zu der Volkssage der Heymonskinder außer dieser nur noch eine geschaffen, »Karl der Große und Heymon« (Traeger Nr. 295).
Am 9. März 1810 schrieb Runge an Görres: »Bei der lebhaften Vorstellung von allen den herrlichen Gestalten und Handlungen in diesem Gedicht, leuchtete mir damals bald ein, es sei doch eine andre und schwierigere Unternehmung als die Flaxmansche; indem die Helden nicht so bekannte Personen in dem Kreise der Kunst sind. Ich wollte deswegen die vornehmsten Handelnden erst gewissermaßen physiognomisch porträtieren, und zwar immer zwei, von analoger Bedeutung in der Geschichte, zusammenstellen. So ist die erste Zeichnung: der alte Kaiser und der alte Heymon, die beiden Personen, durch welche der Krieg erregt wird; beide sind mit bedeutenden Rahmen umgeben, welche ihr Leben durch Attribute charakterisieren. Auf dem zweiten Blatt sind zusammengestellt: der Bischof Turpin und Frau Aja, die beiden Friedenstiftenden in der Geschichte; was beim Bischof die himmlische Harmonie, das ist bei der Frau die harmonische Verbindung in der Familie, und so beweisen die Rahmen wieder Analogie. – Auf dem dritten sollte Reinold kommen und der Prinz Ludwig, den er nachher totschlägt. Das vierte enthielte dann die drei Brüder, mit den drei Helden Roland, Olivier und Ogier, – und noch einige solche Blätter; das Roß Bayard sollte nicht ausgeschlossen sein. Dann sollten die Geschichten erst kommen in sieben Abteilungen, wo die siebente die Heiligengeschichte Reinolds ausmachte, und jede Abteilung sollte ebenso aus sieben Bildern bestehen, so daß die letzte Vorstellung immer einen bestimmten feierlichen Ruhepunkt machte.« (HS I, 250 f.)

35 Der Morgen. Konstruktionszeichnung. 1803
Feder/Tusche über Bleistiftspuren. 73 x 50,8 cm.
Von der Hand Runges Maßstäbe und Zahlen am rechten Rand.
Bez. von Daniels Hand: Original von Philipp Otto Runge 1802/3 (die Jahreszahl mit Kreide durchgestrichen und ergänzt: 1803)
Hamburg, Kunsthalle, Inv.Nr.: 34173 (P 49) (Traeger Nr. 276)
Maßgerechte Konstruktion für die Vorzeichnung zur Radierung (vgl. Traeger Nr. 280). – Von Runge am 9. Oktober 1803 erwähnt, nach Traeger und Waetzoldt im April/Mai entstanden. – Die Maßangaben legen nach Waetzoldt den Gedanken nahe, Runge habe hier mit einer Höhe von ›15 fuß‹ (= 8,60 m) an eine Ausführung als Wandbild gedacht.

36 Der Abend. Konstruktionszeichnung. 1803
Feder/Tusche über Bleistiftspuren. 71,8 x 49,4 cm.
Bez. auf der Rückseite von Daniels Hand: Original von Philipp Otto Runge 1802/3 (Jahreszahl mit Kreide durchgestrichen und ergänzt: 1803)
Hamburg, Kunsthalle, Inv.Nr.: 34169 (P 58) (Traeger Nr. 277)
Maßgerechte Konstruktion für die Vorzeichnung zur Radierung (vgl. Traeger Nr. 283) – Von Runge am 9. Oktober 1803 erwähnt, nach Traeger und Waetzoldt nach dem 15. Mai 1803 entstanden.

37 Die vier Zeiten: Der Morgen.
Radierung, teilweise mit der Nadel übergangen, radiert in Dresden von J. A. Darnstedt, E. G. (?) Krüger und J. G. Seyfert. 70,8 x 48,2 cm (Ränder beschnitten).
Kiel, Kunsthalle, Inv.Nr.: 1954/74 (Traeger Nr. 280 B–283 B)
Zur bei Perthes in Hamburg 1807 herausgegebenen 2. Auflage der vier »Zeiten«-Darstellungen gehörig, die 1., sehr kleine Auflage wurde bis 1805 in Dresden gedruckt. Die dort 1803 bis 1805 bearbeiteten Platten wurden nach kleinen Veränderungen (Beschriftungen) für die 2. Auflage verwendet. Diese Auflage umfaßte vermutlich 250 Exemplare je Darstellung (vgl. Abb. 38–40). Die Vorlage für die Radierung (Traeger Nr. 280) zeichnete Runge im April/Mai 1803. Fertigstellung bis 16. Mai.
Zur Technik: Die Platten sind zum weit überwiegenden Teil geätzt, gelegentlich sind einzelne Linien mit der Nadel überarbeitet. Runge bezeichnet die Drucke also mit Recht als Radierungen.

38 Die vier Zeiten: Der Tag.
Radierung, teilweise mit der Nadel übergangen, radiert in Dresden von J. A. Darnstedt, E. G. (?) Krüger und J. G. Seyfert. 71,8 x 47,5 cm (Ränder beschnitten).
Kiel, Kunsthalle, Inv.Nr.: 1954/75 (Traeger Nr. 280 B–283 B)
Zur bei Perthes in Hamburg 1807 herausgegebenen 2. Auflage der vier »Zeiten«-Darstellungen gehörig (vgl. Abb. 37).
Die Vorlage für die Radierung (Traeger Nr. 282 b) zeichnete Runge im Juni/Juli 1803; Fertigstellung bis 30. Juli.

39 Die vier Zeiten: Der Abend.
Radierung, teilweise mit der Nadel übergangen, radiert in Dresden von J. A. Darnstedt. E. G. (?) Krüger und J. G. Seyfert. 70,7 x 47 cm (Ränder beschnitten).
Kiel, Kunsthalle, Inv.Nr.: 1954/76 (Traeger Nr. 280 B–283 B)

Zur bei Perthes in Hamburg 1807 herausgegebenen 2. Auflage der vier »Zeiten«-Darstellungen gehörig (vgl. Abb. 37).
Die Vorlage für die Radierung (Traeger Nr. 281) zeichnete Runge Mai bis Juni 1803. Fertigstellung bis 16 Juni.

40 Die vier Zeiten: Die Nacht.
Radierung, teilweise mit der Nadel übergangen, radiert in Dresden von J. A. Darnstedt, E. G. (?) Krüger und J. G. Seyfert. 71,2 x 47,3 cm (Ränder beschnitten).
Kiel, Kunsthalle, Inv.Nr.: 1954/77 (Traeger Nr. 280 B–283 B)
Zur bei Perthes in Hamburg 1807 herausgegebenen 2. Auflage der vier »Zeiten«-Darstellungen gehörig (vgl. Abb. 37).
Die Vorlage für die Radierung (Traeger Nr. 283) zeichnete Runge im Juni/Juli 1803. Fertigstellung bis 31. Juli.

41 Kresse. 1808
Feder/Tusche. 25,3 x 31,9 cm.
Bez. auf dem zugehörigen, jetzt abmontierten Untersatzpapier von Daniels Hand: Original von Philipp Otto Runge 1809 (über der Jahreszahl nachträglich hinzugefügt: 1808)
Hamburg, Kunsthalle, Inv.Nr.: 1932/139 (Traeger Nr. 420)
Nach Traeger als Entwurf für Stickmuster gedacht. – Als »Auszug« zum Umkreis des »Morgen« gehörig.

42 Konstruierte Kornblume. 1808
Feder/Tusche. 25 x 19,4 cm.
Bez. auf der Rückseite von der Hand Daniels: Original von Philipp Otto Runge 1808/1809.
Hamburg, Kunsthalle, Inv.Nr.: 34274 (P 55) (Traeger Nr. 415)
Studie zu einer projektierten großen gemalten Fassung des »Tag«.

43 Die Lichtlilie. 1809
Rötel, schwarze und weiße Kreiden auf bräunlichem Papier. 57 x 41 cm.
Bez. auf der Rückseite von der Hand Daniels: Original von Philipp Otto Runge 1809.
Köln, Wallraf-Richartz-Museum, Inv.Nr.: 1937/9 (Traeger Nr. 491)
Beleuchtungsstudie zur großen Fassung des »Morgen«.

44 Die zwei rechten Engel der Musika. 1809.
Rötel, schwarze und weiße Kreiden auf bräunlichem Papier.
34,9 x 53,2 cm.
Bez. auf der Rückseite von Daniels Hand: Original von Philipp Otto Runge 1809.

Berlin (Ost), Nationalgalerie, Inv.Nr.: NG 29 (F III 2505)
(Traeger Nr. 488)
Beleuchtungs-Studie zur großen Fassung des »Morgen«.

45 Der Kleine Morgen. 1808
Öl auf Leinwand. 109 x 85,5 cm.
Unbez.
Hamburg, Kunsthalle, Inv.Nr.: 1016 (Traeger Nr. 414)
Das Gemälde wurde im Sommer 1808 begonnen und war spätestens Ende Oktober vollendet.

46 Der Große Morgen: Das Kind. 1809
Detail des Gemäldes (vgl. Farbtafel 14)
Hamburg, Kunsthalle, Inv.Nr.: 1022 (Traeger Nr. 497)

47 Der linke weibliche Rosengenius. 1809
Feder/Tusche über Bleistift. 45,7 x 35,8 cm.
Bez. unten von alter Hand: 1809 – Auf der Rückseite von Daniels Hand: Original von Philipp Otto Runge 1809 – Von alter Hand: 1809
Hamburg, Kunsthalle, Inv.Nr.: 34197 (P 78) (Traeger Nr. 481)
Das Blatt wurde als Karton zur Übertragung der Figur auf das Gemälde »Der Große Morgen« (vgl. Farbtafel 14) benutzt (Waetzoldt).

48 Der rechte weibliche Rosengenius. 1809
Feder/Tusche über Bleistift. 45,1 x 34,1 cm.
Bez. auf der Rückseite von Daniels Hand: Original von Philipp Otto Runge 1809
Hamburg, Kunsthalle, Inv.Nr.: 34198 (P. 79) (Traeger Nr. 482)
Das Blatt wurde als Karton zur Übertragung der Figur auf das Gemälde »Der Große Morgen« (vgl. Farbtafel 14) benutzt. Spuren der Durchzeichnung sind erhalten.

49 Die Ruhe auf der Flucht. 1805
Öl auf Leinwand, doubliert. 96,5 x 129,5 cm.
Unbez.
Hamburg, Kunsthalle, Inv.Nr.: 1004 (Traeger Nr. 322)
Ausschnitt vgl. Farbtafel 4.

50 Das Jesuskind. 1805
Feder/Tusche über Bleistift. 21,3 x 27,9 cm.
Unbez.
Hamburg, Kunsthalle, Inv.Nr.: 34153 (P 123) (Traeger Nr. 317)
Vorstudie für das Kind auf dem Gemälde »Ruhe auf der Flucht« (vgl. Abb. 49).

51 Niltal-Landschaft. 1805
Pinsel/Tusche über Bleistift. Bleistift-Quadrierung. 39,8 x 50,1 cm.
Bez. auf der Rückseite von Daniels Hand: Original von Philipp Otto Runge 1805/6 (die »6« mit schwarzer Kreide durchgestrichen).
Hamburg, Kunsthalle, Inv.Nr.: 34155 (P 125) (Traeger Nr. 320)
Studie zum Gemälde »Ruhe auf der Flucht« (vgl. Abb. 49).
Die Naturelemente des Vordergrundes wurden in die Gestalten der Heiligen Familie verwandelt (Traeger).

52 Petrus auf dem Meer. 1806/1807
Öl auf Leinwand, doubliert. 116 x 157 cm.
Unbez.
Hamburg, Kunsthalle, Inv.Nr.: 1007 (Traeger Nr. 369)
Ausschnitt vgl. Farbtafel 5.
Abbildung der Kapelle in Vitte vgl. Isermeyer, S. 130.

53 Kopf des Judas. Kopf und rechte Hand des Thomas. 1806
Schwarze und weiße Kreiden auf bräunlichem Papier.
26 x 40,2 cm.
Bez. links unten: Judas; rechts unten: Thomas
Auf der Rückseite Studien der Köpfe des Jacobus Minor und des Andreas in Kreide.
Hamburg, Kunsthalle, Inv.Nr.: 34162 (P 133) (Traeger Nr. 364)
Studien zum Gemälde »Petrus auf dem Meer« (vgl. Abb. 52).

54 Fall des Vaterlandes. 1809
Feder/Tusche über Bleistift. 19,3 x 13,4 cm.
Bez. von späterer Hand in der Mitte unten: 1809
Hamburg, Kunsthalle, Inv.Nr.: 34316 (Traeger Nr. 467)
Vorzeichnung zur Vorderseite des geplanten Umschlags zum *Vaterländischen Museum*

55 Schädel en face, im Profil und von unten. 1802
Pinsel in Grau und Schwarz über Bleistiftspuren. 20,5 x 32,9 cm.
Unbez.
Kassel, Sammlung Senator D. Dr. h. c. Karl Vötterle
(Traeger Nr. 254)

56 Sophia Sieveking auf dem Sterbelager. 1810
Schwarze und weiße Kreiden auf leicht getöntem Papier; montiert.
43,4 x 50,8 cm.
Bez. links unten im Rahmenstreifen: P O Runge
Hamburg, Kunsthalle, Inv.Nr.: 1917/148 (Traeger Nr. 530)

57 Sophia Sieveking, Kopfstudie. 1810
Bleistift. 22,1 x 20 cm.
Bez. auf der Rückseite von Daniels Hand: Original von P. O. Runge 1810
Hamburg, Sammlung Hinrich Sieveking (vor 1975 Sammlung Dr. Alfred Winterstein) (Traeger Nr. 532)

58 Selbstbildnis im blauen Rock. 1805
Öl auf Eichenholz. 40,3 x 28,9 cm.
Unbez.
Hamburg, Kunsthalle, Inv.Nr.: 2034 (Leihgabe Oberst G. Runge/ Dr. Fritz Runge, Heidelberg) (Traeger Nr. 302)

59 Selbstbildnis für Goethe. 1806
Schwarze und weiße Kreiden. 36,2 x 25,5 cm.
Unbez.
Weimar, Nationale Forschungs- und Gedenkstätten der Klassischen Deutschen Literatur, Sch. I 298, 766 (Traeger Nr. 345)

60 Die kleine Perthes. 1805
Öl auf Leinwand. 143,5 x 95 cm.
Unbez.
Weimar, Staatliche Kunstsammlung, Inv.Nr.: G. 948 (Traeger Nr. 310)
Vor dem 15. Oktober 1805 vollendet (Traeger). Dargestellt ist die zweite Tochter von Friedrich Perthes, Luise Perthes, die später in Gotha als verheiratete Agricola lebte.

61 Fensterblick über die Alster. 1805
Bleistift und Pinsel/Tusche. 43,4 x 31 cm.
Bez. auf der Rückseite von Daniels Hand: Original von Philipp Otto Runge 1805
München, Sammlung Dr. Alfred Winterstein (Traeger Nr. 309)
Studie zum Gemälde »Die kleine Perthes« (vgl. Abb. 60).

62 Die Hülsenbeckschen Kinder. 1805
Öl auf Leinwand, doubliert. 131,5 x 143,5 cm.
Unbez.
Hamburg, Kunsthalle, Inv.Nr.: 1012 (Traeger Nr. 312)
Ausschnitte vgl. Farbtafel 2 und 3.

63 Die Eltern des Künstlers. 1806
Öl auf Leinwand, doubliert. 196 x 131 cm.
Bez. mit weißer Farbe mit folgender Inschrift, die sicherlich den

Text Runges auf der originalen Leinwand wiederholt: Daniel Nicolaus Runge. Geb. in Wollgast den 30ten December 1737 – und Magdalena Dorothea Runge – geborene Müller. Geb. in Wollgast den 7ten Junius 1737. Diese meine lieben Eltern habe ich meinen Geschwistern und mir zum Angedenken gemalt und zu Lust mein Söhnlein Otto Sigismund alt 1½ Jahr, und meines Bruders Jacob Söhnlein Friedrich, alt 3½ Jahr. Wollgast im Sommer 1806.
Hamburg, Kunsthalle, Inv.Nr.: 1001 (Traeger Nr. 355)
Ausschnitt vgl. Farbtafel 10.

64 Landschaft an der Peene. 1806
Feder/Tinte, Pinsel/Tusche über Bleistift, quadriert. 30 x 38 cm.
Bez. auf der Rückseite von Daniels Hand: Original von Philipp Otto Runge 1806/7
Berlin (Ost), Nationalgalerie, Inv.Nr.: NG 24 (F III 2201) (Traeger Nr. 352)
Vorstudie für das Gemälde »Die Eltern des Künstlers« (vgl. Abb. 63).

Fotonachweis

Bautzen, Stadtmuseum Abb. 31
Berlin (Ost), Staatliche Museen Abb. 32, 44, 64
Berlin (West), Bildarchiv Preußischer Kulturbesitz Farbtafel 9
Hamburg, Foto Kleinhempel Farbtafel 1, 2, 3, 4, 5, 6, 7, 10, 11, 12, 13, 14, 15, 16
Hamburg, Freunde der Kunsthalle e.V. Abb. 1, 2, 3, 4, 5, 6, 7, 8, 9, 10, 11, 13, 15, 16, 17, 18, 19, 20, 21, 22, 23, 24, 25, 26, 27, 28, 29, 30, 34, 36, 41, 42, 45, 46, 47, 48, 49, 50, 51, 52, 53, 54, 56, 58, 62, 63
Kassel, Bärenreiter Verlag Abb. 12, 14, 55
Kiel, Archiv des Verfassers Abb. 35, 59
Kiel, Kunsthalle Abb. 37, 38, 39, 40
Kiel, Stiftung Pommern Farbtafel 8
Köln, Archiv DuMont Buchverlag Abb. 33, 43
München, Sammlung Hinrich Sieveking Abb. 57
München, Sammlung Dr. Alfred Winterstein Abb. 61
Weimar, Kunstsammlungen Abb. 60

Folgende Abbildungen haben wir mit freundliche Genehmigung von Dr. Fritz Runge, Heidelberg, reproduziert: Farbtafel 1, 6, 12; Abb. 1, 18, 30, 58

Zeittafel

1777 Am 23. Juli wird Philipp Otto Runge in der pommerschen Seehandelsstadt Wolgast als neuntes von elf Kindern (vier Töchter, sieben Söhne) des Handelskaufmanns (Kornhandel und Reederei) Daniel Niklaus Runge (1737–1825) und seiner Frau Magdalena Dorothea, geb. Müller (1737–1818) geboren.

1777–1788 Sieg der amerikanischen Truppen über die Engländer bei Saratoga; Kleist und de la Motte-Fouqué werden geboren (1777). Bayrischer Erbfolgekrieg; Rousseau stirbt, Clemens Brentano wird geboren (1778). Teschener Friede; Darby baut die erste Eisenbahnbrücke; Mengs stirbt, Lessings *Nathan der Weise,* Glucks *Iphigenie auf Tauris* (1779). Kaiserin Maria Theresia stirbt, Ingres wird geboren, Wielands *Oberon* (1780). In Österreich werden Leibeigenschaft und Folter abgeschafft; Herschel entdeckt den Planeten Uranus; Lessing stirbt, Achim von Arnim, Chamisso und Karl Friedrich Schinkel werden geboren, Kants *Kritik der reinen Vernunft* (1781). Füßli und Auber geboren, Schillers *Die Räuber* (1782). Versailler Friede: England anerkennt die nordamerikanische Unabhängigkeit; erster Warmluftballon-Aufstieg der Brüder Montgolfier; Peter Cornelius wird geboren (1783). Diderot stirbt, Schillers *Kabale und Liebe* (1784). Erste deutsche Dampfmaschine in Preußen; Jacob Grimm geboren (1785). Friedrich II. von Preußen stirbt; Wilhelm Grimm, Justinus Kerner und Carl Maria von Weber werden geboren, Moses Mendelssohn stirbt; Mozarts *Figaros Hochzeit* (1786). Russisch-Türkischer Krieg; Gluck stirbt (1787). Aufhebung der Leibeigenschaft in Dänemark; Goethes *Egmont,* Kants *Kritik der praktischen Vernunft,* Knigges *Über den Umgang mit Menschen;* Eichendorff, Lord Byron, Franz Pforr geboren (1788).

1789 Besuch der Wolgaster Stadtschule, deren Leiter, der Theologe und Dichter Kosegarten, R. dem zögernden Vater als Künstler empfiehlt. Schon 1788 hatte R. bei einem Malermeister Zeichenunterricht genommen.

1789–1794 Beginn der Großen Französischen Revolution; Zerlegung des Wassers in Wasserstoff und Sauerstoff; Carus und Overbeck werden geboren (1789). Kants *Kritik der Urteilskraft*, Moritz' *Anton Reiser*, Mozarts *Cosi fan tutte* (1790). Frankreich wird konstitutionelle Monarchie; Körner und Géricault werden geboren, Mozart stirbt (1791). Frankreich wird Republik, Kriegserklärung an Österreich und Preußen; Shelley und Rossini werden geboren (1792). Zweite Teilung Polens; Preußen und Österreich werden von England, Holland und Spanien gegen Frankreich unterstützt; Davids *Der ermordete Marat* (1793). Tod Dantons und Robespierres; Julius Schnorr von Carolsfeld wird geboren (1794).

1795 R. verläßt am 3. Juni Wolgast und geht nach Hamburg, um dort in die Firma des Bruders Daniel einzutreten. Büroarbeit.

1795–1796 Dritte Teilung Polens; Holland verbündet sich mit Frankreich; zwischen Preußen und Frankreich kommt es zum Baseler Friedensschluß; Carl Philipp Fohr wird geboren (1795). Bonapartes Feldzug in Italien; Babeufs Verschwörung der Gleichen in Frankreich; Spanien verbündet sich mit Frankreich; Einführung der Pockenschutzimpfung durch Jenner; Camille Corot wird geboren (1796).

1797 Von Sommer 1797 bis Juli 1798 nimmt R. täglich eine Stunde Zeichenunterricht bei Heinrich Joachim Herterich, ab September

1798 zeichnet er täglich zwei Stunden unter Anleitung von Gerdt Hardorff d. Ä. R. liest Tiecks *Franz Sternbalds Wanderungen.*

1797–1798 Zwischen Frankreich und Österreich Friedensschluß von Campoformio; Senefelder erfindet das

Steindruckverfahren (Lithographie); Franz Schubert wird geboren (1797). Bonaparte in Ägypten; Krieg der Koalition gegen Frankreich: Seeschlacht bei Abukir; Delacroix und Carl Blechen werden geboren (1798).

1799 R. liest Homer, Schiller, Claudius, Jacobi, Herder und Klopstock. Vom 18. Oktober an besucht er (bis März 1801) die Kopenhagener Kunstakademie.

1799–1800 Napoleon Bonaparte wird erster Konsul; Humboldt unternimmt Forschungsreisen in Mittel- und Südamerika; Hölderlins *Hyperion,* Beethovens *Erste Symphonie* (1799). England besetzt Malta; Schlacht bei Marengo (1800).

1801 Nach der Abreise aus Kopenhagen hält sich R. kurz in Hamburg, dann in Wolgast auf. Lernt C. D. Friedrich und Quistorp kennen. Am 20. Juni in Dresden, wo er zwar Kontakt zur Akademie hat, aber nicht Schüler wird. Ferdinand Hartmann wird sein ›Führer‹. Enge Bekanntschaft mit Anton Graff. Im Sommer verliebt sich R. in Pauline Bassenge. Im August besucht er anatomische Vorlesungen bei Gotthilf Heinrich Schubert. Im September Bekanntschaft mit dem Musiker Ludwig Berger, der ihn in den katholischen Glauben einführt. Im November lernt R. Ludwig Tieck kennen, der ihn mit der Mystik Jakob Böhmes und den Anschauungen von Novalis vertraut macht.

Friedensschluß zwischen Österreich und Frankreich; Novalis und Chodowiecki sterben, Grabbe wird geboren.

1802 Im März lernt R. Friedrich Schlegel kennen, im Juli sind C. D. Friedrich und F. A. von Klinkowström in Dresden. Letzterer wird ein enger Freund von R. Seelische Krise.

Napoleon Bonaparte wird Konsul auf Lebenszeit; Friede von Amiens zwischen England und Frankreich; Victor

Hugo, Lenau und Hauff werden geboren, Hölderlin fällt in geistige Umnachtung.

1803 Ende Februar bis zum 22. März reist R. als Begleiter von Maria Alberti zu deren Schwager Ludwig Tieck nach Ziebingen. Am 13. April Verlobung mit Pauline Bassenge. Im August in Berlin, dort Besuch bei August von Schlegel. Dann mit Pauline in Wolgast. Am 9. November reist R. nach Hamburg ab und besucht auf dem Weg u. a. Weimar, wo er Goethe begegnet.

England erklärt Frankreich den Krieg; Reichsdeputationshauptschluß; Klopstock und Herder sterben, Ludwig Richter wird geboren.

1804 Am 3. April Heirat in Dresden mit Pauline Bassenge, am 18. April Abreise des Paares aus Dresden, Aufenthalt in Berlin (Begegnung mit Tieck) und Wolgast. Am 13. Mai Ankunft in Hamburg. Im Herbst nimmt R. Malunterricht bei Hofrat Eich: von hier resultiert R.s Farbeninteresse. R. beschäftigt sich mit altdeutscher Malerei.
Napoleon Bonaparte wird Kaiser von Frankreich; Moritz von Schwindt und Eduard Mörike werden geboren, Immanuel Kant stirbt; Schillers *Wilhelm Tell*, Beethovens *Dritte Symphonie*.

1805 Am 30. April Geburt des Sohnes Otto Sigismund.

Dritter Koalitionskrieg Englands, Österreichs und Rußlands gegen Frankreich: Schlachten von Austerlitz und Trafalgar; Friede zu Preßburg zwischen Österreich und Frankreich; Sertürner entdeckt das Morphium; Schiller stirbt.

1806 Im Januar ist Overbeck zu Besuch bei R., im April setzt der Briefwechsel R.s mit Goethe ein (bis zum Tode R.s fortgeführt). Ende April ist R. mit Familie in Wolgast, im Mai und Oktober Reisen nach Rügen. Im Oktober ziehen französische Truppen durch Pommern und brandschatzen Wolgast, im November wird Hamburg besetzt.

Gründung des Rheinbundes; Mit der Niederlegung der Kaiserkrone durch Franz II. Ende des Heiligen Römischen Reiches Deutscher Nation; Doppelschlacht von Jena und Auerstedt zwischen Frankreich und Preußen, Sieg Napoleons.

1807 R. wird stiller Teilhaber in einem neuen Handelsgeschäft, das sein Bruder Daniel gründet. Am 25. Juni Geburt der Tochter Maria Dorothea. Den Sommer über kränkelt R. Im Oktober Arbeit an der *Farbenkugel*, im Dezember Reise nach Lübeck.

Friede zu Tilsit zwischen Frankreich, Rußland und Preußen; Fichtes *Reden an die deutsche Nation.*

1808 Vorarbeiten zum »Kleinen Morgen«. Görres' Kommentar zu R.s »Zeiten«-Radierungen erscheint in den Heidelbergischen Jahrbüchern.

Besetzung Spaniens durch französische Truppen; Kleists *Penthesilea,* Goethes *Faust I.*

1809 Am 10. April Geburt des Sohnes Gustav Ludwig Bernhard. R. macht mehrere Krankheiten durch. Im August unternimmt er eine Fußreise nach Eutin zu Wilhelm Tischbein.

Napoleon besiegt Österreich, Aufstand in Tirol; im Krieg gegen Schweden erobert Rußland Finnland; Haydn stirbt, Felix Mendelssohn-Bartholdy wird geboren; Gründung des Lukasbunds in Wien.

1810 Im Februar erscheint R.s Schrift *Farbenkugel*. Im März Ausbruch der Krankheit (Schwindsucht) auf einer Reise, Ende April »leidlich genesen«, im Mai neue Intensivierung der Krankheit. Von Juni bis September Reisen und Freundesbesuche, ab Oktober dann zurück in Hamburg und bettlägerig. Am 2. Dezember stirbt R. 33jährig. Am 3. Dezember Geburt des Sohnes Philipp Otto. Am 5. Dezember wird R. zu Grabe getragen.

Ausgewählte Literatur

Philipp Otto Runge, Hinterlassene Schriften. Herausgegeben von dessen ältesten Bruder. II Bde., Hamburg 1840 und 1841 (Nachdruck bei Vandenhoeck & Ruprecht, Göttingen 1965, 2 Bde.)

Philipp Otto Runge, Briefe in der Urfassung (Bekenntnisse deutscher Kunst 1). Hrsg. von Karl Friedrich Degner. Berlin 1940

Christian Adolf Isermeyer, Philipp Otto Runge (Berlin 1940)

Philipp Otto Runges Briefwechsel mit Goethe. Hrsg. von Hellmuth Freiherr von Maltzahn, Schriften der Goethe-Gesellschaft, 51. Band, Weimar 1940

Philipp Otto Runge und die Seinen. Mit ungedruckten Briefen. Hrsg. von Wilhelm Feldmann. Leipzig 1944

Walther Scheidig, Goethes Preisaufgaben für bildende Künstler 1799 bis 1805. Weimar 1958

Stephan Waetzoldt, Runges »Vier Zeiten« und ihre Konstruktionszeichnungen. In: Anzeiger des Germanischen Nationalmuseums 1954 bis 1959, S. 234–247

Wolf Stubbe, Philipp Otto Runge. Zeichnungen und Scherenschnitte. Katalog zur Gedächtnis-Ausstellung in der Hamburger Kunsthalle aus Anlaß der 150. Wiederkehr seines Todestages (Hamburg 1960)

Gunnar Berefelt, Philipp Otto Runge zwischen Aufbruch und Opposition. Stockholm (1961)

Curt Grützmacher, Novalis und Philipp Otto Runge. Drei Zentralmotive und ihre Bedeutungssphäre: Die Blume – Das Kind – Das Licht. München 1964

Heinz Matile, Die Farbenlehre Philipp Otto Runges. Ein Beitrag zur Geschichte der Künstlerfarbenlehre. Bern o. J. (1973)

Clemens Brentano – Philipp Otto Runge. Briefwechsel. Hrsg. und kommentiert von Konrad Feilchenfeldt (Frankfurt a. M. 1974)

Jörg Traeger, Philipp Otto Runge und sein Werk. Monographie und kritischer Katalog. München (1975)

Nachtrag zu Jörg Traegers Bibliographie zur Runge-Literatur:

Erich Hubala, Das alte Ägypten und die bildende Kunst im 19. Jahrhundert. In: Weltkulturen und moderne Kunst. Katalog zur Ausstellung im Haus der Kunst, München, anläßlich der Olympiade, München 1972, S. 36 ff. (über ägyptische Motive bei Runge)

Clemens Brentano – Sophie Mereau. Briefwechsel. Nach den in der Königlichen Bibliothek zu Berlin befindlichen Handschriften, hrsg. von Heinz Amelung. 2 Bde., Leipzig 1908

Namenverzeichnis

DuMont Kunst-Taschenbücher

Stand Herbst 1976

Band 1 Abraham A. Moles
Kunst & Computer
Mit 130 Abbildungen, Bibliographie, Diskographie, Filmographie und Index

Band 2 Horst W. und Dora Jane Janson
Malerei unserer Welt
Von der Höhlenmalerei zur Moderne
Mit 32 farbigen und 213 einfarbigen Abbildungen, Index

Band 3
August Macke Die Tunisreise
Aquarelle und Zeichnungen. Mit 16 farbigen und 19 einfarbigen Abbildungen

Band 4 Uwe M. Schneede
René Magritte
Leben und Werk. Mit 16 farbigen und 60 einfarbigen Abbildungen

Band 5 Ernst Günther Grimme
Pieter Bruegel d. Ä.
Leben und Werk. Mit 41 farbigen und 48 einfarbigen Abbildungen, Biographie, ausgewählter Bibliographie

Band 6 Karin Thomas
DuMont's kleines Sachwörterbuch zur Kunst des 20. Jahrhunderts
Von Anti-Kunst bis Zero. Mit 16 farbigen und 141 einfarbigen Abbildungen, Namenverzeichnis

Band 7 Hans Joachim Albrecht
Farbe als Sprache
Robert Delaunay · Josef Albers · Richard Paul Lohse. Mit 10 farbigen und 30 einfarbigen Abbildungen

Band 8 Christian Geelhaar
Paul Klee
Leben und Werk. Mit 42 farbigen und 48 einfarbigen Abbildungen, Lebensdaten, ausgewählter Bibliographie

Band 9 Adolf Max Vogt
Russische und Französische Revolutionsarchitektur 1917 1789
Zur Einwirkung des Marxismus und des Newtonismus auf die Bauweise.
Mit 94 Abbildungen

Band 10 Herbert W. Franke
Phänomen Kunst
Die kybernetischen Grundlagen der Ästhetik. Mit 51 Abbildungen, Literaturverzeichnis, Sachwortverzeichnis

Band 11
William Morris Kunde von Nirgendwo
Eine Utopie der vollendeten kommunistischen Gesellschaft und Kultur aus dem Jahre 1890. Mit 8 Abbildungen

Band 12 José Pierre

DuMont's kleines Lexikon des Surrealismus

Mit 62 farbigen und 72 einfarbigen Abbildungen

Band 13 Joseph-Émile Muller

DuMont's kleines Lexikon des Expressionismus

Mit 113 farbigen und 41 einfarbigen Abbildungen

Band 14 Jens Christian Jensen

Caspar David Friedrich

Leben und Werk. Mit 24 farbigen und 64 einfarbigen Abbildungen, Bibliographie, Namenverzeichnis

Band 15 Heijo Klein

DuMont's kleines Sachwörterbuch der Drucktechnik und grafischen Kunst

Von Abdruck bis Zylinderpresse. Mit 8 farbigen und 142 einfarbigen Abbildungen

Band 16 Michail W. Alpatow

Studien zur Geschichte der westeuropäischen Kunst

Mit 80 Abbildungen und Zeichnungen, Namenverzeichnis

Band 17 André Stoll

Asterix – das Trivialepos Frankreichs

Die Bild- und Sprachartistik eines Bestseller-Comics. Mit 8 farbigen und 107 einfarbigen Abbildungen

Band 18 Horst Richter

Geschichte der Malerei im 20. Jahrhundert

Stile und Künstler. Mit 32 farbigen und 91 einfarbigen Abbildungen, Zeittafel, Bibliographie, Namenverzeichnis

Band 21 Otto F. Gmelin

Anti Freud

Freuds Folgen in der bildenden Kunst und Werbung. Mit einem Beitrag von Helene Saussure. Mit 44 Abbildungen, Bibliographie, Register

Band 22 Wolfgang Brückner

Elfenreigen – Hochzeitstraum

Die Öldruckfabrikation 1880–1940. Mit 26 farbigen und 78 einfarbigen Abbildungen, Bibliographie

Band 23 Horst Keller

Marc Chagall

Leben und Werk. Mit 24 farbigen und 68 einfarbigen Abbildungen, Bibliographie, biographischer Überblick

Band 24 Ernst R. Scherz und Anneliese Scherz

Afrikanische Felskunst

Malereien auf Felsen in Südwest-Afrika. Mit 130 Abbildungen

Band 25 Gabriele Sterner

Jugendstil

Kunstformen zwischen Individualismus und Massengesellschaft. Mit 20 farbigen und 73 einfarbigen Abbildungen, Bibliographie, Namenregister

Band 26 Jens Christian Jensen

Carl Spitzweg

Zwischen Resignation und Zeitkritik. Mit 24 farbigen und 59 einfarbigen Abbildungen, Zeittafel, Bibliographie, Register

Band 27 Oto Bihalji-Merin

Naive Malerei

Mit 41 farbigen und 110 einfarbigen Abbildungen, 31 Persönlichkeitsfotos, Künstlerbiographien, Literatur- und Ausstellungsverzeichnis

Band 28 Hans Holländer

Hieronymus Bosch

Weltbilder und Traumwerk. Mit 27 farbigen und 52 einfarbigen Abbildungen, Zeittafel, Bibliographie, Namenverzeichnis

Band 29 Herbert Alexander Stützer

Die Etrusker und ihre Welt

Mit 11 farbigen und 129 einfarbigen Abbildungen und Zeichnungen, Zeittafel, Register

Band 30 Johannes Pawlik (Hrsg.)

Malen lernen

Eine Einführung in künstlerische Maltechniken. Mit 43 farbigen und 33 einfarbigen Abbildungen, Sachregister

Band 31 Jean Selz

DuMont's kleines Lexikon des Impressionismus

Mit 110 farbigen und 26 einfarbigen Abbildungen, Bibliographie, Verzeichnis der Ausstellungen und Retrospektiven, vergleichende Zeittafel, Register

Band 32 Uwe M. Schneede

George Grosz

Der Künstler in seiner Gesellschaft. Mit 8 farbigen und 93 einfarbigen Abbildungen, Bibliographie, Register

Band 33

Erwin Panofsky Sinn und Deutung in der bildenden Kunst

(Meaning in the Visual Arts.) Mit 108 Abbildungen, Bibliographie, Verzeichnis sämtlicher Schriften Panofskys, Register

Band 34 Oto und Lise Bihalji-Merin

Henri Rousseau

Leben und Werk. Mit 16 farbigen und 55 einfarbigen Abbildungen, 6 Persönlichkeitsfotos, Bibliographie, vergleichende Zeittafel, Register

Band 35 Evert van Uitert

Vincent van Gogh

Leben und Werk. Mit 24 farbigen und 68 einfarbigen Abbildungen, Briefe van Goghs an seinen Bruder Theo, Bibliographie, vergleichende Zeittafel

Band 36 Barbara Leuner

Psychoanalyse und Kunst

Die Instanzen des Inneren. Mit 69 einfarbigen Abbildungen, Erklärungen der Fachbegriffe, Literaturhinweise

Band 37 Bob Haak

Rembrandt

Leben und Werk. Mit 16 farbigen und 66 einfarbigen Abbildungen, Literaturhinweise, vergleichende Zeittafel

Band 38 Ingeborg Tetzlaff

Romanische Kapitelle in Frankreich

Löwe und Schlange, Sirene und Engel. Mit 100 ganzseitigen einfarbigen Abbildungen, Literaturhinweise, Register

Band 39 DuMont's Kopfzerbrecher

TANGRAM

Das alte chinesische Formenspiel. Hrsg. von Joost Elffers, deutsch/holländisch, mit über 1600 einfarbigen Abbildungen und sieben Spielsteinen

Band 40 Walter Pach

Auguste Renoir

Leben und Werk. Mit 24 farbigen und 76 einfarbigen Abbildungen, Literaturhinweise, vergleichende Zeittafel

Band 41 Heinrich Wiegand Petzet

Heinrich Vogeler – Zeichnungen

Mit 8 farbigen und 131 einfarbigen Abbildungen, Literaturhinweise, vergleichende Zeittafel

Band 42 Ernst Günther Grimme

Deutsche Madonnen

Skulpturen des 13.–16. Jahrhunderts. Mit 20 farbigen und 126 einfarbigen Abbildungen, Fotos von H. G. Schwarzkopf, Ortsregister

Band 43 Karl Heinz Krons

Gestalten mit Papier

Mit 114 einfarbigen Abbildungen, kleinem Lexikon der Fachbegriffe, Sachregister

Band 44 Fritz Baumgart

DuMont's kleines Sachlexikon der Architektur

Mit etwa 220 einfarbigen Abbildungen, Namenregister (Januar '77)

Band 45 Jens Christian Jensen

Philipp Otto Runge

Leben und Werk. Mit etwa 16 farbigen und etwa 50 einfarbigen Abbildungen, Literaturhinweise, vergleichende Zeittafel, eine Auswahl von Briefen Runges, Namenregister (Januar '77)

Band 46 Walter Friedlaender

Hauptströmungen der französischen Malerei von David bis Delacroix

Mit etwa 48 Abbildungen, Literaturangaben, Verzeichnis sämtlicher Veröffentlichungen Friedlaenders (Januar '77)